KB139737

마케팅 성공률을 높여주는
구글 애널리틱스
최신 기법과 검증된 실전 예제로 배우는
구글 마케팅 플랫폼 완벽 활용 가이드

마케팅 성공률을 높여주는
구글 애널리틱스

최신 기법과 검증된 실전 예제로 배우는
구글 마케팅 플랫폼 완벽 활용 가이드

지은이 칸자키 켄타, 사이토 케이스케, 사카모토 유, 야마카와 토시야

옮긴이 김연수

펴낸이 박찬규   엮은이 전이주   디자인 북누리   표지디자인 Arowa & Arowana

펴낸곳 위키북스   전화 031-955-3658, 3659   팩스 031-955-3660

주소 경기도 파주시 문발로 115 세종출판벤처타운 311호

가격 35,000   페이지 592   책규격 188 x 240mm

초판 발행 2020년 10월 21일
ISBN 979-11-5839-220-8 (93000)

등록번호 제406-2006-000036호   등록일자 2006년 05월 19일
홈페이지 wikibook.co.kr   전자우편 wikibook@wikibook.co.kr

TETTEI KATSUYO Google ANALYTICS
Copyright © 2019 Kenta Kanzaki, Keisuke Saito, Yu Sakamoto, Toshiya Yamakawa
All rights reserved.
Original Japanese edition published by SB Creative Corp.
Korean translation rights 2020 by WIKIBOOKS
Korean translation rights arranged with SB Creative Corp., Tokyo
through Botong Agency, Seoul, Korea

이 책의 한국어판 저작권은 저작권자와 독점 계약한 위키북스에 있습니다.
신저작권법에 의해 한국 내에서 보호를 받는 저작물이므로 무단 전재와 복제를 금합니다.
이 책의 내용에 대한 추가 지원과 문의는 위키북스 출판사 홈페이지 wikibook.co.kr이나
이메일 wikibook@wikibook.co.kr을 이용해 주세요.

이 도서의 국립중앙도서관 출판시도서목록 CIP는
서지정보유통지원시스템 홈페이지(http://seoji.nl.go.kr)와
국가자료공동목록시스템(http://www.nl.go.kr/kolisnet)에서 이용하실 수 있습니다.
CIP제어번호 CIP2020041942

마케팅 성공률을 높여주는

구글 애널리틱스

최신 기법과 검증된 실전 예제로 배우는
구글 마케팅 플랫폼 완벽 활용 가이드

칸자키 켄타, 사이토 케이스케,
사카모토 유, 야마카와 토시야 지음
/
김연수 옮김

위키북스

역자서문

'마케팅'이란 무엇일까요?

여러분은 특정한 목적을 이루기 위해 블로그에 글을 써 본 적이 있나요? 페이스북이나 인스타그램과 같은 소셜 네트워크에 포스팅을 해 본 적이 있나요? 유투브와 같은 동영상 송출 서비스에 동영상을 업로드해 본 적이 있나요?

여러분의 목적이 달성되어는지 어떻게 확인했나요? 블로그 통계 화면을 보거나, 소셜 네트워크에서 제공하는 방문자 현황을 보거나, 동영상 송출 서비스가 제공하는 전환율 지표를 확인하진 않았나요?

목적이 달성되었거나 혹은 달성되지 않았을 때 여러분은 어떻게 행동했나요?

너무 간소화한 예시일 수도 있지만 여러분은 이미 마케팅 활동을 하고 있는 것입니다. 여러분과 제가 살고 있는 이 시대가 디지털 시대, 그중에서도 디지털 마케팅 시대라는 점에는 모두가 동의하리라 생각합니다. '알려지지 않은 잠재적인 욕구를 자극해 특정 제품이나 서비스의 구매를 유도한다'는 의미의 용어인 '마케팅'은 과거의 좁은 시장을 벗어나 오늘날에는 일상으로까지 그 영역을 넓혔습니다. 마케팅은 단지 전자상거래와 같은 유형의 판매만을 향상시키기 위한 행위에 국한되지 않습니다. 지금은 누구나 마케팅을 할 수 있고 마케팅을 해야만 하며, 디지털 시대의 마케팅에서는 디지털화된 데이터를 보다 빠르고 정확하게 수집해 분석해서 활용해야만 합니다.

구글 마케팅 플랫폼은 웹 로그 분석을 중심으로 하는 구글 애널리틱스, 이벤트 추적을 중심으로하는 구글 태그 관리자, 웹 사이트 A/B/N 테스트를 중심으로 하는 구글 최적화 도구, 다양한 형태의 지표를 시각화를 중심으로 하는 구글 데이터 스튜디오 등으로 구성된 종합 웹 데이터 분석 시스템입니다. 구글 마케팅 플랫폼을 잘 활용하면 디지털 마케팅 계획을 수립, 피드백 수집, 개선 계획의 반영과 모니터링이라는 사이클을 훨씬 유연하고 효과적으로 실행할 수 있으며, 여러분의 디지털 활동에 더 큰 힘을 실어드릴 것입니다.

번역하는 동안 도움을 주신 모든 분들께 감사드립니다. 책 번역에 참여할 수 있도록 기회를 주신 위키북스 대표님 이하 여러분들, 예쁜 책을 만들어 주신 편집 및 디자인팀 여러분들, 베타리딩에 참여해 주신 모든 분들께 감사드립니다. 여러분의 도움 덕분에 더 많은 분들이 이 책을 쉽고 편안하게 읽을 수 있게 되었습니다.

마지막으로 한결같은 사랑으로 곁을 지켜준 아내와 세 아이에게 너무나도 감사합니다. 사랑합니다. 고맙습니다. 덕분에 삽니다.

2020년 10월.
경기도에서 김연수 드림

들어가며

구글은 1996년 스탠퍼드 대학(Stanford University)에 재학 중이던 래리 페이지와 세르게이 브린이 만든 검색 엔진 연구 프로젝트에서 시작됐습니다.

이후 고성능 인프라를 활용해 광고 기술(Advertisement Technology)이나 클라우드 서비스(Cloud Service)를 놀랍도록 빠르게 제공하며, 수많은 사용자들로부터 지속적인 지지를 얻고 있습니다.

이 책은 신속한 디지털 트랜스포메이션(Digital Transformation)에 유용한 구글의 '구글 마케팅 플랫폼(Google Marketing Platform)'을 이용하고 활용하는 방법을 독자들이 스스로 익힐 수 있게 저자들이 이제까지 익혀온 노하우를 모은 책입니다.

그중에서도 구글 마케팅 플랫폼의 중심이 되는 '구글 애널리틱스(Google Analytics)'에 관해 중점적으로 설명합니다.

또한 이 책 후반에는 저자들이 클라이언트와의 협업 과정에서 부딪혔던 문제들에 대한 해결책을 수록해서 여러분이 맞닥뜨릴 문제를 해결하는 데 도움을 주고자 했습니다.

바쁜 마케팅 담당자나 IT 담당자, 사업 담당자뿐만 아니라 개인 웹사이트를 운영하는 사람들이 구글 마케팅 플랫폼이 제공하는 혜택을 더 쉽게 활용하는 데 이 책이 조금이나마 도움이 되기를 바랍니다.

마지막으로 이 책의 출판을 물심양면으로 지지해 주신 노무라 타카시 전 대표이사 사장님, 오오타니 하지메 집행 위원님, 사사키 다쿠로 부장님, 디지털 마케팅 사업부 여러분, 당사에서 구글 애널리틱스 관련 비즈니스를 추진했던 전 사원 야마다 데루아키 씨, 카나모리 카즈노리 님, 당사 사원 모리타 레이에 씨, 그리고 출판에 힘써 주신 SB크리에이티브 주식회사 후쿠이 야스오 님께 깊은 감사를 드립니다.

NRI 넷콤 주식회사
저자 일동(칸자키 켄타, 사이토 케이스케, 사카모토 유, 야마카와 토시야)

이 책의 활용법

이 책의 구성

이 책은 본편 '1~18장', 부록 'Appendix1~7', 그리고 4개의 '칼럼'으로 구성되어 있습니다. 본편은 다음과 같은 내용으로 구성됩니다.

1~7장 기본 편

구글 애널리틱스를 시작하고 기본적인 데이터를 구글 태그 관리자로 측정하는 방법을 설명합니다. 아직 구글 애널리틱스를 도입하지 않은 사람은 물론 이미 잘 이용하고 있는 사람에게도 도움이 될 수 있게 많은 노하우를 담았습니다.

8~14장 활용 편

구글 애널리틱스로 측정한 데이터를 추출하고, 구글 데이터 스튜디오를 활용해 시각화하는 방법과 함께 구글 최적화 도구를 활용하는 방법을 소개합니다. 또한 14장 '구글 광고를 사용해 구글 애널리틱스 데이터를 광고 송출에 활용하기'에서는 구글 광고에 관해 설명합니다. 온라인 광고를 송출하거나 송출할 예정이 있는 사람들에게 도움이 될 것입니다.

15~18장 CASE STUDY

15~18장에서는 구글 마케팅 플랫폼이나 서치 콘솔(Search Console), 구글 광고를 활용한 케이스 스터디를 담았습니다. 14장까지의 내용보다 다소 복잡하지만, 꼭 내용을 읽은 후 디지털 마케팅에 활용하기를 권장합니다.

부록에는 다음과 같은 내용을 담고 있습니다.

- Appendix 1~6

  본편에서 소개하지 못한 내용을 레퍼런스 형태로 설명합니다. 필요에 따라 참조하세요.

- Appendix 7

  구글 애널리틱스나 구글 태그 관리자를 활용하기 위해 꼭 확인해야 할 항목을 체크리스트로 정리했습니다. 특히 이미 두 서비스를 모두 사용 중이라면 반드시 확인하세요.

'칼럼'에는 구글 마케팅 플랫폼 활용 폭을 넓힐 수 있는 팁들을 실었습니다. 각 장의 중간에 칼럼이 있습니다. 잘 읽어주세요.

샘플 코드 다운로드

샘플 코드는 아래 사이트에서 내려받을 수 있습니다. 다운로드해서 학습에 활용하기 바랍니다.

- 홈페이지: https://wikibook.co.kr/gamkt/
- 예제코드: https://github.com/wikibook/gamkt

URL 구성 요소 관련 용어

이 책에서는 구글 애널리틱스의 도움말 페이지에 맞춰 'example.com'이 포함된 URL을 설명용 샘플로 사용합니다.

이 책에서는 URL 구성 요소를 다음과 같이 표기합니다.

URL 구성 요소

https://www.example.com/index.html?example=value#example

프로토콜	도메인 혹은 호스트 명	요청 URI	프래그먼트
	서브 도메인	경로　　　검색어 매개변수	

용어 정의가 잘 이해되지 않을 때는 이 페이지로 돌아와서 다시 확인하기 바랍니다.

데모 계정에 관해

구글 애널리틱스는 데모 계정을 제공하며, 구글 계정을 가진 사용자라면 누구나 이 계정을 사용할 수 있습니다.

또한 데모 계정의 보고서에는 구글 공식 통신 판매 사이트 'Google Merchandise Store'(https://www.googlemerchandisestore.com/)에서 실제 측정한 데이터가 표시됩니다.

이 책에서는 일부 이 데모 계정의 화면을 사용했습니다.

데모 계정은 도움말 페이지(https://support.google.com/analytics/answer/6367342)에서 '데모 계정 액세스'를 누르면 확인할 수 있습니다.

데모 계정 액세스

데모 계정 액세스

데모 계정에 액세스하려면 이 섹션 하단에서 *데모 계정 액세스* 링크를 클릭하세요. 링크를 클릭하면 다음 메시지가 표시됩니다.

- 이미 Google 계정이 있다면 해당 계정에 로그인하라는 메시지가 표시됩니다.
- Google 계정이 없다면 계정을 만든 후에 로그인하라는 메시지가 표시됩니다.

아래의 *데모 계정* 액세스 링크를 클릭하면 Google 계정과 관련된 다음 두 가지 작업 중 하나를 Google이 수행하도록 동의하게 됩니다.

- 이미 Google 애널리틱스 계정이 있다면 해당 애널리틱스 계정에 데모 계정을 추가합니다.
- Google 애널리틱스 계정이 없다면 사용자의 Google 계정과 연결된 새 계정이 생성되며, 데모 계정이 새 애널리틱스 계정에 추가됩니다.

데모 계정은 조직 및 계정 연결을 선택하는 애널리틱스의 계정 선택기에서 사용할 수 있습니다.

데모 계정은 단일 Google 계정에서 만들 수 있는 최대 애널리틱스 계정 수에 포함됩니다. 현재 Google 애널리틱스 표준의 경우 Google 계정당 최대 100개의 애널리틱스 계정을 만들 수 있습니다.

언제든지 데모 계정을 삭제할 수 있습니다.

데모 계정 액세스 ⬚

Chapter

1

구글 애널리틱스와
구글 마케팅 플랫폼

구글 애널리틱스는 웹 페이지 분석 및 개선을 위한 서비스로 널리 알려져 있습니다. 또한 구글 마케팅 플랫폼의 서비스와 조합함으로써 더 다양한 형태로 활용할 수 있습니다. 이 장에서는 각 서비스의 개요와 그것들을 기업에 도입할 때의 문제점 등을 설명합니다.

1-1 / 디지털 트랜스포메이션과 구글 마케팅 플랫폼

이 책을 읽고 있다면 '디지털 트랜스포메이션(DX, Digital Transformation)'이라는 용어를 들어본 적이 있을 것입니다. '들어가며'에서도 언급했지만, 기업이 사용자의 다양한 니즈에 맞춰 경쟁 우위를 차지하기 위해 디지털 트랜스포메이션의 중요도는 날로 높아지고 있습니다.

디지털 트랜스포메이션의 구체적인 형태에 관해서는 깊이 설명하지 않겠습니다. 그러나 이 책 전반에 걸쳐 '디지털 트랜스포메이션'이란 디지털(기술)을 사용해 '기존 비즈니스 프로세스를 고도화하는'(DX 1.0) 또는 '새로운 비즈니스를 창출하는'(DX 2.0) 것 중 하나를 의미한다는 전제로 설명합니다.

실제로 디지털 트랜스포메이션을 하기 위해서는 어떤 단계가 필요할까요?

먼저, 경영층을 포함해 사내 구성원이 앞장서거나 상황에 따라 전문가의 힘을 빌려 주제를 정하고, 목표를 설정하는 전략 수립 단계가 필요할 것입니다. 다음 실행 단계로 수립한 전략을 수행하기 위한 체제를 만들고 실제 활동에 들어갑니다.

주제의 내용이나 각 기업의 상황에 따라 실행 단계에는 다양한 방법론이 있지만, 공통으로 해야 하는 것은 데이터 수집, 분석, 활용입니다.

'데이터 수집, 분석, 활용'은 사내외에 존재하는 다양한 형태의 정보를 데이터로 수집하는 것에서 시작합니다. 수집한 데이터는 필요에 따라 추출해서 활용하면 되지만, 실질적으로는 데이터를 수집했음에도 불구하고 이를 사용할 수 없는 상황에 있는 기업이 적지 않습니다.

따라서 데이터 수집에 있어 다음 3가지가 특히 중요합니다.

- 편향되지 않은 데이터 수집하기
- 가능한 한 세세한 수준의 데이터 수집하기
- 데이터를 즉시 추출할 수 있는 환경 구축하기

이 3가지를 만족하는 환경을 자체적인 시스템으로 개발하려면 막대한 시간과 비용이 듭니다. 하지만 구글 마케팅 플랫폼을 활용하면 이런 환경을 매우 짧은 시간에 적은 비용으로 도입할 수 있습니다.

구글 마케팅 플랫폼 활용 예(개념도)

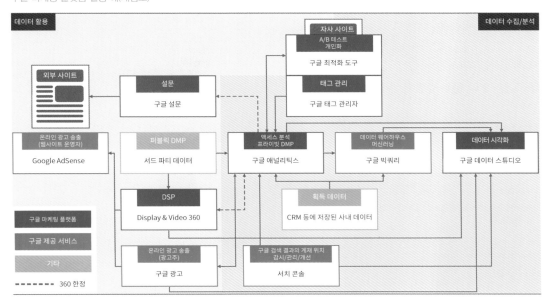

1-2 / 구글 마케팅 플랫폼 도입

▌구글 마케팅 플랫폼이란

2018년 '구글 애널리틱스'를 중심으로 하는 '구글 애널리틱스 360 스위트'와 광고주용 서비스인 'DoubleClick Digital Marketing'이 통합되어 '구글 마케팅 플랫폼'이 탄생했습니다.

다음 서비스로 구성된 구글 마케팅 플랫폼은 웹사이트나 모바일 애플리케이션 등 디지털 매체에 접속한 사용자를 시각화하고, 이들 사용자를 대상으로 수행할 수 있는 대책 고도화에 활용할 수 있는 플랫폼입니다.

- 구글 애널리틱스/구글 애널리틱스 360(유료)

- 구글 애널리틱스/구글 태그 관리자 360(유료)

- 구글 최적화 도구/구글 최적화 도구 360(유료)

- 구글 데이터 스튜디오

- Google Surveys/Google Surveys 360(유료)

- Display & Video 360
- Search Ads 360

이 책에서는 위 서비스 중 구글 애널리틱스를 중심으로 구글 태그 관리자, 구글 최적화 도구, 구글 데이터 스튜디오의 활용 방법에 관해 설명합니다.

구글 마케팅 플랫폼

이 절에서는 나머지 서비스인 Google Surveys, Display & Video 360, Search Ads 360에 관해 간단히 소개합니다.

›› Google Surveys

Google Surveys(https://surveys.google.com)는 자사 사이트 내 혹은 구글이 제공하는 외부 설문 템플릿에 대해 네트워크 설문을 전달하는 서비스입니다. 기본 요금이 무료(설문 방식에 따라 추가 요금 발생)인 Google Surveys와 유료 서비스인 Google Surveys 360이 있습니다.

Google Surveys 360은 구글 애널리틱스 360에서 만든 잠재 고객을 활용해 네트워크 설문을 배포할 수 있습니다.

Google Surveys

›› Display & Video 360

Display & Video 360(https://displayvideo.google.com)은 DSP(Demand-Side Platform)로, 과거 'DoubleClick Bid Manager'라는 이름으로 제공되었습니다.

국내외에 다양한 DSP가 존재하지만, RTB(Real Time Bidding) 성능이 높은 점과 다양한 벤더가 서드파티 데이터를 제공하고 있어, 해당 데이터를 활용한 타깃팅을 수행할 수 있다는 점이 매력적인 서비스입니다.

매체가 되는 사이트 운영자와의 조정을 통해 우선 거래(프라이빗 경매)를 통해 광고를 송출할 수 있기 때문에 순 광고보다 낮은 가격으로 광고 송출이 가능하기도 합니다.

구글 애널리틱스 360을 사용하면 구글 애널리틱스 360에 Display & Video 360의 데이터를 연동하거나 구글 애널리틱스 360에서 만든 잠재 고객을 Display & Video 360에 연동할 수 있습니다.

Display & Video 360[1]

›› Search Ads 360

Search Ads 360(https://searchads.google.com/ds/cm/cm)은 검색 연동형 광고 운용을 최적화하기 위한 관리 서비스로, 과거 'DoubleClick Search'라는 이름으로 제공됐습니다. 이 책의 집필 시점(2019년 8월)에 'Google Ads', 'Bing Ads', 'Yahoo! Japan', 'Baidu', 'Yahoo! Gemini'의 5개 검색 엔진을 지원하고 있습니다.

---

[1] 이미지 출처: https://marketingplatform.google.com/intl/ko/about/display-video-360/

각 검색 엔진에서 전환, CPA(Cost Per Acquisition) 등 다양한 측정항목을 최적화하기 위한 입찰 전략을 제공하지만, Search Ads 360을 활용하면 검색 엔진을 한층 더 최적화할 수 있습니다.

또한 구글 애널리틱스 360을 이용하면 구글 애널리틱스 360에 Search Ads 360의 데이터를 연동할 수 있습니다.

Search Ads 360[2]

기업 내 구글 마케팅 플랫폼 도입에서의 문제와 대책

기업에서 구글 마케팅 플랫폼을 도입해 활용하고자 하는 경우에는 몇 가지 문제가 있습니다.

다음은 고객들이 이 책의 저자들에게 상담했던 대표적인 문제들입니다.

---

2   이미지 출처: https://marketingplatform.google.com/intl/ko/about/search-ads-360/

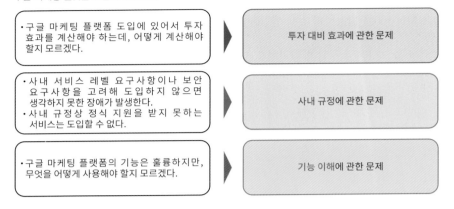

구글 마케팅 플랫폼 도입에서의 문제

- 구글 마케팅 플랫폼 도입에 있어서 투자 효과를 계산해야 하는데, 어떻게 계산해야 할지 모르겠다. → 투자 대비 효과에 관한 문제

- 사내 서비스 레벨 요구사항이나 보안 요구사항을 고려해 도입하지 않으면 생각하지 못한 장애가 발생한다.
- 사내 규정상 정식 지원을 받지 못하는 서비스는 도입할 수 없다. → 사내 규정에 관한 문제

- 구글 마케팅 플랫폼의 기능은 훌륭하지만, 무엇을 어떻게 사용해야 할지 모르겠다. → 기능 이해에 관한 문제

이 문제들에 관해 저자들은 다음과 같이 생각합니다.

〉〉 '투자 대비 효과'에 관한 문제

대부분 기업이 갖고 있는 문제입니다.

각자 다른 목표를 가진 마케팅 담당자, IT 담당자, 사업 담당자가 똑같이 사용자와의 커뮤니케이션을 하는 데 있어 디지털 활용이 중요하다고 여기는 일은 많지 않습니다. 디지털 시프트가 필수적으로 중요한 것은 아니라고 생각하는 사람들이 종종 지적하는 것이 '구글 마케팅 플랫폼을 도입함으로써 매출을 얼마나 올릴 수 있는가'라는 점입니다.

이런 지적에 명확하게 답할 수는 없다고 생각합니다. 사업 형태나 업종에 따라 상황이 다르며 '데이터 수집, 분석, 활용'이 직접적인 매출과 연결되는지 아닌지는 가설의 영역에 해당하기 때문입니다.

따라서 우선 PoC(Proof of Concept) 단계를 실행해 얻을 수 있는 효과를 평가한 뒤, 실제 단계로 진입할 것을 권장합니다. 구글 마케팅 플랫폼의 대부분 서비스는 무료 버전으로 제공되기 때문에 먼저 무료 버전부터 도입해서 평가해 보고 효과가 있다면 유료 버전인 360 도입을 검토하는 것이 좋습니다.

〉〉 '사내 규정'에 관한 문제

금융 기관이나 보험, 증권 업계 등 디지털 기밀성이 높은 정보를 다루는 기업들과 관련된 문제입니다.

이런 기업은 독자적인 보안 확인 항목을 보유하고 있으며, 이들 중 데이터 센터의 위치나 체제 등을 포함한 경우가 있습니다. 이 기업들이 다루는 정보는 매우 민감하기 때문에 구글이 정보를 특별히 밝히지 않는 경우도 있지만, 구글 마케팅 플랫폼 보안 수준은 결코 낮지 않으며, 구글 애널리틱스를 비롯한 서비스는 일부를 제외하고 'ISO 27001 인증'을 취득했습니다.

※ 자세한 내용은 다음 페이지를 참조하십시오.

https://support.google.com/analytics/answer/3407084

또한 구글 마케팅 플랫폼은 구글이 제공하는 클라우드 컴퓨팅 플랫폼 '구글 클라우드 플랫폼'을 활용하는데, 이 구글 클라우드 플랫폼 또한 'PCI DSS 3.2'를 만족하고 있어 안전하게 이용할 수 있습니다.

※ 자세한 내용은 다음 페이지를 참조하십시오.

https://ga-dev-tools.appspot.com/dimensions-metrics-explorer/

구글 마케팅 플랫폼은 구글 공식 파트너 제도를 제공합니다. 일정 심사 기준을 만족하고 파트너로 인정받은 기업은 구글과 함께 지원을 제공할 수 있기 때문에 사내 규정에 따라 서비스 도입을 위한 공식 지원이 필요한 경우에도 아무런 문제가 없습니다.

>> '기능 이해'에 관한 문제

'기능 이해'는 디지털 마케팅 서비스 도입을 검토 중인 많은 기업이 직면하고 있는 문제입니다.

구글 마케팅 플랫폼과 같은 디지털 마케팅 서비스에는 매우 많은 기능이 있는 것은 물론이고, 매월 다양한 새 기능이 출시됩니다. 디지털 마케팅 서비스 도입 시 해당 업무를 전담하는 인원이 있다면 큰 문제가 없겠지만, 다양한 업무를 수행하면서 학습 및 이해를 위한 충분한 시간을 투입할 수 없는 경우가 많은 것도 현실입니다.

구글 마케팅 플랫폼(특히 구글 애널리틱스)은 공식 도움말 페이지를 제공하며, 이 책을 포함해 블로그 등 제삼자가 공개하는 수많은 자료가 존재합니다. 또한 세일즈 파트너나 대리점이 많이 있기 때문에 유사한 서비스에 비해 비교적 운영 환경이 잘 갖춰졌다고 말할 수 있습니다.

1-3 / 구글 애널리틱스란

구글 애널리틱스(https://analytics.google.com)는 구글 마케팅 플랫폼의 핵심 서비스입니다.

구글 애널리틱스

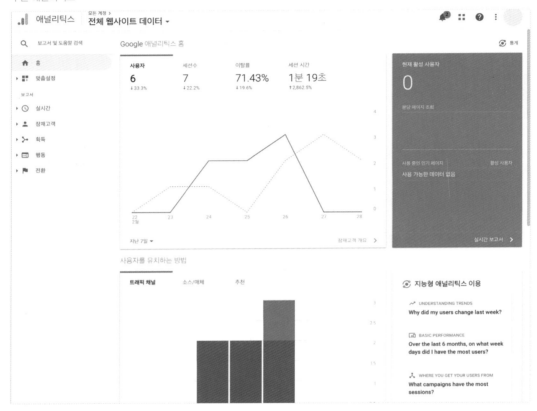

구글 애널리틱스는 웹사이트 접속 분석을 목적으로 하는 서비스로 탄생했습니다. 글로벌 셰어 1위를 차지하고 있으며 구글 마케팅 플랫폼 중에서 프라이빗 DMP 역할도 담당합니다.

구글 애널리틱스는 무료로 이용할 수도 있지만, 유료 버전인 '구글 애널리틱스 360'도 제공됩니다. 구글 애널리틱스 360을 이용하는 경우에는 수집한 데이터에 대한 소유권을 가질 수 있습니다. 구글 애널리틱스와 구글 애널리틱스 360의 차이는 다음과 같습니다.

구글 애널리틱스와 구글 애널리틱스 360 비교

	구글 애널리틱스	구글 애널리틱스 360
데이터 업데이트 빈도	보증 없음	4시간 SLA 보증(일부 예외)
히트 수 상한	1,000만 건	5억 건 이상
샘플링	원칙적으로 선택한 기간에 속성 단위 세션 수 50만 건 이상	원칙적으로 선택한 기간에 보기 단위 세션 수 1억 건 이상
비샘플링 보고서	없음	있음
보고서 통합	애드센스, 구글 광고, 애드 익스체인지(Ad Exchange), 서치 콘솔, 구글 최적화 도구	구글 애널리틱스 보고서 통합 + 구글 태그 관리자, Display & Video 360, 캠페인 관리자, Search Ads 360
빅쿼리 연동	없음	있음

※ 자세한 내용은 다음 페이지를 참조하십시오.

 https://marketingplatform.google.com/intl/ko/about/analytics-360/compare/

이 책에서는 무료 버전에서도 사용할 수 있는 기능을 중심으로 설명합니다.

1-4 / 데이터 수집 구조

구글 애널리틱스의 추적 코드

먼저 구글 애널리틱스의 구조에 관해 설명합니다.

구글 애널리틱스는 추적 코드(tracking code)라고 불리는 다음과 같은 자바스크립트 코드를 이용해 데이터를 수집합니다.

추적 코드

```
<!-- Global site tag (gtag.js) - Google Analytics -->
<script async src="https://www.googletagmanager.com/gtag/js?id=UA- XXXXX-X"></script>
<script>
  window.dataLayer = window.dataLayer || [];
```

```
function gtag(){dataLayer.push(arguments);}
gtag('js', new Date());

gtag('config', 'UA-XXXXX-X');
</script>
```

구글 애널리틱스의 추적 코드는 과거 'urchin.js'라 불리는 코드를 활용해 실행됐지만, 이후 'ga. js→analytics.js→gtags.js'로 새로운 코드 등장과 함께 그 내용 또한 바뀌었습니다. 이 책에서는 최신 gtag.js 추적 코드를 사용해 데이터 수집 구조를 설명합니다.

▌ 추적 코드의 데이터 수집 구조

사용자가 웹 페이지에 접속하면 브라우저가 HTML 파일에 포함된 추적 코드를 로드합니다. 추적 코드가 로드되면 'Measurement Protocol'이라 불리는 사양에 따라 구글 애널리틱스 서버에 HTTP 요청으로 데이터가 전송됩니다.

요청 예시

```
https://www.google-analytics.com/collect?v=1&_v=j72&a=208697404&t=pageview&_
s=1&dl=https%3A%2F%2Fwww.nri-net. com%2F&ul=ja&de=UTF-8&dt=NRI%E3%83%8D%E3%83%83%E3%83%88%
E3%82%B3%E3%83%A0&sd=24-bit&sr=1920x1200&vp=1920x318&je=0&_u=AACAAEAB~&jid=&gjid=&cid=8982
79254.1544001712&tid=UA-XXXXX-Y&_gid=1356827058.1544001712&z=719511254
```

※ 'Measurement Protocol'에 관한 자세한 내용은 다음 페이지를 참조하십시오.

https://developers.google.com/analytics/devguides/collection/protocol/v1/reference

구글 애널리틱스 데이터 수집 구조

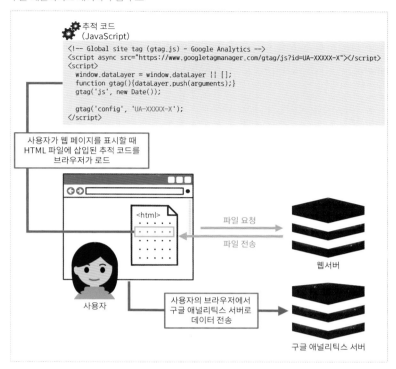

데이터는 히트(hit)라는 단위로 전송됩니다. 웹사이트 측정을 수행하는 경우 주로 사용되는 히트는 다음 2가지입니다.

- 페이지뷰(pageview)
- 이벤트(event)

예를 들어, 앞 그림에서 추적 코드가 로딩되면 구글 애널리틱스 서버로 페이지뷰가 전송되고, 추적 ID[UA-XXXXX-X]로 측정됩니다.

히트가 전송될 때 특별히 지정하지 않더라도 추적 코드가 구글 애널리틱스 서버에 다양한 데이터를 자동으로 전송합니다. 자동 전송되는 데이터는 다음을 포함합니다.

- 사용자에게 표시된 웹 페이지 URL
- 사용자에게 표시된 웹 페이지 제목
- 사용자가 사용 중인 브라우저 언어 설정
- 사용자가 사용 중인 기기 화면 해상도

앞에서 설명한 것처럼 데이터는 '히트'라는 단위로 수집됩니다. 그렇다면, 이를 어떻게 동일한 사용자에 의한 행동인지 인식할 수 있을까요? 이를 구현하는 것이 클라이언트 ID(client ID)와 브라우저 쿠키(Cookie)입니다.

추적 코드가 로드되면 구글 애널리틱스가 각 사용자를 식별하기 위해 무작위 ID를 발행합니다. 이 무작위 ID는 '클라이언트 ID'라고 불리며 '_ga_'라는 이름의 쿠키에 기록됩니다.

클라이언트 ID를 활용한 사용자 식별

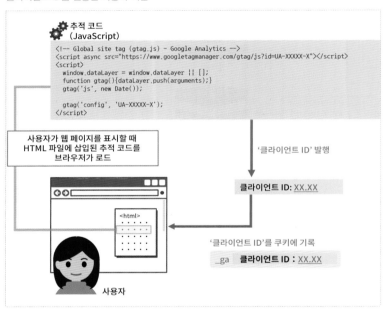

히트를 송출할 때는 앞에서 설명한 클라이언트 ID도 함께 구글 애널리틱스 서버로 송출합니다.

그리고 사용자가 다른 페이지로 이동해 다시 추적 코드가 로드될 때도 추적 코드는 이미 쿠키에 클라이언트 ID가 기록되어 있는 것을 확인하고, 해당 클라이언트 ID를 사용(즉, 구글 애널리틱스 서버로 전송)합니다.

이런 동작에 따라 구글 애널리틱스는 한 사용자의 행동을 인식해서 측정할 수 있게 됩니다.

또한 구글 애널리틱스 쿠키는 기본적으로 서브 도메인을 제외한 도메인('www.example.com'의 경우에는 'example.com') 단위로 발행됩니다. 이는 구글 애널리틱스의 쿠키를 도메인의 어느 레벨로 발생할 것인지를 지정하는 필드인 'cookie_domain' 값이 'auto'이기 때문입니다.

그럼 사용자가 'sub1.example.com'과 'sub2.example.com'이라는 2개의 도메인을 옮겨가며 행동하는 경우, 추적 코드에 어떤 변화가 발생할지 생각해 보겠습니다.

도메인을 이동하는 경우 추적 코드 행동

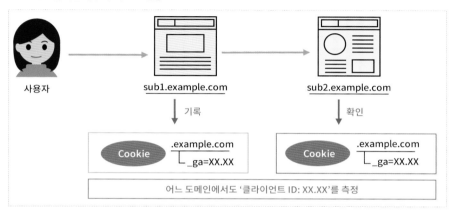

사용자가 'sub1.example.com'에 접속하면 구글 애널리틱스는 '클라이언트 ID: XX.XX'를 'sub1.example.com'의 서브 도메인을 제외한 도메인인 '.example.com'의 쿠키에 기록합니다.

이후 사용자가 'sub.example.com'으로 이동하면 구글 애널리틱스는 '.example.com'의 쿠키에 기록된 클라이언트 ID를 확인하고, 'sub1.example.com'과 같은 형태의 '클라이언트 ID: XX.XX'를 측정합니다.

즉, 한 사용자가 'sub1.example.com'과 'sub2.example.com'을 오가는 행동을 하더라도 구글 애널리틱스에서는 동일한 사용자로 측정되는 것입니다.

또한 'cookie_domain'에는 'sub1.example.com'과 같은 서브 도메인을 포함한 도메인을 지정할 수 있지만, 특별한 이유가 없는 이상 'auto'인 상태로 사용하는 것이 좋습니다.

추적 코드를 활용해 구글 애널리틱스 서버에 데이터는 수집되지만, 해당 데이터를 보고서에 표시하려면 몇 가지 처리를 해야 합니다.

이에 관한 설명을 하기 전에 먼저 구글 애널리틱스의 데이터 범위(값의 유효 범위) 개념에 관해 설명합니다.

구글 애널리틱스 데이터 범위는 다음 4종류로 구분됩니다.

- 히트
- 세션
- 사용자
- 상품

구글 애널리틱스의 데이터 범위

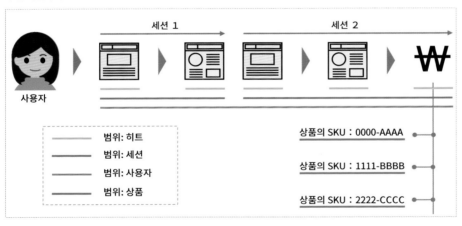

위 그림만으로는 이해하기 어려울 수 있으므로 오프라인 상점 쇼핑을 예로 들어 생각해 봅니다.

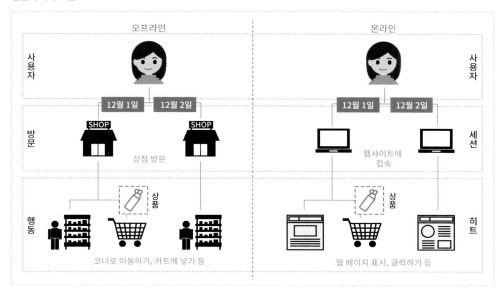

12월 1일에 A 씨가 상점에 방문해 일용품 코너에 가서 '상품 A'를 카트에 넣고 계산합니다. 그 뒤 12월 2일에 다시 같은 상점에 방문해서 이번에는 생선 식품 코너에 갔다고 가정합니다. 이때 '사용자'는 A 씨 1명이며, 상점에 방문한 것(세션)은 2번(12월 1일과 12월 2일)입니다. 또한 1회 방문(세션 중 '일용품/생선 식품 코너에 감', '상품을 카트에 넣음', '계산대에 감'이라는 행동(히트))을 했습니다.

웹사이트의 경우도 동일합니다. 12월 1일에 '클라이언트 ID: XX.XX'를 가진 '사용자'가 웹사이트에 접속해 '장바구니 추가' 버튼을 누르고 '상품 A'를 카트에 넣은 뒤, 12월 2일에 웹사이트에 다시 접속했다고 가정합니다. 이때 '사용자'는 1, '세션'은 2로 카운트됩니다. 또한 세션 중 '페이지뷰'(웹 페이지 표시)나 '이벤트('카트에 추가' 버튼 클릭)'라는 여러 히트가 발생합니다.

이와 같이 구글 애널리틱스는 '사용자/세션/히트(/상품)'와 같은 구성으로 데이터를 측정하기 때문에 각 데이터는 '사용자 범위/세션 범위/히트 범위(/상품 범위)'라는 값에 대한 유효 범위를 가집니다.

예를 들면, 한 세션 중에서 브라우저가 변하는 일은 없으므로 사용자가 사용하는 브라우저 정보는 '세션 범위' 데이터입니다. 또한 한 세션 동안 접속한 웹 페이지의 정보가 다수 존재하므로 페이지 정보는 '히트 범위' 데이터가 됩니다.

사용자 사양

'1-5 데이터 연결 구조'에서 설명한 대로(p.14) 구글 애널리틱스는 클라이언트 ID를 기반으로 각 사용자를 식별하며, 클라이언트 ID는 쿠키(엄밀히 말하면 퍼스트 파티 쿠키(first-party cookie))를 통해 관리됩니다.

즉, 사용자 정보는 쿠키에 존재하므로 다음과 같은 사양에 주의해야 합니다.

- 쿠키는 '장비×브라우저'별로 발행됩니다. 예를 들어, 한 사람이 'PC(Chrome)', 'PC(Internet Explorer)', '스마트폰(Chrome)'에서 웹사이트에 접속한 경우, 구글 애널리틱스에서는 '사용자: 3'으로 카운트합니다.

브라우저별로 사용자를 카운트함

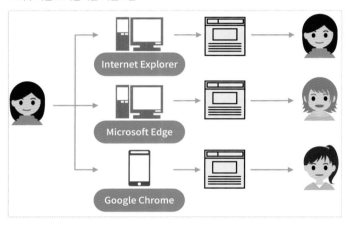

- 구글 애널리틱스의 쿠키의 유효 기간은 기본 2년으로 설정되어 있습니다. 따라서 해당 사용자가 2년간 웹사이트에 접속하지 않았다가 다시 접속했을 때는 새로운 사용자로 카운트합니다.

유효 기간 이후에는 다른 사용자로 카운트

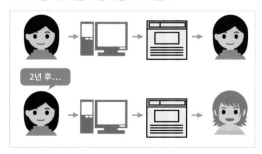

2년 후...

※ ITP(Intelligent Tracking Prevention)의 영향 때문에 iOS, macOS의 Safari에서는 쿠키 유효 기간이 더 짧게 설정된 경우가 있습니다. 자세한 내용은 다음 페이지를 참조하십시오.

 https://webkit.org/blog/8613/intelligent-tracking-prevention-2-1/

 https://webkit.org/blog/8828/intelligent-tracking-prevention-2-2/

세션 사양

1회 방문(세션)이 완료되는 시점에도 주의해야 합니다. 구글 애널리틱스에서는 다음 시점에 세션을 만료합니다.

- 하루가 종료되는 경우(AM 00:00)
- 유입 소스 정보가 변화하는 경우
- 사용자가 30분간 웹사이트에서 아무런 행동(페이지뷰 등)도 하지 않은 경우

각각의 항목에 대해 설명합니다.

〉〉 하루가 종료되는 경우(AM 00:00)

사용자가 AM 00:00을 넘어 웹사이트를 돌아다니는 경우, AM 00:00 전후로 세션이 둘로 나뉩니다.

하루가 종료되면 세션이 나뉨

〉〉 유입 소스 정보가 변화하는 경우

예를 들어, '구글 검색→웹사이트 이동→웹 광고→웹사이트 이동'과 같은 순서로 접속이 발생한 경우, '구글 검색→웹사이트 이동'으로 1번의 세션이 만료되며, '웹 광고→웹사이트 이동'은 별도의 세션으로 취급됩니다.

유입 출처에 따라 세션이 나뉨

›› 사용자가 30분간 웹사이트에서 아무런 행동도 하지 않은 경우

구글 애널리틱스에서는 '사용자가 언제 이탈했는지'를 엄밀하게 측정하지 못합니다. 온라인 상점을 생각해 보면, 상점을 나가는 것이 이탈이라고 할 수 있지만, 웹사이트의 경우에는 언제 웹사이트에서 이탈했는지 판단할 수 없기 때문입니다.

예를 들어 브라우저를 닫는 경우도 있지만, 브라우저를 열어둔 채 몇 시간을 방치하는 경우도 있습니다. 따라서 구글 애널리틱스에서는 사용자가 30분간 웹사이트에서 아무런 행동도 하지 않은 경우, '이탈'(세션 만료)한 것으로 판단합니다.

이탈에 따라 세션이 나뉨

또한 이탈로 판단할 때까지의 시간은 구글 애널리틱스의 '관리'→'관리자'→'추적 정보'→'세션 설정'❶의 '세션 만료'❷에서 설정할 수 있습니다.

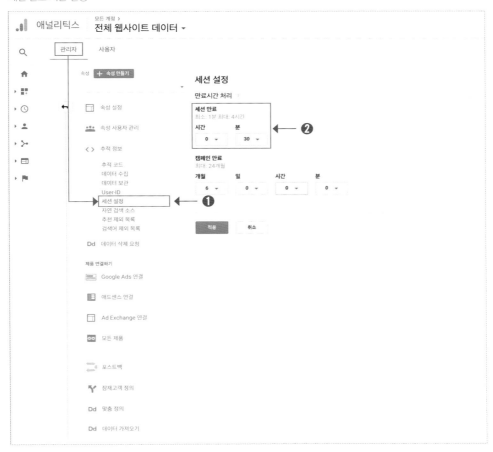

전자책 판매 사이트나 동영상 송출 사이트 등 사용자가 30분 이상 아무런 행동을 하지 않을(히트가 발생하지 않을) 가능성이 높은 웹사이트를 측정하는 경우에는 설정 시간 변경을 검토하는 것이 좋습니다.

1-7 / 보고서 구조

'측정기준'과 '측정항목'

다음으로 구글 애널리틱스의 보고서 구조에 관해 설명합니다.

추적 코드를 활용해 수집된 데이터는 측정기준이라 불리는 '데이터 속성'과 측정항목이라 불리는 '정량적 값'으로 변환됩니다.

예를 들어, 사용자가 'https://www.example.com/'에 접속한 경우 'www.example.com'은 '호스트 이름', '/'는 '페이지'라는 측정기준에 저장됩니다. 또한 각 측정기준이나 측정항목에는 앞에서 설명한 데이터 범위도 반영됩니다.

다음은 범위/측정기준/측정항목을 조합한 예입니다.

범위/측정기준/측정항목 조합 예시

범위	측정기준	측정항목
히트	페이지 이벤트 카테고리	페이지뷰 수 합계 이벤트 수
세션	브라우저 랜딩 페이지	세션 목표 완료 수
사용자	사용자 타입	사용자
상품	상품 상품 브랜드	상품 수익 고유 구입 수

※ 다음 페이지('Dimentions & Metrics Explorer')에서 측정기준과 측정항목 목록을 확인할 수 있습니다.

https://ga-dev-tools.appspot.com/dimensions-metrics-explorer/

데이터 필터링과 예비 집계

구글 애널리틱스는 필터라는 기능을 제공합니다. '특정한 페이지 정보만 보고서에 표시하는' 추출이나 '측정기준 '페이지'에 '호스트 명'을 추가하는' 것과 같은 조합도 가능합니다.

※ '필터' 기능에 관한 자세한 설명은 2장을 참조하십시오.

'필터' 기능

필터를 설정하면 해당 필터 설정 내용에 따라 측정기준과 측정항목으로 변환된 데이터가 추출/조합됩니다. 보고서에는 이 처리를 한 후의 데이터를 구글 애널리틱스 서버 측에서 예비 집계한 것을 표시합니다. 비교적 빠르게 보고서를 표시할 수 있는 이유는 이 예비 집계 단계가 있기 때문입니다.

1-8 / 구글 애널리틱스 계정 구성

▌ '계정', '속성', '보기' 개요

구글 애널리틱스 계정은 계정, 속성, 보기의 3계층으로 구성됩니다.

계정 계층

'계정', '속성', '보기'에 관해 간단히 설명합니다.

≫ 계정

구글 애널리틱스 계정의 최상위 계층입니다(구글 애널리틱스에 로그인할 때 사용하는 '구글 계정'과는 다릅니다). 앞에서 설명한 필터는 계정별로 관리합니다.

계정은 <u>원칙상 회사별로 하나씩 만드는 것을 추천합니다.</u> 다만 다음과 같은 경우에는 여러 개를 작성하게 됩니다.

- 한 계정당 만들 수 있는 최대 속성 수(무료 버전의 경우 50개, 구글 애널리틱스 360의 경우 200개)를 초과하는 경우

- 필터나 속성, 보기를 분할 관리하고자 할 경우

〉〉 속성

구글 애널리틱스가 데이터를 수집하는 단위이며 추적 ID(UA-XXXXX-X)는 속성별로 발행됩니다.

기본적으로 웹사이트, 모바일 애플리케이션별로 만들지만 경우에 따라 여러 웹사이트나 모바일 애플리케이션을 하나의 속성으로 측정하는 경우도 있습니다.

속성은 복사할 수 없지만, 다른 계정으로 이동은 가능합니다.

※ 자세한 내용은 다음 페이지를 참조하십시오.

 https://support.google.com/analytics/answer/6370521

〉〉 보기

속성으로 측정한 데이터를 필요에 따라 조합해 보고서에 표시하는 단위입니다.

속성을 만들면 기본적으로 '모든 웹사이트의 데이터'라는 보기가 만들어집니다. 보기별로 필터를 설정함으로써 집계하는 데이터를 추출하거나 조합할 수 있습니다.

예를 들어, 웹사이트 전체를 집계하는 보기와 별도로, IR 담당자를 위한 IR 정보에 관련된 페이지만을 집계하는 보기를 만들 수도 있습니다.

필터 설정을 제대로 하지 않아 데이터가 올바르게 집계되지 않는 경우에는 데이터를 복구할 수 없습니다. 이 경우 <u>필터를 설정하지 않았던 기간의 데이터를 확인할 수 있게 필터를 아무것도 설정하지 않은 '미조합 데이터 보존용 보기'를 속성별로 준비해 둡니다.</u>

속성별로 만들 수 있는 보기의 최대 수에는 제한이 있습니다. 무료 버전에서는 '25'개, 구글 애널리틱스 360에서는 '400'개입니다.

구글 애널리틱스 계정 구성 검토하기

구글 애널리틱스를 효과적으로 활용하기 위해서는 측정할 웹사이트나 보고서를 이용할 회사에 따라 계정 구성을 검토해야 합니다.

다음 예시를 이용해 구글 애널리틱스의 구성에 관해 설명합니다.

- XXX 회사는 다음 웹사이트를 운영하고 있음

  ❶ 기업 사이트(www.example.com)

  ❷ (기업 사이트 내) 사이트 내 검색 기능(search.example.com)
  ※ 외부 ASP 서비스 이용

  ❸ EC사이트(ec.example.com)

- 기업 사이트 내에 IR 정보를 게재하고 있으며, IR 담당자는 IR 정보 접속 수를 정기적으로 확인해야 함

구글 애널리틱스 계정은 'XXX 회사'용으로 1개 작성하면 됩니다. 앞에서 설명한 것처럼 속성은 웹사이트별로 작성합니다.

이번 예시에서 ❶❷는 서브 도메인이 다르지만, 같은 기업 사이트로 취급해야 하므로 1개의 속성으로 측정하고, ❸EC사이트는 목적이나 이용자가 다르므로 별도 속성으로 측정합니다.

※ ❷사이트 내 검색 기능을 독립된 웹사이트로 간주해야 하는 경우에는 속성을 분할해도 좋습니다.

또한 ❶~❸을 1개 속성으로 측정한 경우에는 각 웹사이트 사이를 이동한 분석이 가능합니다. 이 경우 각 속성에서 측정된 범위나 유입 출처 내용은 다음과 같습니다.

- 예) 구글 검색→❶기업 사이트→❷사이트 내 검색 기능→❸EC사이트로 이동한 경우

❶~❷를 측정하는 속성

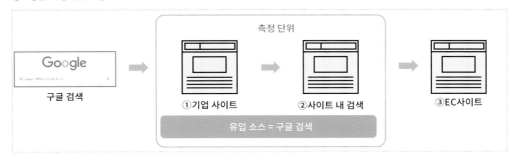

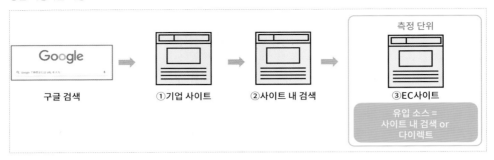

※ 유입 소스는 '참조 출처 제외 리스트' 설정에 따라 달라집니다.

❶~❸을 모두 측정하는 속성

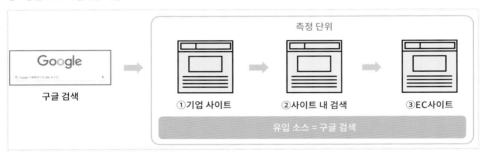

'웹사이트별 분석'과 '각 웹사이트 사이에서 이동한 분석'을 모두 수행하고 싶은 경우에는 '웹사이트별 데이터를 측정하는 속성'과 '여러 웹사이트를 측정하는 속성'을 각각 준비하면 됩니다.

또한 구글 애널리틱스 360에서는 '전체보기 보고서'라는 기능을 제공하기 때문에 '여러 웹사이트의 데이터를 측정하는 속성'을 간단하게 만들 수 있습니다.

※ 전체보기 보고서에 관한 자세한 내용은 다음 페이지를 참조하십시오.

https://support.google.com/analytics/answer/6033415

속성별로 다음과 같은 보기를 준비하면 좋습니다.

- 필터를 아무것도 설정하지 않은 '미가공 데이터 보존용 보기'
- 필터를 설정(실제 사이트 도메인만 측정, 관계자 접속 제외 등)한 보기
- (필요에 따라) 특정 카테고리의 페이지(IR 정보 등)만 측정하는 보기

앞에서 설명한 내용에 따른 구글 애널리틱스 계정, 속성, 보기를 이미지로 나타내면 다음 그림과 같습니다.

계정, 속성, 보기 구성

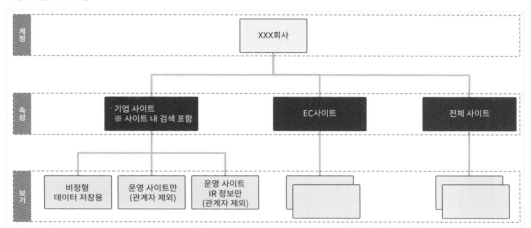

Chapter

2

구글 애널리틱스
시작하기

구글 애널리틱스를 시작합니다. 계정과 속성 만들기, 가공한 데이터를 확인하기 위한 보기 추가, 보고서에 표시할 데이터를 추출하기 위한 필터 만들기 등 구글 애널리틱스로 원하는 데이터를 얻기 위해 필요한 설정을 수행합니다.

2-1 / 구글 애널리틱스 시작하기

구글 애널리틱스에는 https://analytics.google.com/을 통해 접속할 수 있습니다.

가장 먼저 구글 계정으로 로그인해야 하므로 구글 계정 메일 주소 혹은 전화번호와 비밀번호를 입력하고 로그인합니다.

또한 구글 마케팅 플랫폼을 이용하기 위해서도 구글 계정을 갖고 있어야 합니다. 구글 계정을 가지고 있지 않은 경우에는 다음 페이지를 참조해서 구글 계정을 만듭니다.

 https://support.google.com/accounts/answer/27441

다음 그림과 같은 화면이 나타나면 '등록'을 클릭합니다.

구글 애널리틱스 시작하기

계속해서 구글 애널리틱스 계정을 만듭니다.

다음 그림과 같은 초기 설정 화면이 표시됩니다. [계정 이름]에는 원하는 이름을 입력합니다. 특별한 이유가 없는 한, 계정 이름은 '법인 명'을 설정하는 것을 권장합니다.

구글 애널리틱스 계정 이름 등록하기

[계정 데이터 공유 설정]은 기본으로 모든 항목에 체크되어 있습니다. 각 항목을 확인하고 불필요한 항목은 체크를 해제합니다. 모든 항목을 확인했다면 [다음]을 클릭합니다.

계정 데이터 공유 설정

[다음]을 클릭하면 다음과 같은 화면이 표시됩니다. 여기에서는 데이터를 측정할 대상의 종류를 선택합니다. [웹]을 선택하고 [다음]을 클릭합니다.

측정할 대상 선택하기

※ 이 책에서는 설명하지 않지만 '앱과 웹'은 '웹사이트 데이터'와 '모바일 애플리케이션 데이터'를 통합 분석하기 위한 기능입니다. 이 책의 집필 시점(2019년 8월)에는 베타 버전입니다. 특히 Firebase Analytics를 사용하는 사람은 다음 페이지를 참조하십시오.

https://support.google.com/analytics/answer/9328243

[다음]을 클릭하면 그림과 같은 화면이 표시됩니다. 여기에서는 계정에 추가할 속성을 설정합니다.

속성 설정하기

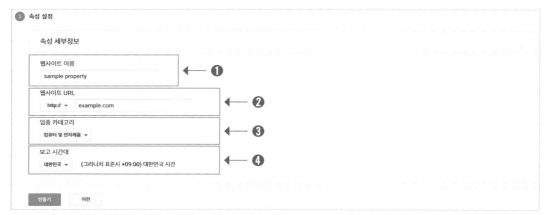

각각의 항목을 다음과 같이 설정합니다.

속성 설정

항목	설명
❶ 웹사이트 이름	자유롭게 이름을 입력합니다. 특별한 이유가 없는 한 측정할 범위를 쉽게 알 수 있게 이름(도메인 등)을 설정하는 것이 좋습니다. ※ '웹사이트 이름'은 속성 이름이 됩니다.
❷ 웹사이트 URL	측정할 웹사이트의 프로토콜(http, https)을 선택한 후 도메인을 입력합니다.
❸ 업종 카테고리	측정할 웹사이트에 맞는 업종을 선택합니다.
❹ 보고 시간대	히트가 발생한 날짜와 시각 측정 시 기준이 되는 시간대입니다. 예를 들어, '한국'을 선택하면 해외에서 히트가 발생한 경우에도 한국 시간 기준으로 히트가 발생한 날짜와 시각을 결정합니다. 일반적으로 '한국'으로 설정해도 아무런 문제가 없으나, 해외 사용자용 웹사이트를 현지 시간 기준으로 측정하고자 하는 경우에는 필요에 따라 변경합니다.

설정을 완료했다면 [만들기]를 클릭합니다. '구글 애널리틱스 서비스 약관 계약'이 표시됩니다. '구글 애널리틱스 서비스 약관 계약'이나 'Google과 공유한 데이터에 적용되는 추가 약관'에 관해서는 법무 담당자와 확인해 주십시오. 자사 사이트의 개인 정보 보호 정책 수정 등이 필요한 경우가 있습니다.

필요에 따라 'GDPR에서 요구하는 데이터 처리 약관에도 동의합니다.'와 'Google과 공유하는 데이터에 적용되는 측정 컨트롤러 간 데이터 보호 약관에 동의합니다.'에 체크한 후 [동의함]을 클릭하면 계정 만들기가 완료됩니다.

※ '데이터 공유 설정'의 'Google 제품 및 서비스'에 체크한 경우에는 'Google 측정 컨트롤러 간 데이터 보호 약관'에도 동의해야 합니다.

계정 만들기가 완료되면 속성은 자동으로 만들어지며 다음과 같은 화면으로 이동합니다.

먼저 속성의 기본 설정에 문제가 없는지 확인합니다. 특히 확인해야 할 포인트는 세션 설정과 데이터 보관입니다.

'세션 설정'은 구글 애널리틱스가 한 세션이나 캠페인을 종료할 때까지의 기간을 설정하는 것입니다. **[관리]→[추적 정보]→[세션 설정]**을 클릭하면 다음 화면이 표시됩니다.

세션 설정 확인하기

일반적으로는 기본 설정으로도 문제가 없으나, 운영하는 업종 혹은 상품을 고려해 필요에 따라 설정을 변경하는 것도 검토하기 바랍니다.

※ '세션 만료'에 관해서는 1장, '캠페인 만료'에 관해서는 10장을 참조하십시오.

'데이터 보관' 설정은 사용자 데이터와 이벤트 데이터를 구글 애널리틱스 서버에 얼마 동안 보관할 것인지 결정합니다. [관리]→[추적 정보]→[데이터 보관]을 클릭하면 다음 화면이 표시됩니다.

데이터 보관 기간 설정하기

'사용자 및 이벤트 데이터 보관' 기본 설정 값은 '26개월'입니다. 필요에 따라 설정을 변경합니다.

2-2 / 가공된 데이터를 확인할 보기 추가하기

보기 추가하기

계정 및 속성을 만들면 '모든 웹사이트 데이터'라는 보기가 자동으로 만들어집니다.

보기에서는 뒤에서 설명할 '필터', '기본 페이지', '제외할 URL 검색어 매개변수' 등을 설정해 데이터 분석을 쉽게 할 수 있게 가공된 상태로 집계할 수 있습니다.

단, 데이터를 가공하면 해당 보기 안에서는 원래 데이터로 되돌릴 수 없습니다. 따라서 '전체 웹사이트 데이터' 보기는 가공되지 않은 데이터를 보관하기 위해 '미가공 데이터 보존용 보기'로 남겨두고, 별도로 가공된 데이터를 확인할 목적의 보기를 추가하는 것이 좋습니다.

보기는 [관리]→[보기]의 [+ 보기 만들기]에서 추가합니다.

가공된 데이터 확인용 보기 추가하기

'+ 보기 만들기'를 클릭하면 다음과 같은 '새 보고서 속성 보기' 화면이 표시됩니다.

새 보고서 속성 보기

새 보고서 속성 보기를 만들어 추적 ID로 수집한 모든 데이터를 필터링하지 않고 표시합니다.

추적한 데이터 중 특정 데이터만 이 보고서 속성 보기에서 확인하려는 경우, 하나 이상의 속성 보기 필터를 만들어 데이터에 적용해야 합니다.

이 보기에서 추적할 데이터 선택

| 웹사이트 | 모바일 앱 |

내 보기 설정

보고서 속성 보기 이름

샘플 보기 ← ❶

보고 시간대

대한민국 ▼ (그리니치 표준시 +09:00) 대한민국 시간 ← ❷

이 속성은 보기가 1개입니다. 최대 25개입니다.

| 보기 만들기 | 취소 |

[**보고서 속성 보기 이름**]❶에는 임의로 이름을 입력합니다.

[**보고 시간대**]❷에는 계정 또는 속성을 만들면 선택한 시간대를 기준으로 표시됩니다. 필요에 따라 변경합니다.

설정 후 [**보기 만들기**]를 클릭하면 보기 만들기가 완료됩니다.

보기 설정 조정하기

이어서 [**관리**]→[**(보기) 보기 설정**]에서 앞에서 만든 '샘플 보기'로 가공한 데이터를 확인하기 위한 설정을 진행합니다.

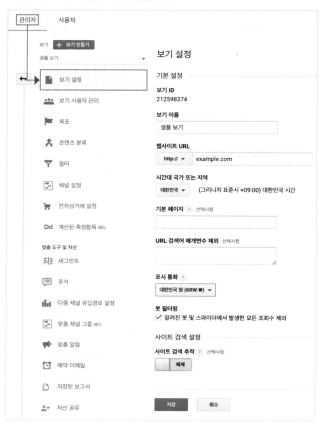

>> 기본 페이지

예를 들어, '~/'와 '~/index.html'에서 같은 콘텐츠를 표시하는 웹사이트를 운영하는 경우 구글 애널리틱스에서는 이 웹 페이지들을 다른 것으로 측정합니다.

'~/'와 '~/index.html'을 다른 페이지로 분석하고 싶은 경우에는 기본 설정 상태로 둬도 문제가 없지만, 콘텐츠별로 분석하고자 할 경우에는 오류가 발생할 수 있습니다.

'~/'와 '~/index.html'을 다른 페이지로 측정함

예를 들어, 다음과 같이 [기본 페이지]에 'index.html'을 설정하면 측정기준 '페이지'(검색어 매개변수 제외)의 마지막이 '/'인 경우, '/' 바로 뒤에 있는 'index.html'이 추가됩니다.

기본 페이지에 'index.html' 설정하기

이와 같은 설정으로 동일한 콘텐츠를 표시하는 웹 페이지를 같은 페이지로 측정하므로 콘텐츠 단위 분석을 수행하기가 쉽습니다.

'~/'와 '~/index.html'을 같은 페이지로 측정함

'index.html' 외에도 'index.php', 'default.html' 등을 입력할 수 있으므로 웹사이트 사양에 맞춰 설정합니다.

》 제외할 URL 검색어 매개변수

'~/?OO=XX'와 '~/?OO=△△'로 동일한 콘텐츠를 표시하는 웹사이트를 운영하는 경우 '/'와 '/index.html'의 경우와 마찬가지로 구글 애널리틱스는 이들 웹 페이지를 각각 다른 웹 페이지로 측정합니다.

예를 들어, 다음 그림과 같이 'sessid'라는 검색어 매개변수가 URL 끝에 붙어있는 경우, 'sessid'별로 다른 웹 페이지로 측정합니다.

'sessid'별로 다른 페이지로 측정함

www.example.com/index.html?**sessid=AAA**

www.example.com/index.html?**sessid=BBB**

웹 페이지를 검색어 매개변수에 따른 URL별로 분석하고자 하는 경우에는 기본 설정으로도 문제가 없지만, 콘텐츠별로 분석하고자 하는 경우에는 오류가 발생할 수 있습니다.

이와 같은 문제를 해결하기 위해 '제외할 URL 검색어 매개변수'를 설정합니다. 예를 들어, 다음 그림과 같이 [URL 검색어 매개변수 제외]에 'sessid'를 설정하면 측정기준 '페이지'에서 검색어 매개변수 'sessid'가 제외됩니다.

※ 불필요한 검색어 매개변수가 여럿인 경우에는 ','(콤마)로 구분해서 매개변수 키('?OO=XX' 또는 '&OO=XX'의 'OO' 부분)를 입력합니다.

URL 검색어 매개변수 제외에 'sessid' 설정하기

기본 페이지 (?) 선택사항

index.html

URL 검색어 매개변수 제외 선택사항

sessid

분석에 필요하지 않은 검색어 매개변수가 URL에 포함되어 있는 경우에는 이 'URL 검색어 매개변수 제외' 설정을 추가합니다. 이 설정을 통해 동일한 콘텐츠를 표시하는 웹 페이지를 동일한 페이지로 집계하므로 콘텐츠 단위의 분석을 수행하기가 쉽습니다.

'sessid'를 제외하면 동일 페이지로 측정함

www.example.com/index.html?sessid=AAA

www.example.com/index.html?sessid=BBB

》》 표시 통화

'표시 통화'는 8장에서 소개할 '수익' 등의 측정항목을 어떤 통화로 집계할지 결정하기 위한 설정입니다.

대한민국에 한정된 웹사이트를 운영하는 경우에는 기본적으로 다음 그림과 같이 **[표시 통화]**를 '대한민국 원(KRW ₩)'으로 설정합니다.

표시 통화를 '대한민국 원'으로 설정하기

> **URL 검색어 매개변수 제외** 선택사항
> sessid
>
> **표시 통화** ?
> 대한민국 원 (KRW ₩) ▼

》》 봇 필터링

[봇 필터링]에 체크하면 기존 봇이나 스파이더에 의해 발생하는 히트를 집계 대상에서 제외할 수 있습니다.

※ '봇(bot)'은 자동으로 동작하는 프로그램을 통칭하며, '스파이더(spider)'는 인터넷상에서 데이터를 자동으로 수집하기 위한 프로그램입니다.

봇 필터링하기

표시 통화 ?
대한민국 원 (KRW ₩) ▼

봇 필터링
☑ 알려진 봇 및 스파이더에서 발생한 모든 조회수 제외

이 설정을 하지 않으면 실제 존재하는 사용자의 접근과 봇 프로그램의 접근 값이 더해져 집계됩니다.

이 책의 집필 시점에는 보기를 만드는 경우 이것이 기본값으로 체크되어 있으므로 그대로 사용할 것을 권장합니다. 다만, '미가공 데이터 보존용 보기'에 관해서는 봇이나 스파이더를 포함한 모든 데이터를 확인할 수 있게 체크를 해제해도 괜찮습니다.

≫ 사이트 검색 설정

사이트 검색 기능이 구현된 웹사이트를 운영하는 경우에는 '보기 설정'에 사이트 검색 설정을 추가하면 사용자가 사이트 내 검색에서 사용한 키워드를 집계할 수 있습니다.

이 기능을 사용해 사용자가 어떤 콘텐츠에 흥미를 가지고 웹사이트에 방문했는지 또는 특정 키워드를 검색하는 사용자가 어떤 경향을 가졌는지 등을 분석할 수 있습니다.

[사이트 검색 추적]❶을 켜면 다음 그림과 같이 '검색어 매개변수' 항목이 표시됩니다.

[검색어 매개변수]❷에는 사이트 내 검색에 이용하는 검색 키를 입력합니다. 검색 키가 분명하지 않은 경우에는 실제 사이트 내 검색을 수행한 뒤 검색 결과 화면의 URL을 확인해 봅니다.

사이트 검색 설정 추가하기

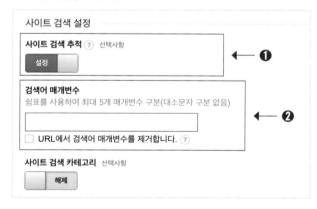

예를 들어, 다음 그림은 위키북스 웹사이트에서 '애널리틱스'를 검색한 결과 화면입니다.

검색 결과에서 검색 키 확인하기

검색 키가 's'라는 것을 알 수 있으므로 '사이트 검색 설정'의 [**검색어 매개변수**]에 's'를 입력합니다.

※ 'URL에서 검색어 매개변수를 제외합니다.'에 체크하면 '검색어 매개변수' 부분에 입력한 검색어 매개변수가 앞에서 설명한 'URL 검색어 매개변수 제외'에 설정한 검색어 매개변수와 동일하게 측정기준 '페이지'에서 제외되어 집계됩니다.

검색어 매개변수에 검색 키 설정하기

또한 사이트 내 검색에 따라서는 검색 키워드와 별도로 '카테고리' 등의 추가 정보를 지정할 수 있는 경우도 있을 것입니다. 이와 같은 경우에는 [**사이트 검색 카테고리**]❶를 켜고, [**카테고리 매개변수**]❷에 카테고리를 의미하는 검색 키를 입력합니다.

예를 들어, 사이트 내 검색 결과 화면의 URL이 '~/?s=위키북스&category=서적'과 같이 되는 경우에는 '카테고리 매개변수' 부분에 'category'라고 입력하면 검색 키 'category'에 대응하는 값에 따른 집계도 가능합니다.

※ 'URL에서 카테고리 매개변수를 제거합니다.'에 체크하면 '카테고리 매개변수'에 입력한 검색 키가 측정기준 '페이지'에서 제외되어 집계됩니다.

카테고리 매개변수 설정하기

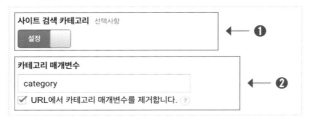

집계된 데이터 확인 방법은 3장의 '행동→사이트 검색→검색어' 보고서(p.72)를 참조합니다.

2-3 / 용도에 맞게 필터 추가하기

구글 애널리틱스에서는 '필터'를 설정해서 집계된 데이터를 분석하기 쉽게 가공하거나 분석에 방해가 되는 데이터(관계자의 접근 등)를 제외할 수 있습니다.

단, 필터 설정의 오류로 데이터를 올바르게 집계하지 못한 경우, 해당 데이터는 복구할 수 없습니다. 따라서 설정할 때는 세심한 주의가 필요하며, 설정을 완료한 뒤에는 실시간 보고서 등을 확인해 의도한 대로 데이터가 집계되는지 확인해야 합니다.

필터는 [관리]→[(계정) 모든 필터]❶ 또는 [관리]→[(보기) 필터]❷에서 [+필터 추가]를 클릭해서 만들 수 있습니다.

필터 추가하기

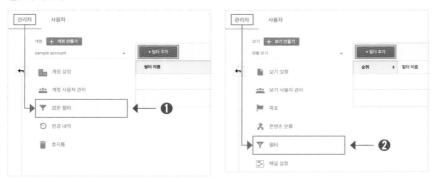

'(계정) 모든 필터'에서 필터를 만드는 경우에는 만듦과 동시에 여러 보기에 필터를 적용할 수 있습니다. 또한 어떤 보기에도 적용하지 않고 만들어 두기만 할 수도 있습니다. 한편, '(보기) 필터'에서 필터를 만드는 경우에는 만듦과 동시에 해당 보기에 필터가 적용됩니다.

이 책에서는 자주 이용하는 다음 필터에 관해 소개합니다.

- 집계 범위를 특정 도메인이나 디렉터리에 한정하는 필터
- 관계자에 의한 접근을 제외하는 필터
- 요청 URI에 호스트 명을 붙이는 필터

집계 범위를 특정 도메인이나 디렉터리로 한정하는 필터

한 가지 속성으로 여러 도메인이나 디렉터리를 측정하는 경우, 특정 도메인이나 디렉터리의 집계 결과를 확인할 때 별도의 수고가 필요한 경우가 있습니다. 이처럼 데이터를 정기적으로 확인할 필요가 있다면 필터를 활용해 미리 집계 범위를 한정한 보기를 준비해 두는 것이 좋습니다.

예를 들어, 집계 범위를 도메인 'www.example.com'만으로 한정하는 필터는 다음과 같이 만듭니다.

집계 범위를 특정 도메인으로 한정하는 필터

[**필터 이름**]❶에는 자유롭게 필터 이름을 입력합니다.

[**필터 유형**]❷은 '사전 정의됨'을 선택하고, 조건은 '트래픽 포함 기준', '해당 포스트 이름으로 유입된 트래픽', '일치'를 선택하면 '호스트 이름' 필드에 입력한 값과 같은 도메인에서 유입된 트래픽만 집계하게 설정할 수 있습니다.

또한 집계 범위를 '/ir/' 디렉터리로 한정하는 필터는 다음과 같이 만듭니다.

집계 범위를 '/ir/' 디렉터리로 한정하는 필터

[필터 이름]❶에는 자유롭게 필터 이름을 입력합니다.

[필터 유형]❷은 '사전 정의됨', 조건은 '트래픽 포함 기준', '해당 하위 디렉터리로 유입된 트래픽', '시작 값'을 선택하면 '하위 디렉터리' 부분에 입력한 디렉터리 이하의 페이지 트래픽만 집계하게 설정할 수 있습니다.

관계자의 접근을 제외하는 필터

웹사이트 운영자나 광고 대행사 등의 관계자는 동작 검증 혹은 태그(자세한 내용은 4장 참조) 동작 확인을 위해 특정한 웹 페이지에 빈번하게 접근하거나 테스트 전환을 수행하기도 합니다.

일반적으로 이런 데이터는 분석 수행 시 필요하지 않으므로 '미가공 데이터 보존용 보기'를 제외한 보기에서는 '특정한 IP 주소에 의한 접근을 제외하는 필터'를 적용해서 관계자에 의한 접근을 집계하지 않게 해두는 것이 좋습니다.

자사 IP 주소를 모르는 경우에는 사내 인프라스트럭처 담당자에게 확인하기 바랍니다. 영어 버전의 구글 검색을 통해서도 확인할 수 있습니다.

'https://www.google.com/?hl=en'에 접속해서 'what is my ip'라고 검색해 봅니다❶. 검색 결과에 IP 주소가 표시됩니다❷.

IP 주소 검색

IP 주소를 확인한 뒤, 다음 그림과 같이 특정 IP 주소를 제외하는 필터를 작성합니다.

특정 IP 주소를 제외하는 필터

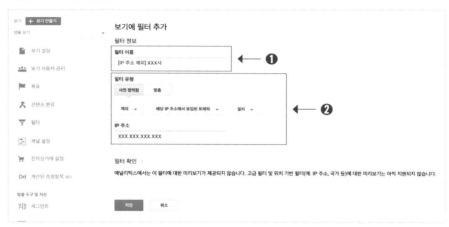

[**필터 이름**]❶에는 자유롭게 필터 이름을 입력합니다.

[**필터 유형**]❷은 '사전 정의됨', 조건은 '제외', '해당 IP 주소에서 유입된 트래픽', '일치'를 선택하면 'IP 주소'에 입력한 IP 주소로부터의 접근 내역은 집계 대상에서 제외하게 설정할 수 있습니다.

요청 URI에 호스트 이름을 붙이는 필터

구글 애널리틱스의 측정기준 '페이지'에는 '요청 URI'에 해당하는 부분이 저장됩니다. 그에 따라 여러 도메인을 하나의 보기에서 집계하면 요청 URI가 같은 웹 페이지를 동일한 페이지로 취급합니다.

요청 URI가 같으면 동일 페이지로 측정함

https://www.example.com/index.html

https://search.example.com/index.html

인기 사용중 페이지:

	사용 중인 페이지	활성 사용자 ↓	
1.	/index.html	3	100.00%

https://ec.example.com/index.html

이는 분석을 하기 어려우므로 요청 URI에 '호스트 이름'을 붙이는 필터를 만들어 보기에 적용함으로써 어떤 도메인에서 발생하는 데이터인지 다음 그림과 같이 구별할 수 있습니다.

요청 URI에 호스트 이름을 붙여 구별함

https://www.example.com/index.html

https://search.example.com/index.html

인기 사용중 페이지:

	사용 중인 페이지		활성 사용자 ↓	
1.	ec2-13-	.ap-nort....amazonaws.com/index.html	1	33.33%
2.	ec2-15-	.ap-nor....amazonaws.com/index.html	1	33.33%
3.	ec2-52-	ap-nort....amazonaws.com/index.html	1	33.33%

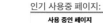

https://ec.example.com/index.html

요청 URI에 호스트 이름을 붙이는 필터는 다음과 같이 만듭니다.

요청 URI에 호스트 이름을 붙이는 필터

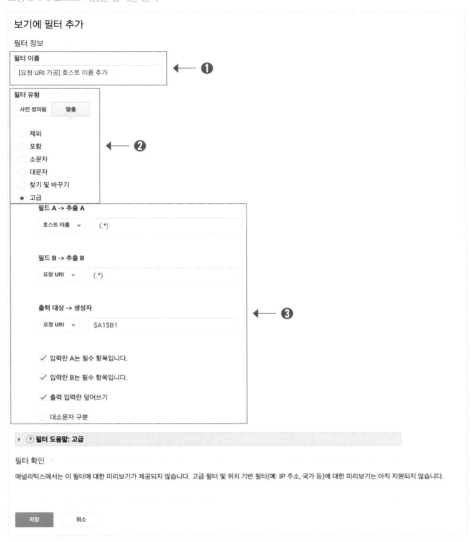

[필터 이름]❶에는 자유롭게 필터 이름을 입력합니다.

[필터 유형]❷은 '맞춤', '고급'을 선택하면 템플릿에 제공되지 않은 필터를 만들 수 있습니다. 또한 '맞춤'을 선택한 경우에는 정규 표현식을 사용해야 합니다.

'고급' 설정 항목❸은 앞의 그림과 같이 입력합니다.

※ '호스트 이름'과 '요청 URI'를 추출 및 통합한 뒤 '요청 URI'에 다시 저장하는 내용입니다.

이 필터를 보기에 적용할 때는 다음 두 가지 사항에 주의합니다.

- 7장에서 설명할 '목표'에 설정하는 '도달 페이지' 및 '목표 흐름' 값에도 호스트 이름을 추가합니다.

- 이 필터 뒤에 적용되는 필터가 올바르게 동작하는지 확인합니다.

필터 적용 순서 조정하기

필터는 [관리]→[(보기) 필터]를 선택하면 표시되는 화면의 '순위' 순으로 적용됩니다.

필터는 '순위' 순으로 적용됨

예를 들어, 앞에서 설명한 '집계 범위를 한정하는 필터'와 '호스트 이름을 추가하는 필터'의 적용 순서가 잘못되면 측정에 오류가 발생할 가능성이 있습니다.

※ '호스트 이름을 추가하는 필터'가 위에 있는 경우, 하위 디렉터리 '/ir/'은 'example.com/ir/'과 같은 형태로 가공되므로 '집계 범위를 한정한 필터'에서 소개한 '하위 디렉터리 트래픽', '시작함', '/ir/'이라는 조건을 만족하지 못하게 됩니다.

이런 오류가 발생하지 않게 [**필터 순서 지정**]❶에서 필요에 따라 필터 적용 순서를 변경합니다.

순위를 변경하고 싶은 필터를 선택하고❷, [↑ **위로 이동**] 또는 [↓ **아래로 이동**]❸을 클릭합니다. 필터의
순위를 변경한 뒤에는 [**저장**]을 클릭합니다.

Chapter

3

구글 애널리틱스
기본 보고서 확인하기

구글 애널리틱스는 측정 대상 웹 페이지에 접속한 사용자 정보나 행동을 확인할 수 있는 다양한 보고서를 제공합니다. 이 보고서를 확인해 웹 페이지 개선에 도움이 되는 많은 데이터를 얻을 수 있습니다. 이 장에서는 구글 애널리틱스 보고서에 관해 설명합니다.

3-1 / 구글 애널리틱스 보고서 개요

구글 애널리틱스 보고서는 원하는 '보기'를 선택하면 표시됩니다. 예를 들어 데모 계정 아래에 있는 보기인 '1 Master View'를 선택하면 다음과 같은 홈 화면을 표시합니다.

데모 계정의 '1 Master View' 선택하기

'1 Master View' 홈 화면

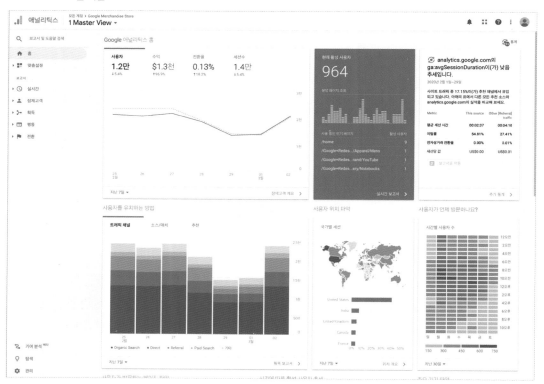

홈 화면에서는 대시보드와 같은 형태로 웹사이트 현황을 파악할 수 있게 되어 있습니다. 더 상세한 데이터를 확인하고 싶은 경우에는 '실시간', '잠재고객', '획득', '행동', '전환'을 선택해서 사용할 수 있는 표준 보고서 혹은 맞춤 설정을 사용합니다.

각 보고서는 다음과 같은 내용을 표시합니다.

표준 보고서 내용

보고서	내용
실시간	현재 웹사이트에 방문이 얼마나 많은지 확인하기 위한 보고서 모음
잠재고객	웹사이트에 접속한 사용자의 특징을 축으로 데이터를 분석하기 위한 보고서 모음
획득	웹사이트에 접속한 사용자의 유입경로를 축으로 데이터를 분석하기 위한 보고서 모음
행동	사용자가 웹사이트 내에서 취한 행동을 축으로 데이터를 분석하기 위한 보고서 모음
전환	사용자가 웹사이트 내에서 완료한 목표(전환)를 축으로 데이터를 분석하기 위한 보고서 모음

'맞춤 설정'에는 다음과 같은 보고서가 포함됩니다.

- 대시보드: 임의의 내용으로 대시보드를 만들고 표시할 수 있습니다.
- 맞춤 보고서: 임의의 내용으로 보고서를 만들고 표시할 수 있습니다.

'실시간'을 제외한 보고서에서는 데이터가 측정된 후 보고서에서 확인할 수 있는 시점까지 무료 버전은 약 48시간, 구글 애널리틱스 360의 경우에는 최대 4시간(일부 예외 있음) 정도가 소요됩니다.

이 장에서는 표준 보고서 중 '실시간', '잠재고객', '획득', '행동' 보고서에 관해 설명합니다. '전환' 보고서에 관해서는 7장과 8장을 참조하십시오.

또한 '맞춤 보고서'에 관해서는 11장에서 소개합니다('내 보고서'에 관한 설명은 생략합니다). 대시보드를 만들고자 하는 경우에는 12장에서 소개하는 구글 데이터 스튜디오를 참조하십시오.

3-2 / 실시간 보고서로 현재 접속 상황 확인하기

구글 애널리틱스에서 제공하는 '실시간' 보고서는 현재 웹사이트에 방문이 얼마나 많은지 확인하기 위한 보고서 모음입니다.

'실시간' 보고서

'실시간→개요' 보고서

'실시간→개요' 보고서에서는 현재 웹사이트에 접속한 사용자 수, 자주 접속한 페이지 등을 확인할 수 있습니다.

'실시간→개요' 보고서

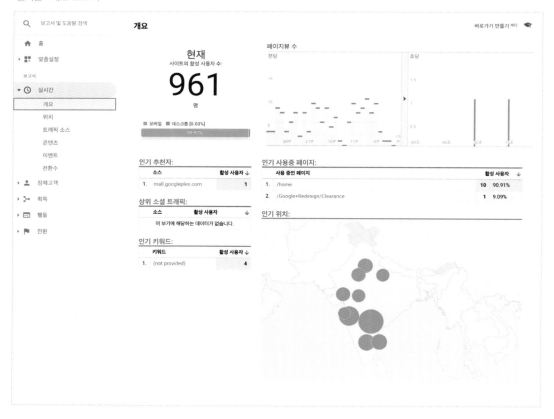

▌'실시간→위치' 보고서

'실시간→위치' 보고서에서는 현재 어떤 '국가'나 '시도 단위'에서 접속이 발생했는지를 확인할 수 있습니다.

'실시간→위치' 보고서

▌'실시간→트래픽 소스' 보고서

'실시간→트래픽 소스' 보고서에서는 현재 어떤 '소스', '매체'로부터 접속이 발생했는지를 확인할 수 있습니다. 캠페인 고지 광고 전달이나 소셜 미디어 게재 등의 이벤트를 수행한 경우 그 반향을 확인하기 위해 사용합니다.

'매체' 부분에서 [무료]❶를 클릭하면 [무료 URL], [추천]❷을 클릭하면 [추천 매체]를 확인할 수 있습니다.

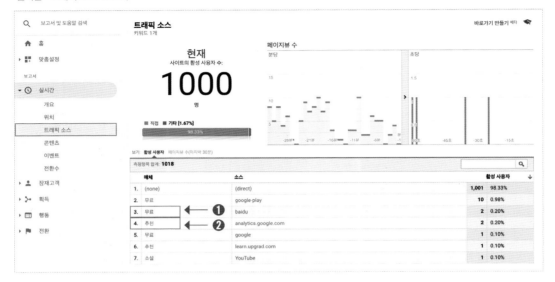

다음 그림은 [**추천**]을 선택한 경우의 보고서입니다.

'추천' 보고서

'실시간→콘텐츠' 보고서

'실시간→콘텐츠' 보고서에서는 현재 어떤 페이지가 열람되고 있는지를 확인할 수 있습니다.

'실시간→콘텐츠' 보고서

새로운 페이지 측정을 시작한 경우에는 해당 페이지의 데이터가 반영되어 있는지 확인합니다.

'실시간→이벤트' 보고서

'실시간→이벤트' 보고서에서는 현재 어떤 이벤트가 발생하고 있는지를 확인할 수 있습니다.

※ 이벤트에 관한 내용은 6장에서 설명합니다.

'실시간→이벤트' 보고서

새로운 이벤트 측정을 시작한 경우에는 해당 이벤트의 데이터가 반영됐는지 확인합니다.

▌ '실시간→전환수' 보고서

'실시간→전환수' 보고서에서는 현재 사용자가 얼마나 목표를 완료했는지를 확인할 수 있습니다.

※ 전환에 관한 내용은 7장에서 설명합니다.

'실시간→전환수' 보고서

캠페인 실시 전에 목표를 설정해 두면 전환수 보고서에서 해당 캠페인에 대한 반응을 바로 확인할 수 있습니다.

3-3 / 잠재고객 보고서로 사용자 특징 확인하기

구글 애널리틱스의 '잠재고객' 보고서는 웹사이트에 접속한 사용자의 특징을 축으로 데이터를 분석하기 위한 보고서 모음입니다. 다음 그림과 같은 보고서를 제공하지만, 이 장에서는 자주 확인하는 대표적인 보고서에 관해서만 설명합니다.

'잠재고객' 보고서

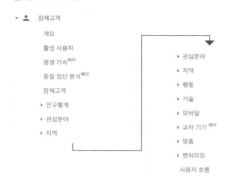

'잠재고객→개요' 보고서

'잠재고객→개요' 보고서에서는 웹사이트 현황을 확인할 수 있습니다.

'잠재고객→개요' 보고서

보고서에 표시되는 측정항목은 각각 다음과 같습니다.

측정항목	설명
사용자	웹사이트에 접속한 사용자 수를 의미합니다. ※ 1장에서 설명한 것처럼 구글 애널리틱스에서는 쿠키가 보관되어 있는 '클라이언트 ID' 단위로 사용자를 셉니다.
신규 방문자	처음 웹사이트에 접속한 사용자 수를 의미합니다.
세션	사용자가 웹사이트에 세션을 발생시킨 횟수를 의미합니다.
사용자당 세션 수	'세션/사용자'로 계산된 값을 표시합니다.
페이지뷰 수	'페이지뷰'란 웹 페이지가 표시되는 것을 의미합니다. '페이지뷰 수'란 웹 페이지가 표시된 횟수를 의미합니다.
세션당 페이지 수	'페이지뷰 수/세션'으로 계산된 값을 표시합니다.
평균 세션 시간	'세션 시간/세션'으로 계산된 값을 표시합니다. '세션 시간'은 동일 세션 중 최초 히트 발생 시점과 최종 히트 발생 시점의 차이로 계산합니다.
이탈률	구글 애널리틱스에서는 세션이 종료되는 것을 '이탈'로 간주합니다. 사용자가 이탈한 횟수는 'exit'라는 측정항목으로 측정합니다. 또한 '이탈률'에는 'exit/페이지뷰 수'로 계산된 값을 표시합니다.
직귀율	일반적으로 '직귀'란 1 페이지뷰만 발생시키고 이탈하는 것을 의미합니다. 직귀한 수는 '직귀수'라는 측정항목으로 측정됩니다. 또한 측정항목 '직귀율'은 '직귀수/세션수'로 계산합니다. (※ 참고로 한국어 버전의 GA에서는 본 측정항목을 제공하지 않습니다.)
종료율	지정한 페이지에서 페이지를 종료한 비율을 의미합니다. (※ 참고로 본 측정항목은 '행동→개요' 보고서에서 제공됩니다.)

'잠재고객→지역→위치' 보고서

'잠재고객→지역→위치' 보고서에는 측정기준 '국가', '시도'별 집계 결과를 확인할 수 있습니다. 각 지역은 사용자 IP 주소를 통해 추정합니다.

예를 들어, 'South Korea'를 선택하면❶, 측정기준 '국가'에서 '지역'(시도별)으로 범위를 좁혀 보고서를 표시합니다.

지역 범위를 좁혀 표시하기

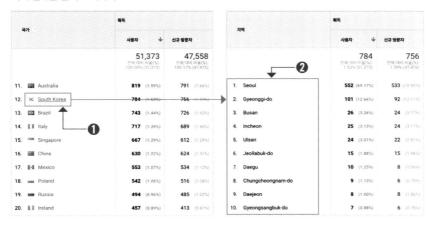

‘잠재고객→모바일→개요’ 보고서

‘잠재고객→모바일→개요’ 보고서에서는 사용자 기기 카테고리(단말 종류)별 집계 결과를 확인할 수 있습니다.

‘잠재고객→모바일→개요’ 보고서

기기 카테고리별 측정값을 비교해서 이상한 값이 기록되는 것이 없는지 확인합니다. 예를 들어, ‘mobile’(늑스마트폰)의 이탈률이 높고 전환율이 낮은 경우에는 모바일 사용성에 문제가 있을 가능성이 있습니다.

‘잠재고객→사용자 탐색기’ 보고서

‘잠재고객→사용자 탐색기’ 보고서를 선택하면 ‘클라이언트 ID’ 목록이 표시됩니다.

'잠재고객→사용자 탐색기' 보고서

표시된 '클라이언트 ID'를 클릭하면 다음 그림과 같이 각 사용자의 행동 이력을 확인할 수 있습니다.

사용자가 웹사이트상에서 발생시킨 '페이지뷰', '목표', '전자상거래', '이벤트'에 관련된 데이터를 분 단위의 시계열 순으로 확인할 수 있어, 사용자의 행동을 상세하게 분석할 수 있습니다.

사용자의 행동 이력 확인하기

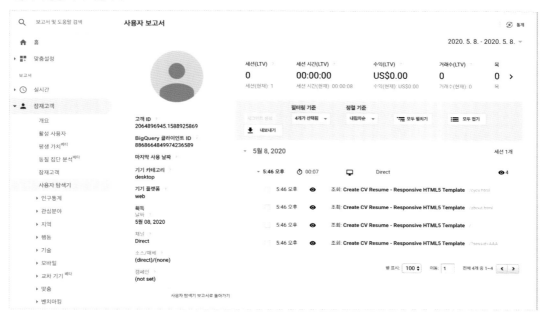

구글 애널리틱스의 '획득' 보고서는 웹사이트에 접속한 사용자의 유입경로를 축으로 데이터를 분석하기 위한 보고서 모음입니다. 다음 그림과 같은 보고서를 제공하지만, 이 장에서는 자주 확인하는 대표적인 보고서만 소개합니다.

'획득' 보고서

- 획득
    - 개요
    - ▸ 전체 트래픽
    - ▸ Google Ads
    - ▸ Search Console
    - ▸ 소셜
    - ▸ 캠페인

'획득→전체 트래픽→채널' 보고서

'획득→전체 트래픽→채널' 보고서에서는 웹사이트로의 유입경로를 표시하는 측정기준 'Default Channel Grouping'별 집계 결과를 확인할 수 있습니다.

'획득→전체 트래픽→채널' 보고서

각 'Default Channel Grouping' 값은 뒤에서 설명할 측정기준 '소스', '매체'에서 측정된 값을 기반으로 결정됩니다.

'Default Channel Grouping' 값[3]

Default Channel Grouping	구분 규칙	설명
Direct	소스 다음과 정확하게 일치함: 직접 AND 매체 다음과 정확하게 일치함: (not set) OR 매체 다음과 정확하게 일치함: (none)	주소 창에 URL 입력이나 북마크를 통해 웹사이트에 접속한 트래픽. 자세한 내용은 10장을 참조합니다.
Organic Search	매체 다음과 정확하게 일치함: 자연 검색	구글 검색이나 Bing 검색 등 검색 엔진으로부터의 트래픽
Social	소셜 소스 추천 다음과 정확하게 일치함: 예 OR 매체 다음과 정확하게 일치함: regex ^(social|social-network|social-media|sm|social network|social media)$	소셜 매체로부터의 트래픽
Email	매체 다음과 정확하게 일치함: 이메일	메일 본문 내용을 클릭해 웹사이트에 접근한 트래픽
Affiliates	매체 다음과 정확하게 일치함: 제휴사	제휴 광고를 클릭해 웹사이트에 접속한 트래픽
Referral	매체 다음과 정확하게 일치함: 추천	자사 사이트 이외의 웹사이트로부터의 트래픽
Paid Search	매체 다음과 정확하게 일치함: regex ^(cpc|ppc|paidsearch)$ 및 광고 게재 네트워크 다음과 정확히 일치하지 않음: 콘텐츠	검색 연동형 광고를 클릭해 웹사이트에 접근한 트래픽
Display	매체 다음과 정확하게 일치함: regex ^(cpv|cpa|cpp|content-text)$	배너 광고를 클릭해 웹사이트에 접근한 트래픽
Other Advertising	매체 다음과 정확하게 일치함: regex ^(display|cpm|banner)$ OR 광고 게재 네트워크 다음과 정확하게 일치함: 콘텐츠	검색 연동형 광고나 배너 광고 이외의 광고(동영상 광고 등)을 클릭해서 웹사이트에 접근한 트래픽
(Other)	세션이 채널 설명과 일치하지 않음	위 내용 중 어떤 정의에도 일치하지 않는 트래픽

---

3 (옮긴이) 기본 채널 정의: https://support.google.com/analytics/answer/3297892?hl=ko

구분 규칙에서는 대소문자를 구분하므로 'Default Channel Grouping'을 'Email'로 지정하고 싶은 경우에는 측정기준 '매체' 값을 'Email'로 지정해야 합니다. 만일 '매체: Email'이 측정되면 'Default Channel Grouping'은 'Email'이 아닌 '(Other)'가 됩니다.

'획득→전체 트래픽→소스/매체' 보고서

'획득→전체 트래픽→소스/매체' 보고서에서는 '채널' 보고서보다 더 상세한 단위로 웹사이트 유입경로별 집계 결과를 확인할 수 있습니다.

'획득→전체 트래픽→소스/매체' 보고서

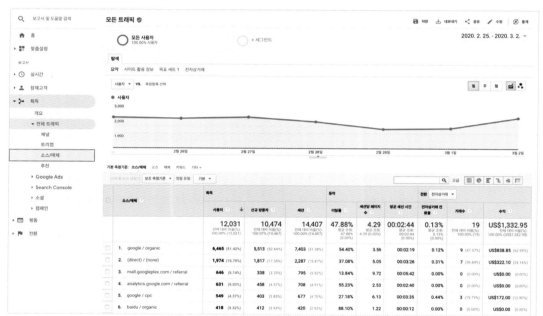

예를 들면, 'Default Channel Grouping: Organic Search'는 'google/organic'(Google 검색)이나 'bing/organic'(Bing 검색)으로 구분되고, 'Default Channel Grouping: Referral'은 'ec.example. com/referral'과 같이 어떤 도메인에서 접속이 발생했는지 확인할 수 있습니다.

'획득→캠페인→모든 캠페인' 보고서

'획득→캠페인→모든 캠페인' 보고서에서는 과거에 실시한 캠페인과 관련된 집계 결과를 확인할 수 있습니다.

'획득→캠페인→모든 캠페인' 보고서

측정기준 '캠페인'을 측정하기 위해서는 구글 광고 등에서 광고를 송출하거나 캠페인 매개변수를 활용해야 합니다.

※ 캠페인 매개변수 활용 방법에 관해서는 10장을 참조하십시오.

3-5 / 행동 보고서로 사용자 행동 확인하기

구글 애널리틱스의 '행동' 보고서는 사용자가 웹사이트 내에서 취한 행동을 축으로 데이터를 분석하기 위한 보고서 모음입니다. 다음 그림과 같은 보고서를 제공하지만, 이 장에서는 자주 확인하는 대표적인 보고서에 관해서만 설명합니다.

행동 보고서

'행동→사이트 콘텐츠→모든 페이지' 보고서

'행동→사이트 콘텐츠→모든 페이지' 보고서에서는 측정기준 '페이지'별 '페이지뷰 수', '평균 페이지에 머문 시간' 등의 데이터를 확인할 수 있습니다.

'행동→사이트 콘텐츠→모든 페이지' 보고서

'평균 페이지에 머문 시간'은 해당 페이지가 어느 정도의 시간 동안 열람됐는가를 표시합니다. 구글 애널리틱스 사양에서는 가장 마지막에 열람된 페이지의 머문 시간이 '0초'로 측정된다는 점에 주의하세요.

'페이지에 머문 평균 시간' 계산

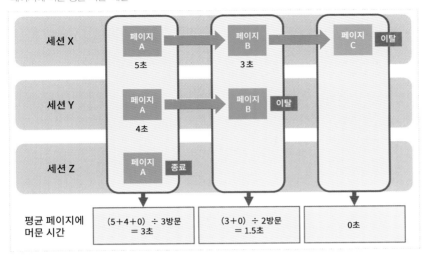

또한 다음 그림과 같이 **[기본 측정기준]**을 '페이지 제목'으로 변경하면 측정기준 '페이지 제목'(⟨title⟩태그로 설정된 값)별로 집계 결과를 확인할 수 있습니다.

'페이지 제목'별로 집계함

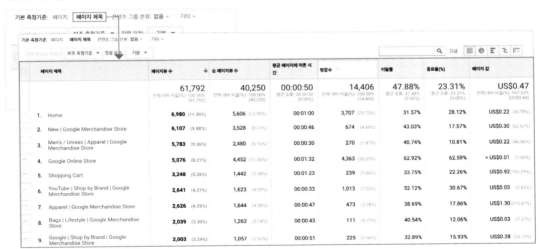

'행동→사이트 콘텐츠→방문 페이지' 보고서

'행동→사이트 콘텐츠→방문 페이지' 보고서에서는 사용자가 웹사이트 열람을 시작한 페이지를 축으로 집계 결과를 확인할 수 있습니다.

'행동→사이트 콘텐츠→방문 페이지' 보고서

종료율이 높은 방문 페이지는 게재된 콘텐츠가 사용자의 기대와 일치하지 않을 가능성이 있습니다. 콘텐츠를 수정하거나 13장에서 소개하는 구글 최적화 도구를 이용해 최적화하는 것이 좋습니다.

'행동→사이트 검색→검색어' 보고서

'행동→사이트 검색→검색어' 보고서에서는 사용자가 사이트 내 검색에서 사용한 검색어를 축으로 집계 결과를 확인할 수 있습니다.

※ 2장에서 소개한 '사이트 검색어 설정'을 해야 합니다.

'행동 →사이트 검색→검색어' 보고서

2장에서 소개한 사이트 내 검색 카테고리(p.44)를 설정한 경우 **[기본 측정기준]**을 '사이트 검색 카테고리'로 변경해서❶ '사이트 검색 카테고리'별 집계 결과❷를 확인할 수 있습니다.

'사이트 검색 카테고리'별로 확인

3-6 / 기본 보고서 공통 기능

일부 보고서를 제외한 기본 보고서에서는 공통 기능을 제공합니다. 이 기능을 이용해 데이터를 유연하게 집계할 수 있습니다.

보고서 집계/표시 기간 설정하기

보고서 화면 오른쪽 위에 표시된 날짜를 선택하면❶, 데이터 집계/표시 기간을 변경할 수 있습니다❷.

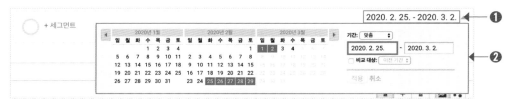

[기간]❶은 다음 그림의 리스트❷에서 선택할 수 있습니다. 임의의 시작일과 종료일을 설정하고자 하는 경우에는 '맞춤'을 선택합니다.

선택 가능한 '기간'

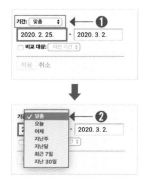

또한 [비교 대상]❶에 체크하면 다음 그림과 같이 서로 다른 기간의 집계 결과를 보고서에 동시에 표시해서 비교할 수 있습니다. 비교 기간은 '맞춤', '이전 기간', '이전 년도'에서 선택합니다.

서로 다른 기간의 보고서를 동시에 표시함

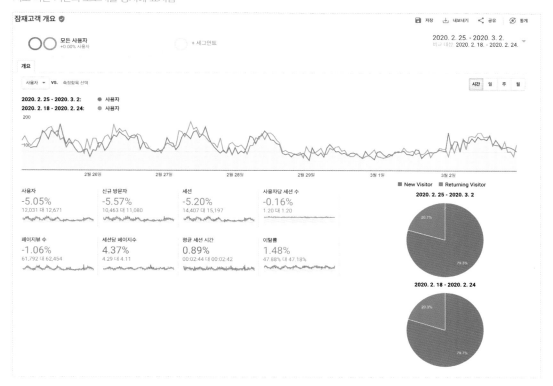

샘플링을 통해 보고서 표시 속도 향상하기

구글 애널리틱스에서는 집계, 표시 기간을 너무 길게 설정해서 집계한 데이터량이 제한값을 넘거나 복잡한 조건으로 데이터를 집계한 경우 보고서 표시 속도를 향상시키기 위해 샘플링을 수행하기도 합니다.

샘플링은 측정된 모든 데이터로부터 일부 데이터를 추출하고, 확대 추정을 통해 보고서를 표시하는 방법입니다. 샘플링을 수행한 상태에서 만들어진 보고서를 확인하는 경우에는 실제 상황과 괴리가 있는 숫자가 표시되는 경우가 있으므로 주의가 필요합니다. 샘플링 수행 여부는 보고서 이름 옆에 있는 방패 아이콘❶을 보면 알 수 있습니다.

방패 아이콘이 초록색이고, 아이콘에 마우스 커서를 올렸을 때 '이 보고서는 전체 세션을 기반으로 작성되었습니다.'라고 표시되면❷ 샘플링을 수행하지 않은 것입니다.

방패 아이콘이 노란색인 경우 아이콘에 마우스 커서를 올리면 샘플링 비율이 표시됩니다.

샘플링을 수행하지 않은 경우

샘플링을 수행한 경우 샘플링 비율을 표시함

샘플링을 하지 않고자 하는 경우에는 데이터 집계, 표시 기간을 짧게 설정하거나 데이터를 집계하는 조건을 수정합니다.

또한 구글 애널리틱스 360에서는 샘플링을 수행하지 않는 샘플링되지 않은 보고서를 이용할 수 있습니다. 샘플링되지 않은 보고서를 이용하고자 하는 경우에는 [고급]→[비샘플링 보고서]를 클릭합니다.

※ 샘플링되지 않은 보고서를 이용하기 위해서는 '공동작업' 권한이 필요합니다. 데이터 샘플링에 관한 더 자세한 내용은 다음 페이지를 참조하십시오.

https://support.google.com/analytics/topic/2601030?hl=ko&ref_topic=1008008

그래프 및 표의 표시 형식 변경하기

구글 애널리틱스의 일부 보고서에서 사용 가능한 그래프나 표 조작 방법을 설명합니다.

그래프 및 표 조작 방법

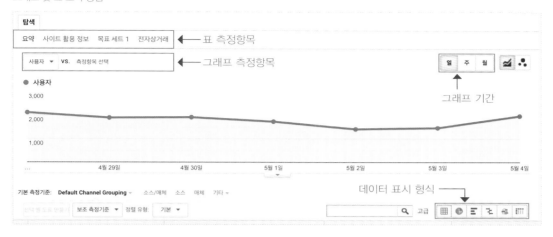

>> 표 측정항목

'요약'❶에서는 표에서 확인 가능한 측정항목 그룹을 변경할 수 있습니다. 측정항목 그룹을 변경하면 변경한 그룹에 맞춰 표의 측정항목❷이 변경됩니다.

테이블 측정항목 그룹 변경하기

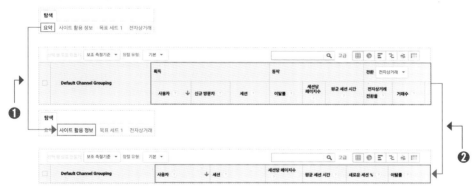

>> 그래프 측정항목

그래프에 표시한 측정항목을 변경 및 추가할 수 있습니다. [사용자]❶에서 그래프에 표시한 측정항목을 선택할 수 있습니다. [측정항목 선택]❷에서 측정항목을 선택하면 그에 따라 그래프 측정항목❸이 추가됩니다.

그래프 측정항목 변경하기

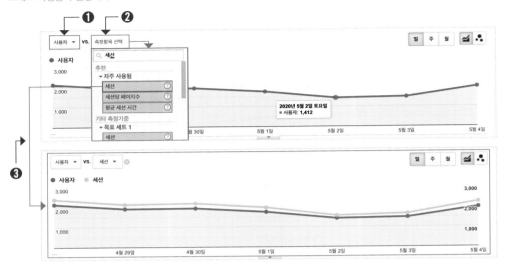

>> 그래프 기간

그래프에 표시하는 가로축(기간)의 간격을 변경할 수 있습니다. '일', '주', '월'을 변경하면❶ 그에 따라 그 래프 표시가 변경됩니다❷.

그래프 가로축 간격 변경하기

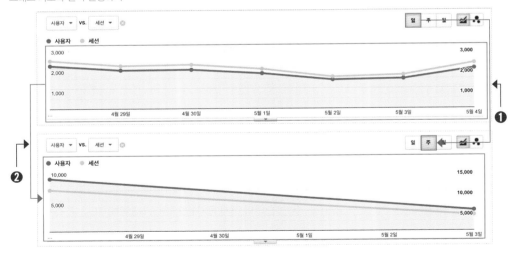

〉〉 데이터 표시 형식

데이터 표시 형식을 다음에서 선택할 수 있습니다.

- 데이터(기본 표 형식)

- 원

- 막대그래프

- 사이트 평균과 비교

- 검색어 클라우드

- 피벗

예를 들어, '원'을 선택하면 다음 그림과 같이 표시됩니다.

표시 형식 변경하기(원 선택)

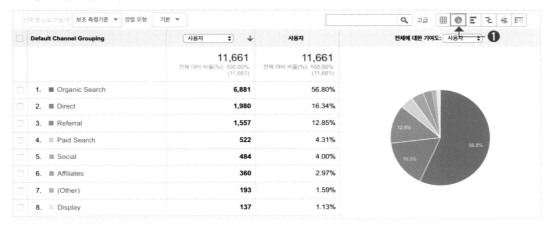

▌ 보조 측정기준으로 데이터 곱하기

'기본 측정기준' 아래에 있는 '보조 측정기준'을 사용하면 기본 측정기준과 다른 측정기준을 함께 적용해서 측정한 데이터를 표시할 수 있습니다.

보조 측정기준 사용하기

예를 들어, '소스/매체' 보고서의 [보조 측정기준]에 '전체 추천자'를 추가하면 '~/referral' 행에 대해 구체적으로 어떤 웹 페이지에서 유입이 발생했는지를 다음 그림과 같이 확인할 수 있습니다.

보조 측정기준을 함께 적용해 측정하기

필터 적용하기

표 형식 보고서에는 다음 그림의 빨간색 부분에서 '필터'를 적용할 수 있습니다.

필터 적용하기

필터를 적용하면 보고서에 표시되는 데이터를 특정한 조건에 일치하는 것만 추출할 수 있기 때문에 목적한 데이터를 찾기 쉬워져 더 쉽게 집계할 수 있습니다.

예를 들면, '소스/매체'에 'referral'이 포함되어 있는 데이터만 표시하고자 할 경우에는 다음 그림과 같이 필터 필드에 'referral'을 입력하고, **돋보기 버튼**을 클릭합니다.

필터로 표시할 데이터 추출하기

또한 [**고급**]을 클릭하면 보조 측정기준이나 측정항목에 대해서도 필터를 적용해 상세한 조건을 지정할 수 있습니다.

보조 측정기준에 필터 설정하기

세그먼트로 사용자/세션 선별하기

구글 애널리틱스의 보고서는 기본적으로 웹사이트에 접속한 모든 사용자 및 모든 세션 데이터를 표시합니다.

'세그먼트'는 이 모든 사용자 및 모든 세션 데이터 중 특정 사용자나 특정 세션에 관한 데이터만 추출해서 표시하기 위한 기능입니다. 보고서에 세그먼트를 적용하고 싶은 경우에는 다음 그림의 빨간색 사각형 부분을 클릭합니다(샘플로 '사용자 개요'를 표시했지만 다른 보고서에도 적용할 수 있습니다).

세그먼트 적용하기

세그먼트에는 기본 제공되는 시스템 세그먼트와 사용자가 임의의 조건으로 만들 수 있는 맞춤 세그먼트가 있으며, 최대 4개까지 동시에 보고서에 적용할 수 있습니다. 시스템 세그먼트는 다음 그림과 같이 [시스템]에서 선택해서 적용할 수 있습니다.

시스템 세그먼트 적용하기

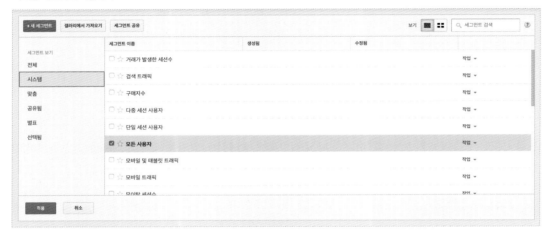

예를 들어, '전환이 발생한 세션수'라는 세그먼트를 보고서에 적용할 경우에는 다음 그림과 같이 '모든 사용자' 데이터와 '전환이 발생한 세션수' 데이터를 함께 표시할 수 있습니다.

※ 맞춤 세그먼트에 관해서는 Chapter 11에서 설명합니다.

시스템 세그먼트 '전환이 발생한 세션 수' 추가하기

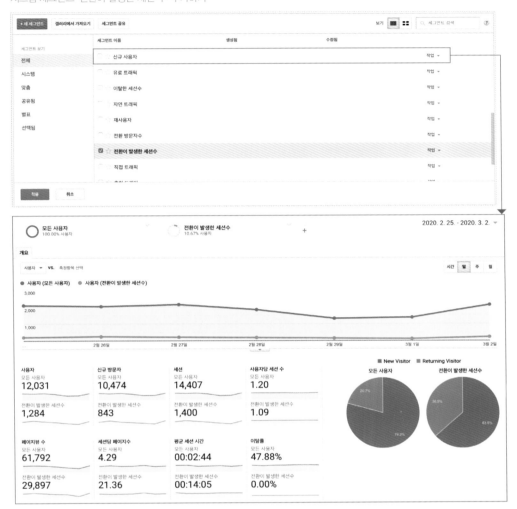

통계로 주목해야 할 데이터 자동 표시하기

'통계'는 구글 애널리틱스가 머신러닝을 활용해 주목해야 할 데이터를 자동으로 표시하는 기능입니다. 통계에서는 다음과 같은 정보를 얻을 수 있습니다.

- 평균적인 사용자들과 다른 행동을 보이는 사용자 세그먼트

- 특정한 측정기준이나 세그먼트의 이상값

- 웹사이트 로딩 속도 관련 문제

- 전환에 주요한 역할을 하는 캠페인 또는 방문 페이지

보고서 오른쪽 위에 표시된 [**통계**]를 클릭하면 주목해야 할 데이터 목록이 표시됩니다.

주목해야 할 데이터 표시하기

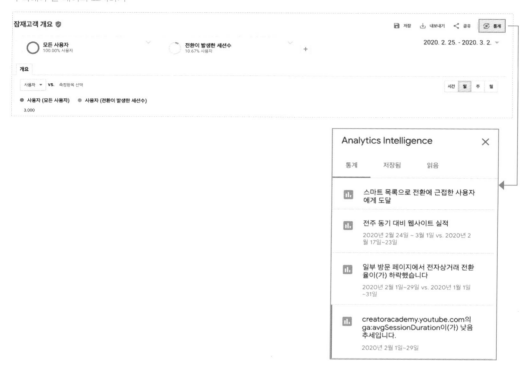

그다음, 각 통계를 선택하면 다음 그림과 같은 세부 내용을 확인할 수 있습니다. 한 번 확인한 통계는 '읽음' 탭❶으로 이동합니다. 관심이 가는 통계가 있다면 [⋮]→[**통계 저장**]❷을 클릭해 [저장됨] 탭에 보관합니다.

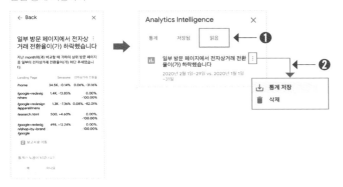

Column

정규 표현이란

정규 표현이란 특정한 문자열 패턴을 지정하기 위해 사용하는 특수한 패턴입니다. 구글 애널리틱스 보고서에서 데이터를 추출하거나 설정을 수행할 때 정규 표현을 사용하면 좀 더 유연하게 문자열 패턴을 지정할 수 있습니다.

예를 들면, 다음과 같은 패턴을 지정할 수 있습니다.

- 페이지의 시작이 '/shop/'이고, 'seoul.html' 혹은 'busan.html'을 포함
- 페이지의 끝이 '/' 혹은 '/index.html'

이 칼럼에서는 구글 애널리틱스에서의 정규 표현 사양에 관해 설명하지만, 구글 마케팅 클라우드 플랫폼의 다른 서비스(구글 태그 관리자 등)에서도 기본 내용은 동일합니다.

정규 표현 메타 문자

정규 표현에서 일부 문자는 메타 문자라고 불리며, 특수한 의미를 가집니다. 구글 애널리틱스에서 사용할 수 있는 주요 메타 문자는 다음과 같습니다.

사용 가능한 메타 문자

메타 문자	설명	예
.	임의의 1문자(문자, 숫자, 기호)	정규 표현 '1.b'와 일치하는 문자열 aab a1b 일치하지 않는 문자열 ab
[] (대괄호)	대괄호로 둘러싼 문자 중 하나	정규 표현 'category[123]'과 일치하는 문자열 category1 category2 category3 일치하지 않는 문자열 category4

메타 문자	설명	예
–	대괄호 []와 조합해서 사용, 문자 범위를 지정 [0-9]→모든 숫자 [a-z]→모든 알파벳 소문자 [A-Z]→모든 알파벳 대문자 [a-zA-Z]→모든 알파벳 대소문자	정규 표현 'category[2-5]'와 일치하는 문자열 category2 category3 category4 category5 일치하지 않는 문자열 category1 category6
?	직전 문자가 0회 혹은 1회 반복됨	정규 표현 'ab?c'와 일치하는 문자열 ac abc
+	직전 문자가 1회 이상 연속해서 반복됨	정규 표현 'ab+c'와 일치하는 문자열 abc abbc
*	직전 문자가 0회 또는 1회 이상 연속해서 반복됨	정규 표현 'ab*c'와 일치하는 문자열 ac abc abbc
{} (중괄호)	직전 문자가 지정된 횟수만큼 연속해서 반복됨 {3}→3회 {3,}→3회 이상 {3,5}→3회 이상, 5회 이하 ※ 다음은 지정 불가 {,3}→3회 이하	정규 표현 'ab{3}c'와 일치하는 문자열 abbbc 정규 표현 'ab{3,4}c'와 일치하는 문자열 abbbc abbbbc
() (소괄호) | (파이프)	( ): ( )로 둘러싼 범위를 그룹화 |: OR 조건(또는) 지정 ※ |는 ( )와 조합해 사용하는 경우가 많음	정규 표현 '(abc|efg)h'와 일치하는 문자열 abch efgh
^	문자열로 시작 ※ ^를 문자열 가장 앞에 지정하면 전방 일치(~부터 시작)의 의미임	정규 표현 '^abc'와 일치하는 문자열 abc 일치하지 않는 문자열 aabc ※ 문자열 시작이 'abc'가 아니라 'aab'이므로
$	문자열로 끝 ※ $를 문자열 가장 뒤에 지정하면 후방 일치(~로 끝)의 의미임	정규 표현 'abc$'와 일치하는 문자열 abc aabc 일치하지 않는 문자열 abcd ※ 문자열 끝이 'abc'가 아니라 'bcd'이므로

이스케이프 문자

예를 들어, '/basket.html' 또는 '/store.html'을 지정하기 위해 정규 표현을 '^/(basket|store).html'로 기술한 경우, 앞에서 설명한 것처럼 '.'은 메타 문자이므로 '임의의 1문자(문자, 숫자, 기호)'에 해당하게 되어 다음과 같은 문자열도 일치하게 됩니다.

- /basketⓐhtml
- /stroe①html

한편, '^/(basket|store)\.html'과 같이 메타 문자(여기에서는 '.' 바로 앞에 기술한 이스케이프 문자 '\'(역슬래시))를 사용해 메타 문자를 보통 문자로 취급할 수 있습니다.

또한 이스케이프 문자와 일부 문자를 조합해서 특수한 패턴을 지정할 수 있습니다. 대표적인 패턴은 다음과 같습니다.

이스케이프 문자 패턴

정규 표현	의미
\w	알파벳, 숫자, 언더스코어(_) 중 하나
\W	상기 이외의 문자
\d	숫자
\D	숫자 이외의 문자

정규 표현 샘플

구글 애널리틱스에서 사용하는 정규 표현 샘플은 다음과 같습니다.

정규 표현 샘플

패턴	정규 표현
호스트 이름이 'www.example.com' 또는 'www2.example.com'	^www2?\.example\.com$ 또는 ^(www¦www2)\.example\.com$
페이지가 '/category/' 또는 '/category/index.html'	^/category/(index\.html)?$
페이지 URL이 'https://www.example.com/products/'로 시작함	^https://www\.example\.com/products/
IP 주소가 '128.0.0.1' 또는 '191.255.255.255'	^(128\.0\.0\.1¦191\.255\.255\.255)$
IP 주소가 '128.0.0.1' 또는 '128.0.0.2' 또는 '128.0.0.3'	^128\.0\.0\.[1-3]$

정규 표현 테스트

정규 표현을 사용해 원하는 문자열을 추출할 수 있는지는 구글 애널리틱스 보고서에서 테스트할 수 있습니다.

예를 들면, '페이지'를 지정하는 정규 표현을 테스트할 경우에는 '행동→사이트 콘텐츠→모든 페이지' 보고서의 '필터'란에 테스트하고자 하는 정규 표현을 입력한 후, **돋보기 버튼**을 클릭하면❶ 입력한 정규 표현과 일치하는 페이지만 표시됩니다 ❷.

정규 표현을 활용한 추출

주의 사항

구글 애널리틱스의 정규 표현은 일반적인 프로그래밍 언어에서의 정규 표현과 일부 사양이 다른 경우가 있습니다.

대표적인 예로, 다음과 같은 표현은 사용할 수 없으므로 주의해야 합니다.

- 부정 표현

    예시) ^(?!(Products).*

- {}(중괄호) 안의 'X회 이상'

    예시) {, 3}

정규 표현은 학습 장벽이 높지만, 잘 사용하면 구글 애널리틱스나 구글 태그 관리자를 더 잘 활용할 수 있으므로 꼭 익히기 바랍니다.

Chapter

4

구글 태그 관리자
시작하기

구글 애널리틱스의 추적 코드는 자바스크립트로 기술되어 있어 프로그램 지식이 없는 사람이 맞춤 설정을 하는 것은 어려울 수도 있습니다. 구글 태그 관리자를 이용하면 프로그래밍을 하지 않더라도 구글 애널리틱스 설정 또는 맞춤 설정을 수행할 수 있습니다. 이 장에서는 구글 태그 관리자 도입에 관해 설명합니다.

웹사이트와 다양한 외부 서비스를 연동하기 위해서는 웹 페이지상에 태그라고 불리는 HTML (JavaScript) 코드를 입력해야 합니다. 연동하는 서비스의 주요 목적으로는 다음과 같은 것을 들 수 있습니다.

- 사용자의 행동 정보 측정하기
- A/B 테스트 수행하기
- 웹 페이지 분류하기
- 광고 서비스와 연동하기

구글 태그 관리자는 구글이 제공하는 태그 관리 서비스입니다. 위에서 소개할 구글 태그 관리자의 코드 스니펫을 웹 페이지에 설치하면 이후에는 웹 페이지의 소스를 편집하지 않고도 구글 태그 관리자 안에서 구글 애널리틱스와 연동할 태그를 설정하고 배포할 수 있습니다.

구글 태그 관리자는 무료 버전을 이용할 수 있으나, 유료 버전인 구글 태그 관리자 360도 제공합니다. 구글 태그 관리자와 구글 태그 관리자 360의 차이점은 다음과 같습니다.

구글 태그 관리자와 구글 태그 관리자 360의 차이점

	태그 관리자	태그 관리자 360
동시 진행 태그 설정 프로젝트용 작업공간 수	3	무제한
승인 워크플로	없음	있음
존(태그 대규모 구축과 태그 설정 권한 관리 기능)	없음	있음

자세한 내용은 다음 웹사이트를 참고하십시오. 이 책에서는 무료 버전에서도 사용 가능한 기능을 중심으로 소개합니다.

 https://marketingplatform.google.com/about/tag-manager/compare/

구글 태그 관리자의 장점

구글 태그 관리자를 사용해 얻을 수 있는 장점은 다음과 같습니다.

›› 간단한 태그 설정

예를 들어 구글 애널리틱스의 추적 코드는 자바스크립트로 기술되어 있기 때문에 프로그램 지식이 없는 사람이 맞춤 설정을 하는 것은 어려울 수도 있습니다.

구글 태그 관리자를 사용하면 다음 그림과 같은 템플릿을 이용해 구글 애널리틱스의 태그 설정을 맞춤 설정할 수 있습니다.

템플릿을 사용한 간단한 태그 설정

〉〉 웹 페이지 수정 없이 태그 추가, 변경, 삭제

구글 태그 관리자를 도입하면 태그 추가, 변경, 삭제 시 구글 태그 관리자의 설정을 변경하는 것만으로 대응이 가능하며, 웹 페이지(HTML 파일이나 자바스크립트 파일)를 수정할 필요가 없습니다.

예를 들어 구글 애널리틱스의 추적 코드를 웹 페이지에 직접 설치하는 경우를 가정해 봅니다. 그럴 경우, 새로운 링크에 대한 클릭을 측정하고 싶을 때 사용자가 링크를 클릭한 시점에 추적 코드를 실행하게 웹 페이지를 수정해야만 합니다.

하지만 구글 태그 관리자를 사용하면 웹 페이지를 수정할 필요 없이 링크 클릭을 측정하는 설정을 구글 태그 관리자에서 간단하게 추가할 수 있습니다.

〉〉 태그 관리 일원화

태그를 각 웹 페이지에 직접 설치하지 않고 모두 구글 태그 관리자에서 전송함으로써 태그 관리를 일원화할 수 있습니다.

태그 관리 일원화

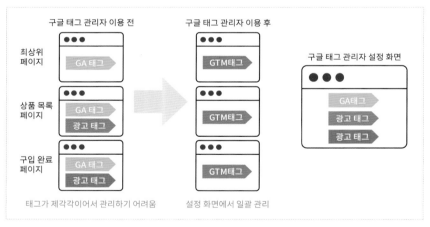

이런 장점과 함께 이 책에서는 구글 애널리틱스 측정 설정과 관련해 주로 구글 태그 매니저를 사용한 방법을 소개합니다. 웹 페이지에 추적 코드를 직접 설치하는 방법에 관해서는 Appendix 4를 참조하십시오(p.543).

4-2 / 구글 태그 관리자 구조 및 설정

구글 태그 관리자를 사용할 때는 '코드 스니펫'이라 불리는 다음 그림에 표시된 것과 같은 자바스크립트 코드를 웹 페이지 내 특정 위치에 기술합니다.

구글 태그 관리자의 코드 스니펫

사용자가 웹 페이지에 접속하고 코드 스니펫이 로딩되면 구글 태그 관리자 내에서 설정한 조건에 기반해 태그가 전송됩니다.

예를 들어 "'www.example.com'이라는 도메인의 웹 페이지를 표시할 때 구글 애널리틱스에서 페이지 뷰를 측정하는 태그를 실행하라."라는 설정을 수행한다고 가정해 봅시다. 이 설정을 공개하면 구글 태그 관리자는 이 설정대로 동작하는 자바스크립트 코드를 만듭니다. 그리고 웹 페이지에 설치된 구글 태그 관리자의 코드 스니펫이 이 자바스크립트 코드를 로딩해서 설정한 내용이 실행됩니다.

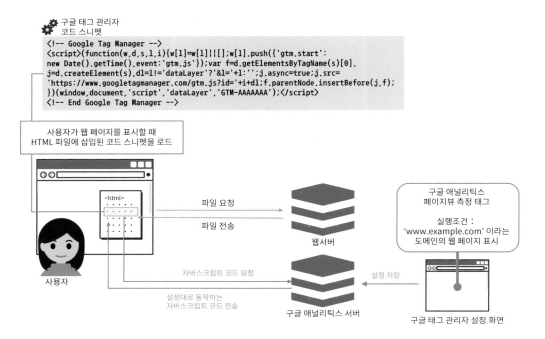

```
<!-- Google Tag Manager -->
<script>(function(w,d,s,l,i){w[l]=w[l]||[];w[l].push({'gtm.start':
new Date().getTime(),event:'gtm.js'});var f=d.getElementsByTagName(s)[0],
j=d.createElement(s),dl=l!='dataLayer'?'&l='+l:'';j.async=true;j.src=
'https://www.googletagmanager.com/gtm.js?id='+i+dl;f.parentNode.insertBefore(j,f);
})(window,document,'script','dataLayer','GTM-AAAAAAA');</script>
<!-- End Google Tag Manager -->
```

구글 태그 관리자
코드 스니펫

사용자가 웹 페이지를 표시할 때
HTML 파일에 삽입된 코드 스니펫을 로드

파일 요청

파일 전송

웹서버

자바스크립트 코드 요청

사용자

설정대로 동작하는
자바스크립트 코드 전송

구글 애널리틱스 서버

설정 저장

구글 애널리틱스
페이지뷰 측정 태그

실행조건 :
'www.example.com' 이라는
도메인의 웹 페이지 표시

구글 태그 관리자 설정 화면

또한 구글 태그 관리자 설정은 다음과 같이 분류합니다.

구글 태그 관리자 설정

분류	개요	예
태그	구글 태그 관리자로부터 실행하는 HTML(자바스크립트) 코드	– 구글 애널리틱스의 추적 코드 – 구글 광고의 리마케팅 태그
변수	태그나 트리거에서 사용하는 값 혹은 문자열을 저장하는 영역	– 로딩된 웹 페이지의 URL(전체 또는 일부) – 클릭한 링크의 URL(전체 또는 일부) – 쿠키 값
트리거	태그가 실행되는 조건(시점)을 정의	– 웹 페이지가 로딩됨 – 링크가 클릭됨 – 웹 페이지가 스크롤됨

사용자가 태그에 설정된 트리거의 조건을 만족시키면 해당 태그가 실행됩니다.

※ 태그를 실행하는 것을 '발화(fire)한다'라고 표현하는 경우도 있습니다. 같은 의미입니다.

또한 태그, 변수, 트리거를 만들어 조합함으로써 임의의 시점에 임의의 태그를 실행할 수 있습니다.

※ 구글 태그 관리자의 세부 설정에 관해서는 Appendix 3을 참조하십시오(p.526).

태그 실행 시점을 임의로 설정하기

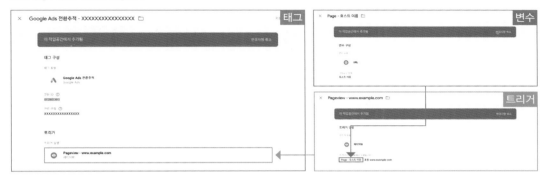

4-3 / 구글 태그 관리자 계정 구성

계정 및 컨테이너 개요

구글 태그 관리자 계정은 계정과 컨테이너의 두 계층으로 구성됩니다.

계정과 컨테이너

구글 태그 관리자를 사용할 때는 '관리 용이성'과 '운용 용이성'을 고려해 계정 구성을 검토하는 것이 좋습니다.

계정 구성을 검토하기 전에 '계정'과 '컨테이너'에 관해 간단히 소개합니다.

계층	개요
계정	▪ 여러 컨테이너를 묶습니다. ▪ 묶은 컨테이너에 대해 사용자 권한을 관리할 수 있습니다. ▪ 보안 강화를 위해 2단계 인증(2FA)을 활성화한 사용자에게만 사용자 추가나 '맞춤 HTML' 작성 등의 조작이 가능하게 설정할 수 있습니다.
컨테이너	▪ 구글 태그 관리자에서 태그를 전송하는 시점에 맞춰 코드 스니펫을 발행하는 단위입니다. ▪ 태그, 변수, 트리거 만들기 및 조합은 컨테이너 내에서 수행합니다.

구글 태그 관리자 계정 구성 검토하기

이번에는 다음 예시를 사용해 계정과 컨테이너 구성에 대해 생각해 봅시다.

- XXX 회사는 다음 웹사이트를 운영하고 있습니다.
    ❶ 기업 사이트(www.example.com)
    ❷ (기업 사이트 내) 사이트 내 검색 기능(search.example.com)
        ※ 외부 ASP 서비스 이용
    ❸ EC사이트(ec.example.com)
- '❶기업 사이트', '❷사이트 내 검색 기능' 운용과 '❸EC사이트' 운용은 각각 별도의 사업부에서 수행합니다.

이와 같은 경우 원칙적으로 계정은 'XXX 회사'용으로 하나만 작성하는 것이 좋습니다.

하지만 컨테이너 구성은 세 가지를 고려할 수 있습니다. 경우마다 장점과 단점이 있으므로 이를 고려해 구성을 결정합니다.

≫ ①안: 컨테이너를 1개 만들고 모든 사이트에서 공유

계정 아래 컨테이너를 1개만 만들고 모든 사이트에서 그 1개의 컨테이너를 공유합니다.

컨테이너를 1개 만들고 모든 사이트에서 공유

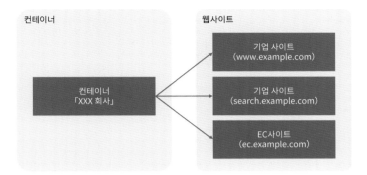

❶안의 장점과 단점

장점	▪ 컨테이너가 1개이므로 여러 컨테이너를 관리하는 복잡함이 없음 ▪ 모든 웹사이트에서 같은 측정 설정을 수행하는 경우, 설정을 공통화할 수 있음
단점	▪ 기업 사이트용 설정 변경이 EC사이트, 또는 EC사이트용 설정 변경이 기업 사이트의 움직임에 영향을 미칠 위험이 있기 때문에 설정 변경 시 다른 웹사이트에 영향이 있는지를 확인해야 함 ▪ 각 웹사이트 고유의 태그를 많이 설정해야 하는 경우에는 설정(태그, 변수, 트리거)과 버전 수가 많아지므로 관리가 어려움 ▪ 구글 태그 관리자 권한은 컨테이너 단위로 설정하므로 예를 들어 EC사이트를 운용하는 사업부의 대행사에 광고용 태그를 관리하는 사업을 의뢰하는 경우, 다른 사업부가 운용하는 기업 사이트 설정이 노출되거나 잘못 변경할 위험이 있음

본 안을 채택하는 경우에는 이와 같은 단점이 운용상 문제를 일으키지는 않는지 다시 한번 검토해야 합니다.

>> ②안: 기업 사이트와 EC사이트별 컨테이너를 1개씩 만들고 사업부별로 이용

계정 아래 기업 사이트용, EC사이트용 컨테이너를 각각 만듭니다. 각 컨테이너는 기업 사이트와 EC사이트를 운용하는 사업부에 따라 구분합니다.

기업 사이트와 EC사이트에서 각각 1개씩 컨테이너를 만들고 사업부별로 이용

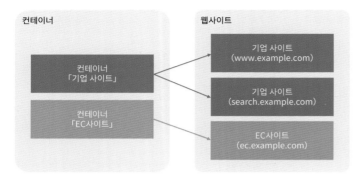

❷안의 장점과 단점

장점	▪ 기업 사이트와 EC사이트의 컨테이너가 분리되어 있으므로 설정 변경으로 인해 다른 웹사이트에 영향을 줄 위험이 거의 없음 ▪ 기업 사이트 또는 EC사이트의 권한만 설정할 수 있음 ▪ ❶안과 비교해 컨테이너별 설정(태그, 함수, 트리거)이나 버전 수가 적으므로 관리가 쉬움
단점	▪ 모든 웹사이트에서 동일한 형태의 측정 설정을 하므로 컨테이너별로 설정을 수행할 필요가 없음. 따라서 모든 사이트에 공통된 설정 추가/변경이 적용되는 경우 각 컨테이너에서 설정 작업이 추가됨 ▪ 컨테이너 사이에 구글 애널리틱스 태그의 일부 설정에 차이가 있는 경우, 원래는 기업 사이트와 EC사이트에서 동일한 사용자로 측정돼야 하는 사용자가 서로 다른 사용자로 측정되는 문제가 발생할 수 있음

›› ③안: 모든 사이트에서 공유하는 컨테이너 1개를 만들고 사업부별로 이용할 컨테이너를 각각 만듦

계정 아래의 모든 사이트에서 공유하는 컨테이너를 만듭니다. 추가로 기업 사이트와 EC사이트 등 운영하는 사업부별로 이용하는 컨테이너를 각각 만듭니다.

모든 사이트에서 공유하는 컨테이너 1개를 만들고 사업부별로 이용하는 컨테이너를 각각 만듦

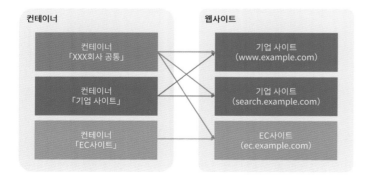

장점	▪ 공통으로 사용하는 컨테이너에서 모든 사이트의 설정을 공통화한 뒤 사업부별 컨테이너에서 다른 웹사이트에 영향을 주지 않으면서 각 사업부의 독자적인 설정을 구현할 수 있음 ▪ ❷안과 마찬가지로 공용 컨테이너에는 권한을 설정하지 않고, 기업 사이트 혹은 EC사이트용 컨테이너의 권한만 설정할 수 있음 ▪ ❷안과 마찬가지로 컨테이너별 설정(태그, 변수, 트리거)이나 버전 수가 작아지므로 관리가 쉬움
단점	▪ 컨테이너 수가 많아지기 때문에 관리가 복잡해짐 ▪ 공통으로 사용하는 컨테이너와 사업부별 컨테이너에서 설정할 범위를 명확하게 정의해야 함

또한 ❸안의 경우에는 웹사이트에 여러 코드 스니펫을 설치해야 하는데, 구글 태그 관리자 360에서는 영역(zone)이라는 기능을 사용할 수 있습니다. 영역이란 한 컨테이너로부터 다른 컨테이너를 배포하는 구조입니다. 영역을 이용하면 배포 기준 컨테이너를 한 웹 페이지에 설치함으로써 여러 컨테이너를 배포할 수 있습니다.

※ 자세한 내용은 다음 페이지를 참조하십시오.

https://support.google.com/tagmanager/answer/7647043

4-4 / 구글 태그 관리자 계정과 컨테이너 만들기

구글 태그 관리자의 계정 구성을 결정했다면 구글 태그 관리자 계정을 만듭니다.

구글 태그 관리자는 'https://tagmanager.google.com'에서 접속할 수 있습니다. 처음에는 '계정을 만드세요.'라는 화면이 표시됩니다. 화면의 표시에 따라 진행합니다.

구글 태그 관리자의 계정은 다음 그림과 같이 만듭니다.

[계정 이름]❶에는 임의의 계정 이름을 입력합니다. 일반적으로 회사명을 입력합니다.

[국가]❷는 구글 태그 관리자를 사용하는 국가를 선택합니다. '데이터를 Google 및 외부와 익명으로 공유'는 자유롭게 선택합니다.

[컨테이너 이름]❸에는 자유롭게 컨테이너 이름을 입력합니다. 일반적으로 구글 태그 관리자를 사용하는 웹사이트 이름이나 도메인을 입력합니다.

[타겟 플랫폼]❹은 '웹'을 선택합니다.

설정을 완료했다면 **[만들기]**를 클릭합니다.

※ 자세한 내용은 Appendix 2에서 설명합니다(p.514). AMP 페이지 측정을 수행하는 경우에는 'AMP'를 선택합니다. 이 책에서는 별도로 설명하지 않지만, 모바일 애플리케이션(iOS/Android)의 측정에 사용하는 컨테이너를 만들 수도 있습니다.

'만들기'를 클릭하면 구글 태그 관리자 서비스 이용 약관이 표시됩니다. 유럽 경제 지역(European Economic Area, EEA)에 거점을 둔 웹사이트를 측정하는 경우에는 법무담당자와 상담한 후 이용 약관 아래에 표시된 [GDPR에서 요구하는 데이터 처리 약관에도 동의합니다.]에 체크한 뒤 [예]를 클릭합니다.

서비스 이용 약관을 확인하고 다음 단계로 진행

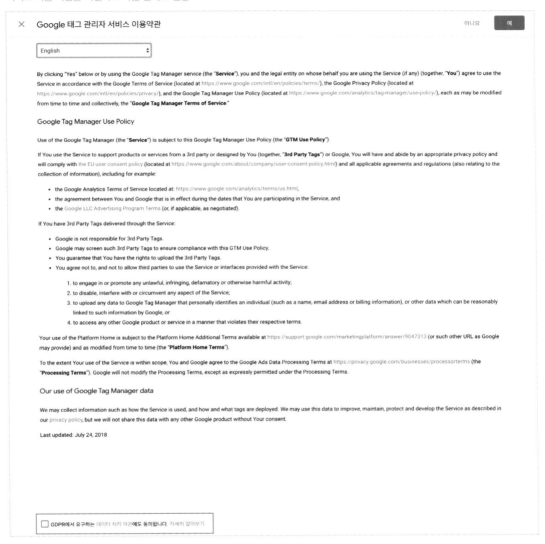

컨테이너를 만들고 나면 자동으로 화면이 전환되어 '구글 태그 관리자 설치'라는 대화 상자가 표시됩니다. 이 화면은 뒤에서 다시 표시되므로 [**확인**]을 누르고, 우선 대화 상자를 닫아 주십시오.

'구글 태그 관리자 설치' 대화 상자

대화 상자를 닫으면 다음 그림과 같은 '작업공간' 화면이 표시됩니다.

구글 태그 관리자의 작업공간 화면

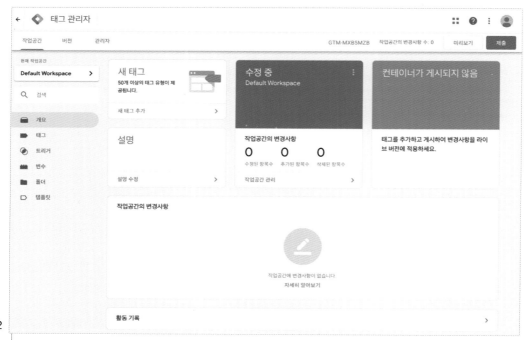

설정 상태별 버전 만들기

구글 태그 관리자의 특정 시점의 설정 상태를 버전이라고 부릅니다.

설정 상태별로 버전 만들기

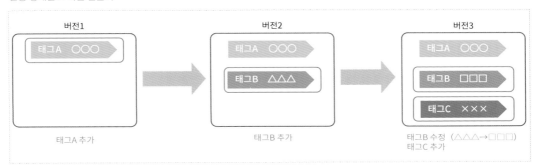

구글 태그 관리자에서는 버전을 만들고 게시함으로써 추가하거나 변경한 설정 내용을 사용자 브라우저에 반영합니다. 게시 및 완료된 버전은 다음 그림과 같이 '버전' 화면에 표시합니다.

'버전' 화면

'버전ID'는 새로운 버전을 만들 때마다 증가하며 현재 게시된 버전은 '상태' 열에 '실시간'으로 표시됩니다
❶.

버전을 게시한 후에 문제가 발생한 경우에는 각 버전의 [:]→[게시]②에서 필요에 따라 임의의 버전으로 복구할 수 있습니다.

문제가 발생한 경우 버전 원복 가능

작업공간에서 설정 작업 관리하기

작업공간이란 컨테이너 설정 변경을 수행하는 작업장과 같은 곳입니다.

각 컨테이너에는 기본적으로 'Default Workspace'라는 작업공간이 만들어지며, 새롭게 작업공간을 만들 수도 있습니다. 예를 들면, '광고 태그 추가'와 '구글 애널리틱스 측정용 태그 설정 변경' 등 여러 설정 작업이 동시에 발생한 경우에 각 작업용 작업공간을 만들고, 다른 작업공간의 영향을 받지 않게 작업을 병행할 수 있습니다.

다음 그림은 '태그A 수정 작업'과 '태그B 추가 작업'을 별도의 작업공간에서 수행하는 경우의 예입니다.

작업공간 만들기 예

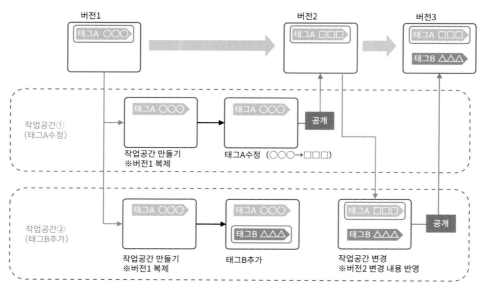

작업공간은 만드는 시점의 최신 버전과 동일한 설정 상태로 만들어 집니다.

작업공간❷를 만든 후 작업공간❶에서 만든 버전이 게시되면 해당 버전에서 추가되거나 변경된 내용이 사라지지 않게 작업공간 업데이트를 수행한 뒤에는 작업공간❷에 설정을 반영해야 합니다.

작업공간 업데이트가 필요한 경우에는 '작업공간' 화면 왼쪽 아래에 있는 **[작업공간 업데이트]**라는 링크가 표시됩니다.

작업공간 업데이트하기❶

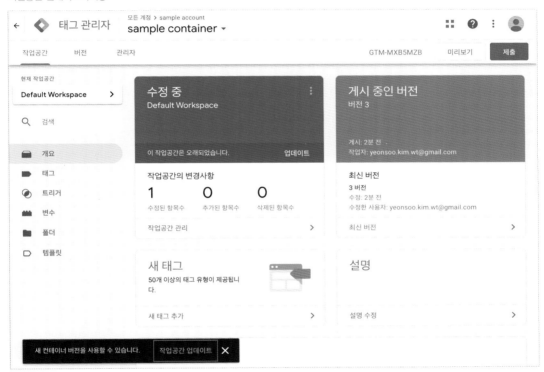

이 링크를 클릭하고 다음 그림과 같이 '업데이트'로 작업공간 업데이트를 수행하면 다른 버전에서 추가 및 변경한 설정 내용이 작업 중인 작업공간에 반영됩니다.

작업공간 업데이트하기②

작업공간 업데이트를 수행할 때 작업 중인 작업공간에서 변경한 설정과 동일한 설정이 다른 버전에서도 변경된 경우에는 다음 그림과 같이 충돌이 발생합니다①. 충돌이 발생한 경우에는 [해결]②을 클릭해 충돌을 해결합니다.

작업공간 충돌 해결하기①

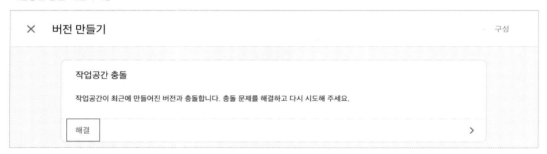

앞 그림의 '해결'을 클릭하면 다음 그림과 같이 충돌이 있는 내용을 확인할 수 있습니다. 게시 완료된 버전의 설정 내용이 사라지지 않게 주의해서 충돌을 해결합니다.

작업공간 충돌 해결하기 ②

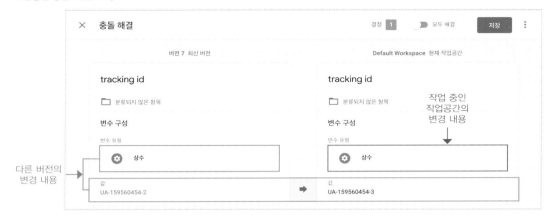

[→] 아이콘을 클릭하면 다음과 같은 버튼이 표시됩니다. 다른 버전의 변경 내용을 작업 중인 작업공간에도 반영하고 싶은 경우에는 **오른쪽 버튼**을 클릭합니다.

작업공간 충돌 해결하기 ③

한편, 작업 중인 작업공간의 변경 내용을 유지하고 싶다면 **왼쪽 버튼**을 클릭합니다.

작업공간 충돌 해결하기 ④

모든 충돌이 해결됐다면 오른쪽 위 [**저장**]을 클릭해서 작업공간을 업데이트합니다.

작업공간 업데이트하기

버전 게시 및 만들기

아무것도 설정하지 않은 상태여도 관계없으므로 먼저 '버전 게시 및 만들기'를 수행해 봅니다.

웹 페이지에 구글 태그 관리자의 코드 스니펫을 설치한 후 컨테이너에 게시되어 있는 버전이 존재하지
않으면 다음과 같이 404 에러가 발생합니다.

게시 버전이 없는 경우 발생하는 404 에러

에러 발생을 방지하기 위해서도 '컨테이너를 만든 뒤에는 하나 이상의 버전을 만들어야' 함을 기억하기
바랍니다. 버전 게시와 만들기는 작업공간 오른쪽 위 **[제출]**에서 수행할 수 있습니다.

버전 게시와 만들기❶

| GTM-NXLZ37J | 작업공간의 변경사항 수: 0 | 미리보기 | 제출 |

'제출'을 클릭하면 다음 그림과 같이 '변경 사항 제출' 화면이 표시됩니다.

버전 게시와 만들기❷

[**버전 이름**]❶에 이 버전에 대응한 내용을 간단하게 알 수 있게 이름을 입력하고 [**게시**]❷를 클릭합니다.

게시가 완료되면 다음 그림과 같이 새로운 버전이 만들어집니다.

새로운 버전이 만들어짐

4-6 / 구글 태그 관리자를 웹사이트에 설치하기

'버전 1'을 만들고 게시하면 구글 태그 관리자의 코드 스니펫을 웹사이트에 설치합니다. 가장 먼저 구글 태그 관리자 작업공간에서 코드 스니펫을 얻습니다.

코드 스니펫은 작업공간 오른쪽 위 [GTM-NXLZ37J]❶를 클릭하면 표시되는 대화 상자❷에서 얻을 수 있습니다('GTM-NXLZ37J'는 만든 컨테이너에 따라 표시가 달라집니다. 각자 자신이 만든 컨테이너 이름을 기준으로 하기 바랍니다).

코드 스니펫 얻기

코드 스니펫

```
<!-- Google Tag Manager -->
<script>(function(w,d,s,l,i){w[l]=w[l]||[];w[l].push({'gtm.start':
new Date().getTime(),event:'gtm.js'});var f=d.getElementsByTagName(s)[0],
j=d.createElement(s),dl=l!='dataLayer'?'&l='+l:'';j.async=true;j.src=
'https://www.googletagmanager.com/gtm.js?id='+i+dl;f.parentNode.insertBefore(j,f);
})(window,document,'script','dataLayer','GTM-AAAAAAA');</script>
<!-- End Google Tag Manager -->

<!-- Google Tag Manager (noscript) -->
<noscript><iframe src="https://www.googletagmanager.com/ns.html?id=GTM-AAAAAAA"
height="0" width="0" style="display:none;visibility:hidden"></iframe></noscript>
<!-- End Google Tag Manager (noscript) -->
```

표시된 코드 스니펫을 복사해서 웹 페이지에 삽입합니다. ⟨script⟩ 태그로 구성된 코드를 웹 페이지
⟨head⟩ 태그 안의 ⟨title⟩ 태그 아래에 넣습니다❶.

※ ⟨title⟩ 태그보다 위쪽에 배치하면 '페이지 타이틀'을 측정하지 못할 수도 있습니다.

또한 ⟨noscript⟩ 태그로 구성된 코드는 ⟨body⟩ 시작 태그 바로 다음에 넣습니다❷.

```html
<html>
<head>
<title>~~~~~~~~~~~~~~~</title>
  <!-- Google Tag Manager -->
  <script>(function(w,d,s,l,i){w[l]=w[l]||[];w[l].push({'gtm.start':
  new Date().getTime(),event:'gtm.js'});var f=d.getElementsByTagName(s)[0],
  j=d.createElement(s),dl=l!='dataLayer'?'&l='+l:'';j.async=true;j.src=
  'https://www.googletagmanager.com/gtm.js?id='+i+dl;f.parentNode.insertBefore(j,f);
  })(window,document,'script','dataLayer','GTM-NXLZ37J');</script>
  <!-- End Google Tag Manager -->
~~~~~~~~~~~~~~~
</head>
<body>
  <!-- Google Tag Manager (noscript) -->
  <noscript><iframe src="https://www.googletagmanager.com/ns.html?id=GTM-NXLZ37J"
  height="0" width="0" style="display:none;visibility:hidden"></iframe></noscript>
  <!-- End Google Tag Manager (noscript) -->
~~~~~~~~~~~~~~~
</body>
</html>
```

← ❶

← ❷

하나의 웹 페이지에 여러 코드 스니펫을 넣을 수도 있습니다. 여러 코드 스니펫을 넣는 경우에는 다음과 같이 각 컨테이너의 코드 스니펫을 이어서 기입합니다.

```html
<html>
<head>
<title>~~~~~~~~~~~~~~~</title>
  <!-- Google Tag Manager -->
  <script>(function(w,d,s,l,i){w[l]=w[l]||[];w[l].push({'gtm.start':
  new Date().getTime(),event:'gtm.js'});var f=d.getElementsByTagName(s)[0],
  j=d.createElement(s),dl=l!='dataLayer'?'&l='+l:'';j.async=true;j.src=
  'https://www.googletagmanager.com/gtm.js?id='+i+dl;f.parentNode.insertBefore(j,f);
  })(window,document,'script','dataLayer','GTM-NXLZ37J');</script>
  <!-- End Google Tag Manager -->
```

```
<!-- Google Tag Manager -->
<script>(function(w,d,s,l,i){w[l]=w[l]||[];w[l].push({'gtm.start':
new Date().getTime(),event:'gtm.js'});var f=d.getElementsByTagName(s)[0],
j=d.createElement(s),dl=l!='dataLayer'?'&l='+l:'';j.async=true;j.src=
'https://www.googletagmanager.com/gtm.js?id='+i+dl;f.parentNode.insertBefore(j,f);
})(window,document,'script','dataLayer','GTM-NXLZ37K');</script>
<!-- End Google Tag Manager -->
</head>
<body>
<!-- Google Tag Manager (noscript) -->
<noscript><iframe src="https://www.googletagmanager.com/ns.html?id=GTM-NXLZ37J'"
height="0" width="0" style="display:none;visibility:hidden"></iframe></noscript>
<!-- End Google Tag Manager (noscript) -->

<!-- Google Tag Manager (noscript) -->
<noscript><iframe src="https://www.googletagmanager.com/ns.html?id=GTM-NXLZ37K'"
height="0" width="0" style="display:none;visibility:hidden"></iframe></noscript>
<!-- End Google Tag Manager (noscript) -->
</body>
</html>
```

코드 스니펫을 〈head〉 태그 안에 넣고 다른 코드 스니펫을 〈body〉 종료 태그 바로 앞에 넣는 등 설치 위치가 멀리 떨어지면 각 코드 스니펫을 로드하는 데 시차가 발생하기 때문에 의도하지 않은 동작을 일으킬 수 있습니다.

또한 구글 태그 관리자에서는 의도치 않은 동작의 발생 여부를 검증하기 위한 기능인 '미리보기 모드(preview mode)'를 제공합니다. 미리보기 모드에 관해서는 5장에서 설명합니다.

Chapter

5

페이지뷰 측정
설정하기

앞 장에서는 구글 태그 관리자의 코드 스니펫을 웹 페이지에 삽입하는 것까지 확인했습니다. 이번 장에서는 구글 태그 관리자에서 페이지뷰를 측정하는 태그를 만들어 봅니다. 또한 가상 페이지뷰 혹은 교차 도메인 추적이라 불리는 정확한 데이터 측정을 위해 필요한 설정에 관해 설명합니다.

작업공간 만들기

페이지뷰를 측정하기 위한 설정을 구글 태그 관리자에서 구현해 봅니다. 먼저 설정 작업을 수행하기 위한 작업공간을 만듭니다.

현재 작업공간 [**Default Workspace**]❶를 클릭하면 작업공간 선택 화면이 나타납니다. 화면 오른쪽 위 [+] **버튼**❷을 클릭하면 작업공간 만들기 화면이 나타납니다.

작업공간 만들기 화면 표시

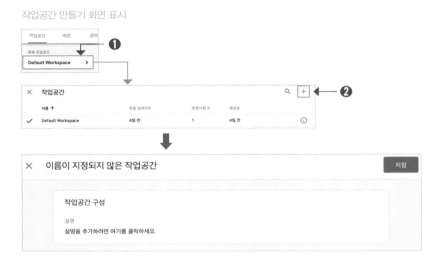

[**이름이 지정되지 않은 작업공간**] 필드에는 'sample property UA-XXXXX-1 페이지뷰 측정'과 같이 향후 수행할 측정 내용을 알 수 있게 입력하고 [**저장**]을 클릭합니다.

작업공간 이름 설정하기

작업공간을 만들고 나면 다음 그림과 같이 '현재 작업공간'으로 전환됩니다.

작업공간 만들기

페이지뷰 측정용 태그 만들기

페이지뷰를 측정할 태그를 만듭니다. 태그는 다음 순서로 만듭니다.

❶ 추적 ID를 정의할 변수를 만듭니다.

❷ '구글 애널리틱스 설정' 변수를 만듭니다.

❸ 페이지뷰 측정용 태그를 만듭니다.

≫ 추적 ID를 정의할 변수 만들기

만든 작업공간에서 추적 ID를 정의할 변수를 만듭니다. 추적 ID를 정의할 변수를 만드는 이유는 다음과 같습니다.

- 변수화함으로써 추적 ID를 잘못 기술한 경우 발생 가능한 측정 오류 방지 가능

- 동일한 추적 ID를 사용한 태그를 파악하기 용이함

변수는 [변수]→[새로 만들기]❶에서 만듭니다. 다음 그림과 같은 화면이 표시되면 [변수 설정]❷을 클릭합니다.

변수 만들기

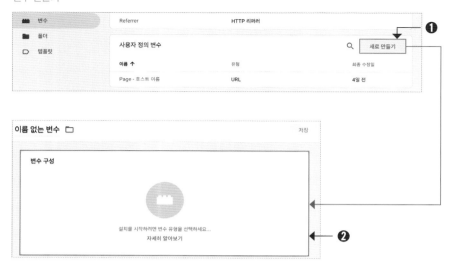

'변수 유형'은 [**상수**]를 선택합니다.

변수 유형 선택하기

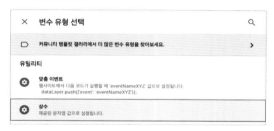

구글 애널리틱스 추적 ID를 입력할 것이므로 구글 애널리틱스의 [**관리**]→[(**속성**) **속성 설정**]❶을 열고 [**추적ID**]를 복사합니다❷.

구글 애널리틱스의 추적 ID 복사하기

구글 태그 관리자로 다시 돌아와 다음 그림과 같이 임의의 변수 이름을 입력하고❶, [값]❷에 구글 애널리틱스에서 복사한 추적 ID를 붙여 넣습니다. 입력이 완료되면 [저장]을 클릭합니다.

이상으로 추적 ID를 정의할 변수를 만들었습니다.

변수 이름과 추적 ID 입력하기

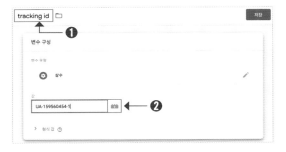

≫ '구글 애널리틱스 설정' 변수 만들기

다음으로 '구글 애널리틱스 설정' 변수를 만듭니다.

'구글 애널리틱스 설정' 변수를 사용하면 추적 ID와 함께 쿠키 도메인 등 구글 애널리틱스 측정에 관련된 설정을 일원화해서 관리할 수 있습니다. 추적 ID를 정의한 변수(tracking id)를 만들 때와 같은 순서로 '변수 유형'을 선택하는 화면을 표시합니다. [구글 애널리틱스 설정]을 선택합니다.

변수 유형 설정

'구글 애널리틱스 설정'을 선택하면 다음 그림과 같은 화면이 표시됩니다. 그림의 빨강색 사각형 부분❶을 클릭해서 '변수 선택' 화면을 표시합니다. '구글 애널리틱스 설정' 변수에도 추적 ID가 필요합니다. 앞에서 만든 추적 ID를 정의하는 변수(tracking id)❷를 선택해서 사용합니다.

추적 ID를 정의하는 변수 선택하기

'변수 설정' 화면으로 돌아와서 변수 이름을 'universal analytics settings – pageview'와 같이 알아보기 쉽게 적절하게 입력합니다. 다음 그림과 같은 상태가 되면 [**저장**]을 클릭합니다.

※ '쿠키 도메인' 설정은 'auto' 상태로 두어도 좋습니다.

변수 이름 입력하기

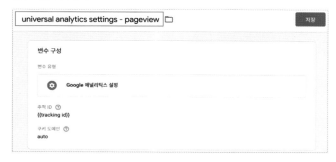

›› 페이지뷰 측정용 태그 만들기

마지막으로 페이지뷰 측정용 태그를 만듭니다. 태그는 [**태그**]→[**새로 만들기**]❶에서 만듭니다. 다음과 같은 화면이 표시되면 [**태그 설정**]❷을 클릭합니다.

태그 만들기

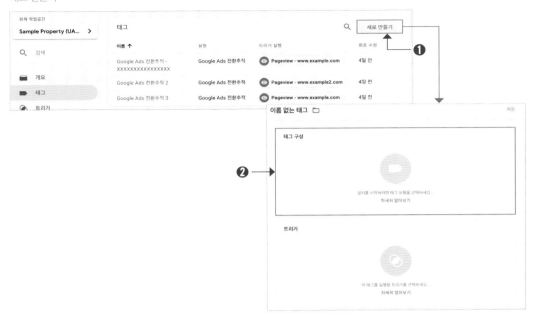

'태그 유형'은 [구글 애널리틱스: 유니버설 애널리틱스]를 선택합니다.

태그 유형 선택하기

'구글 애널리틱스: 유니버설 애널리틱스'를 선택하면 다음 그림과 같은 화면이 표시됩니다.

태그 이름 부분❶에는 'Universal Analytics Pageview'와 같이 알기 쉬운 '이름'을 입력합니다.

[구글 애널리틱스 설정]❷에는 앞서 만든 '구글 애널리틱스 설정' 변수(universal analytics settings - pageview)를 설정합니다.

태그 설정하기

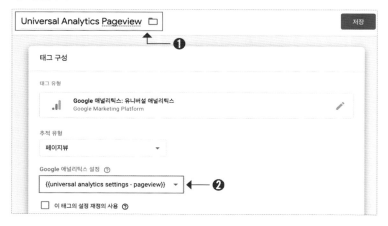

계속해서 [트리거] 부분❶을 클릭해서 '트리거 선택' 화면으로 이동합니다. [All Pages]를 선택하면❷ 구글 태그 매니저 코드 스니펫이 설정된 모든 웹 페이지에 대한 페이지뷰를 측정할 수 있습니다.

트리거 선택하기

다음 그림과 같은 상태가 되면 [저장]을 클릭해 트리거를 저장합니다. 이상으로 페이지뷰 측정용 태그 만들기를 완료했습니다.

페이지뷰 측정용 태그 만들기 완료

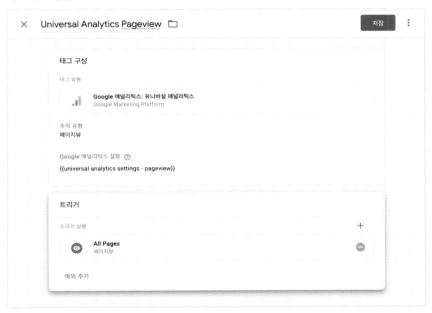

미리보기 모드에서 태그 검증하기

태그를 만들었다면 '미리보기 모드'에서 동작을 검증해 봅니다. 미리보기 모드는 다음 그림과 같이 [미리보기]를 클릭하면 활성화됩니다. 주황색 배너가 표시되는 것을 확인했다면 코드 스니펫을 설치한 웹 페이지에 접속해 봅니다.

미리보기 모드 활성화하기

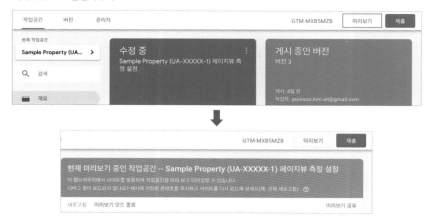

웹 페이지에 접속하면 다음 그림의 빨간색 표시 부분과 같이 구글 태그 관리자 디버그 콘솔이 표시됩니다.

디버그 콘솔

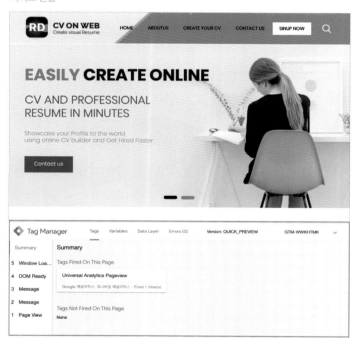

디버그 콘솔은 미리보기 모드를 활성화시킨 브라우저에서만 표시됩니다. 또한 이 단계에서는 설정한 내용 역시 동일한 브라우저에만 반영됩니다.

디버그 콘솔에 표시되는 내용에 관해 간단하게 설명합니다.

디버그 콘솔 항목

앞 그림의 왼쪽 내비게이션 바의 [Summary]❶를 클릭한 뒤, 위쪽 내비게이션 바의 [Tags]❷를 선택하면 표시되는 페이지에서 트리거된 태그와 트리거되지 않은 태그를 확인할 수 있습니다(디버그 콘솔에서는 기본적으로 이 화면이 표시됩니다).

예를 들면, 이번 예시의 경우에는 'Tags Fired on This Page' 부분에 'Universal Analytics Pageview'가 있으므로❸ 앞에서 만든 'Universal Analytics Pageview'라는 태그가 트리거된 것을 알 수 있습니다.

'Universal Analytics Pageview' 부분을 클릭하면 다음 그림과 같이 태그 'Universal Analytics Pageview'에 의해 측정된 내용을 상세하게 확인할 수 있습니다.

태그에 의해 측정된 내용 확인하기

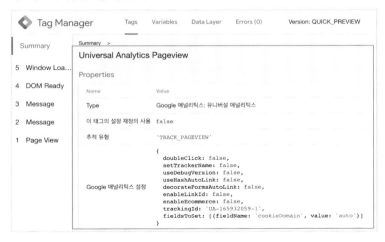

한편, 왼쪽 내비게이션 바의 'Windows Loaded'를 클릭하면 위쪽 내비게이션 바에 선택된 'Tags' 혹은 'Variables'가 'Windows Loaded' 타이밍에 어떤 상태인지를 확인할 수 있습니다.

예를 들어, 다음 그림과 같이 [Windows Loaded]❶에서 [Variables]❷를 선택하면 각 변수에 어떤 값이 설정됐는지 표시합니다.

변숫값 확인하기

또한 미리보기 모드에서 검증한 값은 디버그 콘솔뿐만 아니라 다음에 관해서도 확인할 수 있습니다.

- 웹 페이지 화면이 깨지거나 자바스크립트 등의 동작 이상이 발생하지는 않는가?
- 구글 애널리틱스 실시간 보고서에 예상대로 표시되는가?

검증이 완료됐다면 똑 같은 방식으로 다른 기기나 브라우저에서도 검증해 봅니다. 구글 태그 관리자로 돌아와서 다음 그림의 [미리보기 공유]를 클릭해 봅니다.

미리보기 공유 활성화하기

'미리보기 공유'를 클릭하면 다음 그림과 같이 '미리보기 공유' 화면이 표시됩니다. 빨간색 사각형 부분의 미리보기 URL을 복사해서 다른 기기나 브라우저에서 열어 봅니다.

미리보기 URL 복사하기

미리보기 URL에 접속하면 다음 그림과 같은 화면이 표시되며 미리보기 화면이 활성화됩니다.

미리보기 URL에 접속하기

Preview Container

Your browser is now in preview and debug mode for the **Preview Environment 3 2020-05-08 023851** environment of **Container GTM-WWKHTMK**. To start previewing, please visit a website that has the container installed.

Exit preview and debug mode

이후 검증 흐름은 앞에서 설명한 것과 동일하지만, 브라우저 설정에 따라 디버그 콘솔이 잘 표시되지 않을 수도 있습니다. 그런 경우에는 브라우저 설정에서 서드 파티 쿠키가 활성화되어 있는지, 브라우저 확장 기능에서 서드 파티 쿠키가 막혀 있지 않은지 확인해 보기 바랍니다.

※ 'Exit preview and debug mode'를 클릭하면 미리보기 모드를 종료할 수 있습니다. 검증을 마친 후에는 미리보기 모드를 반드시 종료하기 바랍니다.

▍ '버전 게시 및 만들기' 수행하기

미리보기 모드로 동작을 검증한 뒤에는 '버전 게시 및 만들기'를 수행합니다.

4장에서 설명한 것처럼 '버전 게시 및 만들기'는 작업공간 오른쪽 위 **[제출]**에서 실행할 수 있습니다.

'제출'을 클릭하면 다음 그림과 같이 '변경사항 제출' 화면이 표시됩니다.

'변경사항 제출' 화면

[**버전 이름**]❶에 이 버전에서 대응한 내용을 쉽게 알 수 있게 적절한 이름을 입력하고, [**공개**]❷ 버튼을 클릭합니다. 버전 공개가 완료되면 다음 그림과 같이 새로운 버전이 만들어집니다.

새로운 버전이 만들어짐

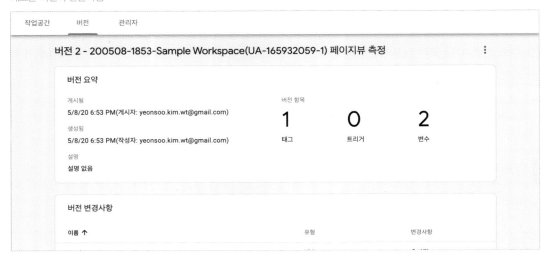

'버전 게시 및 만들기'를 수행할 때는 애널리틱스의 '실시간' 보고서에서 측정되는 데이터에 큰 변동이 없는지 반드시 확인해야 합니다.

또한 페이지뷰 측정용 태그를 설정한 버전을 공개한 경우, 애널리틱스의 '행동→사이트 콘텐츠→모든 페이지'에서 페이지뷰 측정 상황을 확인하십시오. 이들을 확인함으로써 예상치 못한 측정 오류 등으로 인한 장애를 최소한으로 억제할 수 있기 때문입니다.

5-2 / 가상 페이지뷰 측정 설정 추가하기

가상 페이지뷰는 '가공한 웹 페이지의 페이지뷰'를 의미합니다. 예를 들어, 웹사이트에 다음과 같은 신청 폼이 있다고 가정합시다.

신청 폼

'입력 화면', '확인 화면', '완료 화면'의 URL이 동일해서 구글 애널리틱스에서는 각 웹 페이지를 구별하지 못하므로 집계 결과는 다음과 같이 나타납니다.

모든 페이지를 합쳐서 집계함

하지만 구글 태그 관리자에서 '확인 화면'과 '완료 화면'의 URL을 덮어쓰면 각 웹 페이지에서 별도 URL을 측정할 수 있습니다.

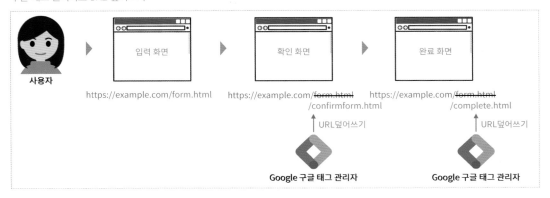

이를 통해 다음 그림과 같이 '입력 화면', '확인 화면', '완료 화면'별로 실적값을 집계할 수 있습니다.

페이지별 결과가 집계됨

	페이지 ?	페이지뷰 수 ? ↑
☐		**57** 전체 대비 비율(%): 100.00% (57)
☐	1. /complete.html	**1** (1.75%)
☐	2. /confirmform.html	**2** (3.51%)
☐	3. /form.html	**3** (5.26%)

이상과 같이 콘텐츠는 다르지만 URL은 동일한 웹 페이지를 구별해서 집계해야 하는 경우에는 '가상 페이지뷰'를 사용할 수 있습니다.

가상 페이지뷰 측정 설정 추가하기

가상 페이지뷰 측정 설정은 다음 두 단계로 수행합니다.

- '데이터 영역 변수'를 웹 페이지에 구현
- 구글 태그 관리자에 설정 추가

›› '데이터 영역 변수'를 웹 페이지에 구현하기

신청 폼의 '확인 화면'과 '완료 화면'에 다음과 같은 코드를 구현합니다. 구현 위치는 구글 태그 관리자 코드 스니펫보다 앞에 있어야 합니다.

'확인 화면'과 '완료 화면'에 구현할 코드

```
<script>
window.dataLayer = window.dataLayer || [];
dataLayer.push({'virtualPagePath': '○○○'});
</script>
```

'○○○' 부분에는 기본 측정기준 '페이지'에서 측정하고 싶은 URL 경로를 입력합니다. 이 책의 경우, 확인 화면에서는 '/confirmform.html', 완료 화면에서는 '/complete.html'을 입력합니다.

›› 구글 태그 관리자에 설정 추가하기

먼저, '데이터 영역 변수: virtualPagePath'에 저장된 값을 얻기 위한 설정을 추가합니다. 다음 그림과 같이 변수를 만듭니다.

※ 변수를 만드는 방법은 p.115를 참조하십시오.

데이터 영역 변수 만들기

계속해서 이 장에서 만든 구글 애널리틱스 설정 변수 'universal analytics settings – pageview' (p.117)에 다음 그림의 빨간색 사각형 부분과 같은 설정을 추가합니다. 여기에서는 '필터 이름'에 'page', '값'에 '{{virtualPagePath}}'라고 설정합니다.

이 설정을 추가함으로써 '데이터 영역 변수: virtualPagePath'에 값이 저장된 경우 측정기준 '페이지'가 해당 값으로 덮어 쓰입니다.

애널리틱스 설정 변수에 설정 추가하기

이것으로 가상 페이지뷰 설정이 완료됐습니다. 미리보기 모드를 활성화해서 '확인 화면', '완료 화면'에 접근해 보고 '실시간' 보고서에서 'confirmform.html'과 'complete.html' 데이터가 측정되는지 확인합니다.

동작을 검증했다면 '버전 게시 및 만들기'를 수행합니다.

5-3 / 교차 도메인 추적 설정 추가하기

1장에서 설명한 것처럼 구글 애널리틱스는 쿠키 정보에 기반해 사용자를 식별하며, 해당 쿠키는 일반적으로 보조 측정기준(서브 도메인)을 제외한 도메인 단위로 발생합니다.

따라서 사용자가 서브 도메인을 제외한 도메인이 다른 웹 페이지로 이동하는 경우 쿠키가 새롭게 발행되고 이동 전 사용자와 이동 후 사용자가 다른 사용자로 측정됩니다.

다른 사용자로 측정됨

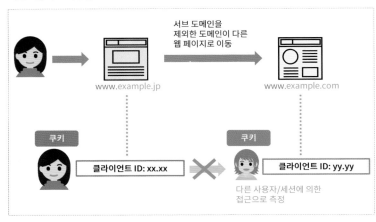

교차 도메인 추적을 설정하면 사용자가 서브 도메인을 제외한 도메인이 다른 웹 페이지로 이동하는 경우에도 다음 그림과 같이 사용자와 세션 정보를 계속해서 유지할 수 있습니다.

같은 사용자로 측정됨

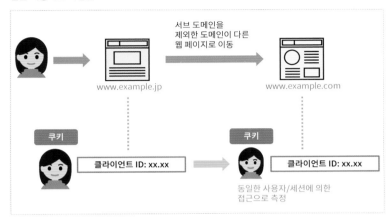

교차 도메인 추적 설정 추가하기

교차 도메인 추적 설정은 다음 두 단계로 설정합니다.

- 구글 애널리틱스 '소스 리스트'에 도메인 추가
- 구글 태그 관리자 설정 추가

각 방법에 관해서는 앞의 예시를 기준으로 설명합니다.

>> 구글 애널리틱스의 '소스 리스트'에 도메인 추가하기

구글 애널리틱스 [관리]→[(속성) 추적 정보]→[추천 제외 목록]❶을 엽니다.

'소스 리스트'에는 속성을 만들 때 '웹사이트 URL'에 입력한 서브 도메인을 제외한 도메인이 기본으로 추가됩니다. 여기에 교차 도메인 추적에서 제외할 도메인을 추가합니다.

이 책에서는 'www.example.com'의 교차 도메인을 활성화할 것이므로 [+추천 제외]❷를 클릭한 뒤, [도메인]❸에 'example.com'을 추가합니다. 도메인을 입력하고 [만들기]를 클릭합니다.

참조 소스 리스트에 도메인 추가하기

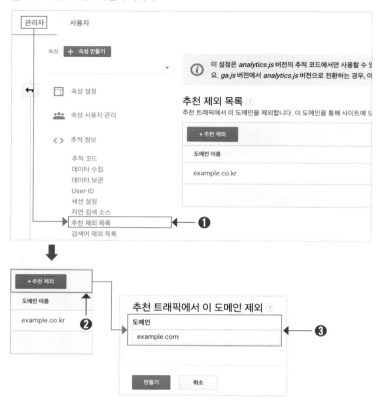

다음과 같은 상태가 되면 완료입니다.

참조 소스 리스트가 추가됨

>> 구글 태그 관리자에 설정 추가하기

구글 태그 관리자에서는 이 장에서 만든 구글 애널리틱스 설정 변수 'universal analytics settings – pageview'에 2가지 설정을 추가합니다.

먼저, [세부 설정]→[설정할 필드]❶에 '필드 이름: allowLinker', '값: true'를 추가합니다. 이어서 [세부 설정]→[교차 도메인 추적]→[자동 링크 도메인]❷에 교차 도메인 추적 대상의 도메인을 입력합니다(여러 도메인을 입력할 경우에는 콤마(,)로 구분해서 입력합니다). 이 책에서는 'example.com, example. co.kr'과 같이 입력합니다.

※ 폼(〈form〉 태그)에서도 교차 도메인 추적을 활성화하고 싶은 경우에는 '양식 맞춤 설정' 값을 '참'으로 변경합니다.

애널리틱스 설정 변수에 설정 추가하기

미리보기 모드에서 검증하기

설정을 완료했다면 미리보기 모드에서 교차 도메인 추적이 활성화됐는지 검증합니다.

교차 도메인 추적 설정에 관한 검증은 다음 순서로 수행합니다.

❶ 이동 전 페이지의 클라이언트 ID 확인

❷ 이동 시 검색어 매개변수 '_ga~'가 URL에 추가됐는지 확인

❸ 이동 후 페이지의 거동에 영향이 없는지 확인

❹ 이동 후 페이지의 클라이언트 ID가 이동 전과 일치하는지 확인

각 항목을 구글 크롬에서 확인하는 방법을 설명합니다.

>> 이동 전 페이지의 클라이언트 ID 확인하기

구글 크롬에서 이동하기 전 페이지에 접속해 [:]→[도구 더보기]→[개발자 도구] 메뉴를 선택해서 개발자 도구를 표시합니다.

개발자 도구를 클릭한 뒤 'Network' 탭을 열고, 다음 그림과 같이 'collect' 필터를 적용한 뒤 페이지를 다시 로드합니다.

필터 적용 후 페이지 다시 로드하기

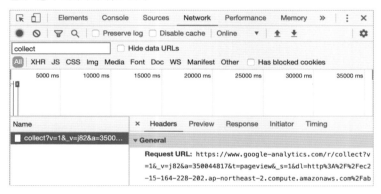

'Name' 열에 구글 애널리틱스 네트워크 요청이 표시됐다면 해당 네트워크 요청을 선택한 뒤 'Header' 탭의 'Query String Parameters' 중에서 'cid'라는 항목을 확인합니다.

'cid' 항목

'cid' 값을 확인한 뒤, 교차 도메인 추적 대상 도메인에 이동하는 링크를 클릭합니다.

›› 이동 시 검색어 매개변수 '_ga~'가 URL에 추가됐는지 확인하기

구글 태그 관리자에 자동 링크 도메인(교차 도메인 추적 대상 도메인)이 올바르게 설정됐다면 다음 그림과 같이 이동 후 페이지 URL에 '_ga~'라는 검색어 매개변수가 추가됩니다.

검색어 매개변수 추가 확인

앞의 검색어 매개변수가 추가되지 않는 경우에는 자동 링크 도메인 설정을 확인하기 바랍니다.

※ 자동 링크 도메인 설정에 문제가 없는 경우에도 링크가 특수하거나 이동 시 리다이렉트를 포함하는 등의 경우에는 잘 동작하지 않을 수 있습니다.

›› 이동 후 페이지의 동작에 영향이 없는지 확인하기

검색어 매개변수 '_ga~'가 추가됨에 따라 이동 후 페이지가 깨져서 표시되거나 시스템 에러 등이 발생하지 않는지 반드시 확인하십시오.

※ 이동 전후 페이지를 바꿔 입력한 경우에도 문제가 없는지 확인하십시오.

영향이 있는 경우에는 회피 방법의 하나로, 다음 그림과 같이 '해시를 구분 기호로 사용'을 '참'으로 설정할 수 있습니다.

영향이 있는 경우 회피 방법

```
∨  교차 도메인 추적

      자동 링크 도메인 ⓘ

      example.com.example.co.kr        📋

      해시를 구분 기호로 사용

      참                            ▼

      양식 맞춤설정

      거짓                          ▼
```

'해시를 구분 기호로 사용'을 '참'으로 설정하면 다음 그림과 같이 '_ga~'가 프래그먼트 형식으로 추가됩니다.

🌐 www.example.com/#~ga=XXXXXXXXXXXXXXXXXXXXXX-220910661.1588925403

단, 이동 후 웹 페이지에서 앵커링을 사용하는 경우에는 오동작을 할 수 있으므로 충분한 검증 후에 사용하십시오.

›› 이동 후 페이지의 클라이언트 ID가 이동 전과 일치하는지 확인하기

마지막으로 이동 전 페이지의 클라이언트 ID를 확인했던 것과 같은 방법으로 이동 후 페이지의 클라이언트 ID가 이동 전의 그것과 일치하는지 확인합니다.

일치하지 않는 경우, 구글 태그 관리자의 '설정할 필드'의 설정값이 잘못됐을 가능성이 있습니다. 아무런 문제가 없다면 '버전 게시 및 만들기'를 수행합니다.

Column

구글 크롬 확장 기능 이용하기

구글 애널리틱스나 구글 태그 매니저의 설정을 변경하면 의도치 않았던 속성에 히트가 송출되거나 설정한 맞춤 측정기준을 획득할 수 없는 문제가 발생하기도 합니다.

이런 문제가 발생한 경우에는 다음 '크롬 웹스토어'에 있는 구글 크롬 확장 기능을 이용해 봅니다.

 https://chrome.google.com/webstore/category/extensions

구글 크롬은 확장 기능을 설치하면 표준 상태에서는 사용할 수 없는 기능을 사용할 수 있습니다.

크롬 웹스토어에는 다양한 확장 기능이 공개되어 있습니다. 이 책에서는 태그 어시스턴트(Tag Assistant)와 구글 애널리틱스 디버거(Google Analytics Debugger)라는 디버그용 확장 기능을 소개합니다. 두 기능 모두 매우 편리하므로 칼럼을 읽은 뒤 꼭 활용해 보기 바랍니다.

태그 어시스턴트 이용하기

태그 어시스턴트는 구글 애널리틱스의 추적 코드나 구글 태그 관리자의 코드 스니펫 설정 위치에 문제가 있거나 설정 누락에 의한 중복 카운트가 발생하는 등의 오류를 검지해 표시해 주는 확장 기능입니다.

다음 링크에서 'Chrome에 추가'를 클릭해 설치할 수 있습니다.

 https://chrome.google.com/webstore/detail/tag-assistant-by-google/kejbdjndbnbjgmefkgdddjlb
okphdefk

설치가 완료되면 구글 애널리틱스 측정을 수행하는 웹 페이지에 접속한 뒤, 화면 오른쪽 위 [Tag Assistant]❶를 클릭합니다.

첫 번째 클릭 시에는 'Welcome to Tag Assistant by Google'이라는 화면이 표시됩니다. 필요에 따라 설정을 변경하고 [Done]❷을 클릭합니다.

두 번째 클릭 이후에는 'Tag Assistant is currently ...'라는 화면이 표시됩니다. [Enable]❸을 클릭합니다.

태그 어시스턴트 이용하기

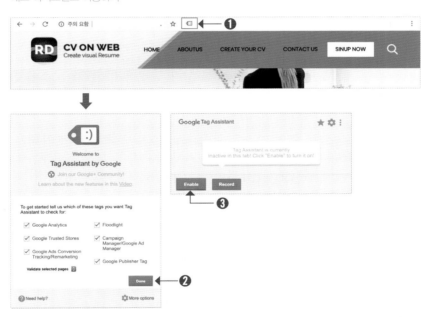

'Done'과 'Enable'을 클릭한 뒤, 웹 페이지를 다시 로딩하고 'Tag Assistant'를 클릭하면 다음 그림과 같이 태그 발생 상태를 확인할 수 있습니다.

태그 어시스턴트로 태그 발생 상태 확인하기

아이콘의 의미는 각각 다음과 같습니다.

아이콘 의미

아이콘 색	의미
초록색	정상 동작하고 있음을 의미합니다.
파랑색	정상 동작하고 있지만, 더 나은 구현 방법이 있음을 의미합니다.
노랑색	태그 구현에 약간의 문제가 있음을 의미합니다. 일부 브라우저에서는 측정 태그가 올바르게 동작하지 않는 등의 문제가 발생할 가능성이 있으므로 조치하는 편이 좋습니다.
빨강색	태그 구현에 큰 문제가 있음을 의미합니다. 빠르게 조치하는 것이 좋습니다.

문제가 발생한 아이콘을 클릭하면❶ 대응 방법이 표시됩니다❷.

문제 조치 방법이 표시됨

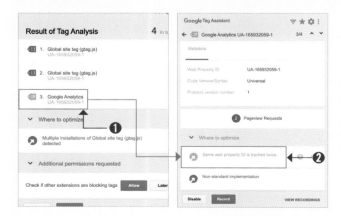

앞 예시에서는 속성 'UA-XXXXX-1'로 카운트가 중복 발생했음을 경고하고 있습니다.

중복 카운트가 발생하는 원인은 여러 가지가 있습니다. 구글 태그 관리자에 설정한 페이지뷰 측정용 태그가 2회 이상 동작하지 않는지, 웹 페이지에 구글 태그 관리자 코드 스니펫과 gtag.js가 모두 포함되어 있지는 않은지 등을 확인해서 중복 카운트가 발생하지 않게 대응합니다.

또한 태그 어시스턴트에 관한 도움말 페이지는 다음 링크를 참조하십시오.

 https://support.google.com/tagassistant#topic=6000196 (영문)

구글 애널리틱스 디버거 이용하기

구글 애널리틱스 디버거(Google Analytics Debugger)는 구글 애널리틱스의 추적 코드가 로딩되어 히트가 송출될 때까지의 과정을 확인할 수 있는 확장 기능입니다. 'Cookie:auto' 또는 'allowLinker:true' 등이 올바르게 설정되어 있는지, 또는 의도한 내용의 히트가 송출되는지를 자세히 확인할 수 있습니다.

다음 링크에서 'Chrome에 추가'를 클릭해 설치할 수 있습니다.

 https://chrome.google.com/webstore/detail/google-analytics-debugger/jnkmfdileelhofjcijamephohjechhna

설치가 완료되면 구글 애널리틱스 측정을 수행하는 웹 페이지에 접속한 뒤, 화면 오른쪽 위 [Goggle Analytics Debugger]❶를 클릭합니다. 아이콘을 클릭하면 다음 그림과 같이 Off에서 On으로 전환됩니다.

이어서 구글 크롬의 개발자 도구를 열고 [Console] 탭❷을 선택합니다. 구글 애널리틱스 디버거가 동작하며 'google analytics'로 시작하는 메시지가 표시되는 것을 확인할 수 있습니다.

'Initializing Google analytics.'에 이어 나오는 메시지로부터 히트가 송출될 때까지의 과정을 확인할 수 있습니다.

히트가 송출될 때까지의 과정 확인하기

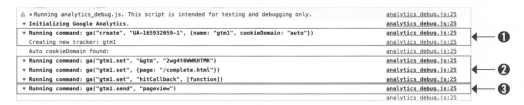

'create' 명령에서 히트를 송출할 대상 추적 ID(앞 그림의 경우, 'UA–XXXXXXXX')를 지정하고 있습니다❶. 또한 교차 도메인 추적용 'allowLinker:true' 설정도 같은 시점에 수행되는 것을 알 수 있습니다.

'set' 명령에서 설정을 추가합니다❷. 예를 들어, 이 장에서 설명한 가상 페이지뷰에 따른 URL을 덮어쓰는 과정이 이 시점에서 이루어집니다.

'send' 명령에서는 구글 애널리틱스 서버에 페이지뷰를 송출합니다❸.

또한 'Sent beacon:'에 이어지는 메시지로부터 송출된 히트의 내용을 확인할 수 있습니다.

```
                                                                    analytics debug.js:25
Sent beacon:
v=1&_v=j82d&a=1865515898&t=pageview&_s=1&dl=http⁵
                        s2Fcontact.html&dp=%2Fcomplete.html&ul=ko&de=UTF-8&dt=Create%20CV%20Resume%20-
%20Responsive%20HTML5%20Template&sd=24-
bit&sr=2560x1440&vp=1024x1284&je=0&_u=QACAAEAB~&jid=&gjid=&cid=220910661.1588925403&tid=UA-165932059-
1&_gid=809770379.1588925403&gtm=2wg4t0WWKHTMK&z=1137190003

<unknown>         (&gtm)   2wg4t0WWKHTMK                             analytics debug.js:25
_j1               (&jid)                                            analytics debug.js:25
_j2               (&gjid)                                           analytics debug.js:25
adSenseId         (&a)     1865515898                               analytics debug.js:25
apiVersion        (&v)     1                                        analytics debug.js:25
clientId          (&cid)   220910661.1588925403                     analytics debug.js:25
encoding          (&de)    UTF-8                                    analytics debug.js:25
hitType           (&t)     pageview                                 analytics debug.js:25
javaEnabled       (&je)    0                                        analytics debug.js:25
language          (&ul)    ko                                       analytics debug.js:25
location          (&dl)                                             analytics debug.js:25
page              (&dp)    /complete.html                           analytics debug.js:25
screenColors      (&sd)    24-bit                                   analytics debug.js:25
screenResolution  (&sr)    2560x1440                                analytics debug.js:25
title             (&dt)    Create CV Resume - Responsive HTML5 Template   analytics debug.js:25
trackingId        (&tid)   UA-165932059-1                           analytics debug.js:25
viewportSize      (&vp)    1024x1284                                analytics debug.js:25
Registered new plugin: ga(provide, "render", Function)             analytics debug.js:25
                                                                   js?id=UA-165932059-1&dbg=9023:69
```

이 장에서는 개발자 도구의 'Network' 탭을 통해 클라이언트 ID를 확인했지만, 앞의 그림과 같이 구글 애널리틱스 디버거에서도 동일한 값을 확인할 수 있습니다.

다른 매개변수의 의미에 관해서는 다음의 도움말 페이지를 참조하십시오.

https://developers.google.com/analytics/devguides/collection/protocol/v1/parameters

Chapter

6

이벤트 측정 설정하기

구글 애널리틱스에서는 웹 페이지에서 사용자별로 수행한 링크 클릭, 페이지 스크롤 등의 조작을 이벤트로 측정합니다. 이 장에서는 구글 태그 관리자를 이용해 'PDF 파일의 링크 클릭', '외부 사이트로의 링크 클릭', '웹 페이지 스크롤', '유튜브 동영상 재생'을 측정하는 방법 등을 설명합니다.

구글 애널리틱스에서는 웹사이트에서 발생한 페이지 뷰 이외에도 사용자의 조작(예를 들면, 외부 사이트로의 이동, 링크 클릭, 웹 페이지 스크롤)을 측정하고자 하는 경우, 이벤트 측정 설정을 수행합니다.

사용자 조작을 이벤트로 측정하기

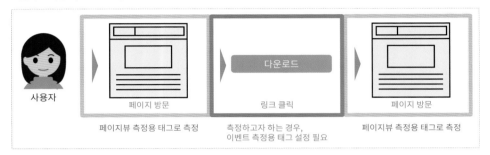

| | 페이지 방문 | 링크 클릭 | 페이지 방문 |
| 사용자 | 페이지뷰 측정용 태그로 측정 | 측정하고자 하는 경우,
이벤트 측정용 태그 설정 필요 | 페이지뷰 측정용 태그로 측정 |

이벤트는 '카테고리', '작업', '라벨', '값', '비상호작용 조회' 속성을 가지며, 각 속성은 주로 다음과 같은 의미로 사용합니다.

이벤트 속성

속성	주로 사용하는 의미
카테고리(필수)	이벤트로 측정할 종류나 대상을 의미하는 문자열
작업(필수)	이벤트로 측정할 조작을 의미하는 문자열
라벨(선택)	이벤트로 측정할 상세 내용을 의미하는 문자열
값(선택)	측정할 이벤트와 관련된 상숫값
비상호작용 조회(선택)	이탈률 측정 시 이벤트를 고려할지 그렇지 않을지를 의미하는 플래그값

앞 표의 '비상호작용 조회'의 기본값은 '거짓'입니다. 이벤트를 측정할 때 이 값을 '참'으로 설정하면 이탈률 계산 시 해당 이벤트를 고려하지 않습니다.

웹 페이지의 스크롤이나 동영상 자동 재생 등 웹 페이지 표시와 거의 동일한 시점에 발생하는 이벤트를 측정하는 경우에는 이탈률이 극단적으로 낮아지지 않게 '참'으로 설정합니다.

이벤트 측정 예시는 다음과 같습니다.

- PDF 파일이나 외부 사이트로의 링크 클릭 측정
- 웹 페이지의 스크롤 측정
- 유튜브 동영상 재생 시작이나 종료 횟수 측정
- 캠페인이나 게임 포인트 부여 측정

예를 들면, 각 경우 다음과 같이 속성을 지정할 수 있습니다.

이벤트 속성 설정

개요	카테고리	작업	라벨	값	비 상호작용 조회
PDF 파일의 링크 클릭	PDF Link	click	대상 PDF 파일 URL	–	거짓
외부 사이트로의 링크 클릭	Outbound Link	click	클릭된 URL	–	거짓
웹 페이지 스크롤	Vertical Scroll	스크롤이 발생한 페이지 URL	10%, 25% 등 스크롤 비율	–	참
유튜브 동영상 재생	YouTube Play	측정 대상 동영상 타이틀	측정 대상 동영상 재생 진행 상태	–	거짓
포인트 부여	Point	캠페인이나 게임 이름	신규 등록이나 업적 달성 등	'300' 등 부여한 포인트 값	거짓

이 책에서는 구글 태그 관리자만으로 설정할 수 있는 'PDF 파일 링크 클릭', '외부 사이트로의 링크 클릭', '웹 페이지 스크롤', '유튜브 동영상 재생' 측정 4가지와 함께 임의의 시점에서 값을 측정할 수 있는 '웹 페이지로 데이터 영역 변수에 저장된 이벤트를 측정하는 방법'을 소개합니다.

6-2 / 이벤트 측정 설정 추가하기

▌'구글 애널리틱스 설정' 변수 만들기

5장에서 설명한 페이지뷰 측정용 태그를 만드는 경우와 마찬가지로, 먼저 각 이벤트 측정을 위한 태그에 공통된 설정을 일괄 관리하기 위해 '구글 애널리틱스 설정' 변수를 만듭니다. 이미 페이지뷰 측정용 태그인 '구글 애널리틱스 설정' 변수를 만든 경우에는 해당 변수를 복사해서 재활용할 수 있습니다.

※ 페이지뷰 발생 시점에만 사용하기 위한 설정은 제외합니다.

이 책에서는 5장에서 만든 변수 'universal analytics settings – pageview'를 재사용합니다(p.115). 5장과 마찬가지로 작업공간을 만들고(p.114) 복사할 변수를 표시한 뒤❶, [⋮]→[복사]❷를 선택합니다.

'universal analytics settings – pageview의 사본'과 같은 변수가 만들어집니다. 변수 이름을 'universal analytics settings – event' 등으로 알기 쉽게 변경한 뒤❸, [저장]을 클릭합니다.

변수를 표시한 뒤 복사하기

이상으로 이벤트 측정용 태그 '구글 애널리틱스 설정' 변수 만들기를 완료했습니다.

PDF 파일의 링크 클릭 측정하기

PDF 파일에는 구글 태그 관리자의 코드 스니펫이나 구글 애널리틱스 추적 코드를 설정할 수는 없습니다. 따라서 기본적으로 웹사이트 내에 있는 PDF 파일 보기 횟수는 구글 애널리틱스에서 확인할 수 없습니다.

다만, 웹사이트 내에 있는 PDF 파일 링크가 클릭됐는지를 이벤트로 측정하면 PDF 파일 열람 횟수에 가까운 수치를 확인할 수 있습니다. PDF 파일 링크 클릭을 측정하고자 하는 경우에는 구글 태그 관리자에서 다음 설정을 해야 합니다.

❶ 사용자가 클릭한 링크의 확장자를 얻을 변수 만들기

❷ PDF 파일 링크 클릭을 검지할 트리거 만들기

❸ PDF 파일 링크 클릭을 측정할 태그 만들기

이어서 각각의 방법에 대해 설명합니다.

❯❯ 사용자가 클릭한 링크의 확장자를 얻을 변수 만들기

다음 그림과 같이 사용자가 클릭한 링크의 확장자를 얻을 변수를 만듭니다.

※ 변수 만들기에 관한 내용은 5장을 참조하십시오.

사용자가 클릭한 링크의 확장자를 얻을 변수

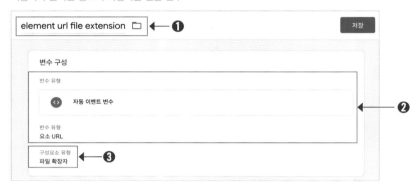

임의의 변수 이름을 입력합니다❶. 여기에서는 'element url file extension'이라고 입력합니다.

[**변수 유형**]은 '자동 이벤트 변수', [**변수 유형**]은 '요소 URL'로 설정합니다❷. '자동 이벤트 변수'는 사용자가 클릭한 요소의 정보를 얻고자 하는 경우 사용할 변수 유형입니다. '변수 유형: 요소 URL'을 지정하면 사용자가 클릭한 링크에 설정된 'href' 값을 얻을 수 있습니다.

[**구성요소 유형**]❸은 '파일 확장자'를 선택합니다. '구성요소 유형'에서는 사용자가 클릭한 링크에 설정된 'href' 값 중 어떤 부분을 얻을지 지정할 수 있습니다.

'파일 확장자'를 선택하면 다음 예시의 빨강색 글자 부분인 'pdf'와 같은 값을 얻을 수 있습니다

```
<a href="/example.pdf">sample link</a>
```

》》 PDF 파일 링크 클릭을 검지할 트리거 만들기

다음과 같이 PDF 파일의 링크가 클릭된 것을 검지하는 트리거를 만듭니다.

※ 작업공간 화면에서 [트리거]→[신규]를 클릭해 트리거를 만듭니다.

PDF 파일 링크 클릭을 검지할 트리거 만들기

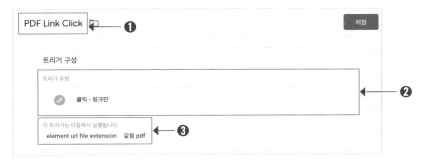

임의의 트리거 이름을 입력합니다❶. 여기에서는 'PDF Link Click'이라고 입력합니다.

[**트리거 유형**]❷은 '클릭 − 링크만'을 선택합니다. '트리거 유형: 클릭 − 링크만'을 선택하면 사용자가 링크(〈a〉 태그)를 클릭한 시점을 검지할 수 있습니다.

[**이 트리거는 다음에서 실행됩니다.**]❸에는 'element url file extension, 같음, pdf'를 설정합니다. '이 트리거는 다음에서 실행됩니다.'에는 어떤 링크가 클릭된 것을 감지할 것인지 조건을 지정할 수 있습니다. 앞에서 만든 'element url file extension'을 이용해 'element url file extension = pdf'라고 설정하면 PDF 파일 링크 클릭을 검지할 수 있습니다.

》》 PDF 파일 링크 클릭을 측정할 태그 만들기

다음 그림과 같이 PDF 파일 링크 클릭을 측정할 태그를 만듭니다.

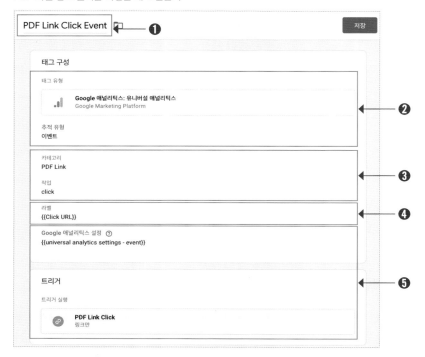

임의의 태그 이름을 입력합니다❶. 여기에서는 'PDF Link Click Event'라고 입력합니다.

[**태그 유형**]은 '구글 애널리틱스 – 유니버설 애널리틱스', [**추적 유형**]은 '이벤트'를 선택합니다❷.

[**카테고리**]와 [**작업**]에는 임의의 값을 입력합니다❸. 여기에 입력한 값은 각각 구글 애널리틱스의 차원인 '이벤트 카테고리'와 '이벤트 작업'에서 측정됩니다. 여기에서는 '카테고리:PDF Link', '작업: click'을 입력했습니다.

[**라벨**]❹에는 기본 제공 변수 'Click URL'을 유효화해서 입력합니다. 'Click URL'을 입력함으로써 PDF 파일의 링크에 설정된 'href'의 값을 '이벤트 라벨'로 측정할 수 있게 됩니다.

[**구글 애널리틱스 설정**]에는 앞에서 만든 '구글 애널리틱스 설정' 변수인 'universal analytics settings – event'를 설정합니다. [**트리거**]에는 앞에서 작성한 트리거인 'PDF Link Click'을 설정합니다❺.

또한 기본 제공 변수인 'Click URL'은 다음 그림과 같은 순서로 클릭해 활성화 및 입력을 할 수 있습니다.

태그를 만들었다면 미리보기 모드에서 동작을 확인합니다.

5장에서 설명한 순서(p.121)대로 미리보기 모드를 활성화하고 나서 구글 태그 관리자의 코드 스니펫을 입력한 웹 페이지에서 PDF 파일 링크를 클릭해봅니다.

설정에 문제가 없다면 다음 그림과 같이 'Tags Fired On This Page'에 앞에서 만든 태그가 표시될 것입니다.

미리보기 모드에서 태그 확인하기

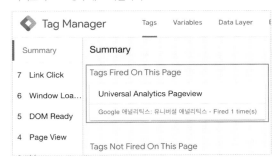

다음으로 앞 그림의 'PDF Link Click Event' 부분을 클릭해 구글 애널리틱스에서 측정된 내용을 확인해봅니다.

측정된 내용

앞 그림에서 'Show More'를 클릭하면 다음 그림과 같이 '카테고리', '작업', '라벨'을 확인할 수 있습니다.

'카테고리', '작업', '라벨'

구글 애널리틱스의 '실시간→이벤트' 보고서를 확인한 뒤, 측정된 데이터와 웹 페이지의 움직임에 문제가 없다면 '버전 게시와 만들기'를 수행합니다.

외부 사이트로의 링크 클릭 측정하기

자사 사이트 내부로 이동하는 링크의 경우에는 구글 애널리틱스 기본 보고서 '행동→사이트 콘텐츠→모든 페이지'에서 측정기준 '페이지'와 '이전 페이지 경로'를 조합해 이용 실적을 파악할 수 있습니다.

자사 사이트 내 이동 실적 파악하기

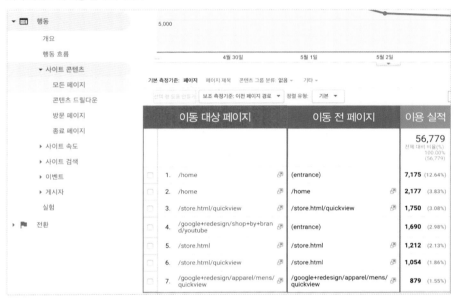

자사 사이트 외부로 이동하는 링크에 대해서는 기본적으로 이용 실적을 파악하기 어려우므로 구글 태그 관리자에서 외부 사이트로의 링크 클릭을 측정하는 설정을 하는 것이 좋습니다.

외부 사이트로의 링크 클릭을 측정하기 위해서는 다음을 수행해야 합니다.

❶ 사용자가 클릭한 링크가 외부 사이트로의 링크인지 판정하는 변수 만들기

❷ 외부 사이트로의 링크가 클릭됐는지 검지하는 트리거 만들기

❸ 외부 사이트로의 링크가 클릭됐는지 측정하는 태그 만들기

각각의 방법에 관해 설명합니다.

≫ 사용자가 클릭한 링크가 외부 사이트로의 링크인지 판정하는 변수 만들기

다음 그림과 같이 사용자가 클릭한 링크가 외부 사이트로의 링크인지 판정하는 변수를 만듭니다.

사용자가 클릭한 링크가 외부 사이트로의 링크인지 판정하는 변수

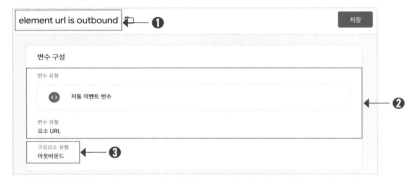

임의의 변수 이름을 입력합니다❶. 여기에서는 'element url is outboud'라고 입력합니다.

[**변수 유형**]은 '자동 이벤트 변수', [**변수 유형**]은 '요소 URL'로 설정합니다❷.

[**구성요소 유형**]❸은 '아웃바운드'를 선택합니다. '아웃바운드'를 선택하면 사용자가 클릭한 링크가 해당 시점에 열람하고 있는 웹사이트가 아닌 다른 사이트인 경우 해당 변수의 값이 '참'이 됩니다.

›› 외부 사이트로의 링크가 클릭됐는지 검지하는 트리거 만들기

다음 그림과 같이 외부 사이트로의 링크가 클릭됐을 때 동작하는 트리거를 만듭니다.

외부 링크 클릭 시 동작하는 트리거

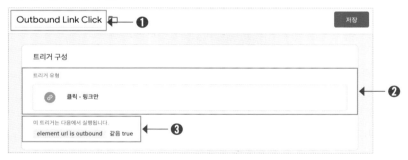

임의의 트리거 이름을 입력합니다❶. 여기에서는 'Outbound Link Click'이라고 입력합니다.

[**트리거 유형**]❷은 '클릭 – 링크만'을 선택합니다.

[**이 트리거는 다음에서 실행됩니다.**]❸는 'element url is outbound, 같음, true'로 설정합니다. 외부 사이트로의 링크가 클릭되는 것을 검지할 수 있습니다.

›› 외부 사이트로의 링크가 클릭됐는지 측정하는 태그 만들기

다음 그림과 같이 외부 사이트로의 링크가 클릭됐는지 측정하기 위한 태그를 만듭니다.

외부 링크가 클릭됐는지 측정하기 위한 태그

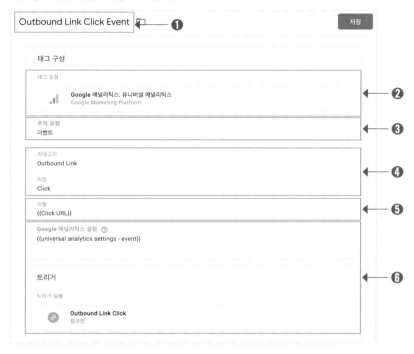

임의의 태그 이름을 입력합니다❶. 여기에서는 'Outbound Link Click Event'라고 입력합니다.

[**태그 유형**]❷은 '구글 애널리틱스: 유니버설 애널리틱스'를 선택합니다.

[**추적 유형**]❸은 '이벤트'를 선택합니다.

[**카테고리**]와 [**작업**]은 임의의 값을 입력합니다❹. 여기에서는 '카테고리: Outbound Link', '작업: click'을 입력합니다.

[**라벨**]❺은 기본 제공 변수 'Click URL'을 활성화해서 입력합니다.

[**구글 애널리틱스 설정**]에는 미리 만들어 둔 '구글 애널리틱스 설정' 변수 'universal analytics settings – event'를 설정합니다. [**트리거**]에는 앞에서 만든 트리거 'Outbound Link Click'을 설정합니다❻.

태그를 만들었다면 미리보기 모드에서 검증해 봅니다.

미리보기 모드를 활성화하고 나서 구글 태그 관리자의 코드 스니펫을 설치한 웹 페이지에서 외부 사이트로의 링크를 클릭해 봅니다.

PDF 파일에서 링크를 클릭했을 때와 마찬가지로 동작함을 확인한 후에 문제가 없다면 '버전 게시와 만들기'를 수행합니다.

웹 페이지의 스크롤 측정하기

구글 태그 관리자를 이용해 사용자가 웹 페이지에 접속한 뒤 페이지를 얼마나 스크롤했는지 간단하게 측정할 수 있습니다.

페이지 스크롤 측정 설정을 수행하면 웹 페이지 평가 축을 더 늘릴 수 있습니다. 예를 들어, '이탈률은 매우 높은' 중에도 '80% 이상 스크롤하는 경우가 많은' 페이지가 있다고 가정해보겠습니다. '이탈률이 매우 높다'는 정보만을 기반으로 페이지의 좋고 나쁨을 판단하면 '이 페이지는 문제가 있으니 개선해야 한다'는 결론을 내리게 될 수도 있습니다.

하지만 '80% 이상 스크롤되는 경우가 많다'는 정보도 얻을 수 있다면 어떻게 될까요? '많은 사용자는 원하는 정보를 얻고 만족해서 이탈하는 것일 수 있다'라는 새로운 가설을 세우고, 페이지를 평가할 수 있습니다.

페이지 스크롤을 측정하기 위해서는 다음을 수행해야 합니다.

❶ 웹 페이지의 스크롤을 검지할 트리거 만들기
❷ 웹 페이지의 스크롤을 측정할 태그 만들기

각각의 방법에 관해 설명합니다.

≫ 웹 페이지의 스크롤을 검지할 트리거 만들기

다음 그림과 같이 웹 페이지의 스크롤을 검지할 트리거를 만듭니다.

웹 페이지의 스크롤을 검지할 트리거

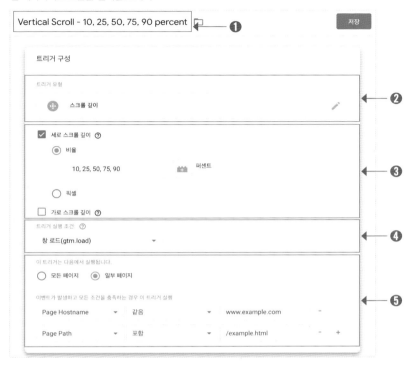

임의의 트리거 이름을 입력합니다❶. 여기에서는 'Vertical Scroll − 10, 25, 50, 75, 90 percent'라고 입력합니다.

[트리거 유형]❷은 '스크롤 깊이'를 선택합니다.

[세로 스크롤 깊이]→[비율]❸은 '10, 25, 50, 75, 90'으로 설정합니다. 이 설정을 통해 웹 페이지가 '10, 25, 50, 75, 90%'만큼 세로 방향으로 스크롤됐음을 검지할 수 있습니다.

[트리거 실행 조건]❹은 '창 로드(gtm.load)' 값을 그대로 유지합니다. '창 로딩(gtm.load)' 이외에 '컨테이너 로드(gtm.js)' 혹은 'DOM 사용 가능(gtm.dom)'을 선택할 수도 있으나, 원칙적으로 이 설정을 변경할 필요는 없습니다.

[이 트리거는 다음에서 실행됩니다.]❺를 '모든 페이지'로 설정해 웹 페이지 스크롤을 측정하면 히트 수가 크게 증가할 가능성이 있습니다. 따라서 '일부 페이지'를 선택한 뒤, 가능한 트리거 활성화 조건을 좁히는 것을 권장합니다. 이 책에서는 기본 제공 변수 'Page Hostname'과 'Page Path'를 이용해 트리거 활성화 조건을 'www.example.com/example.html'로 제한했습니다.

≫ 웹 페이지의 스크롤을 측정할 태그 만들기

다음 그림과 같이 웹 페이지의 스크롤을 측정할 태그를 만듭니다.

웹 페이지의 스크롤을 측정할 태그

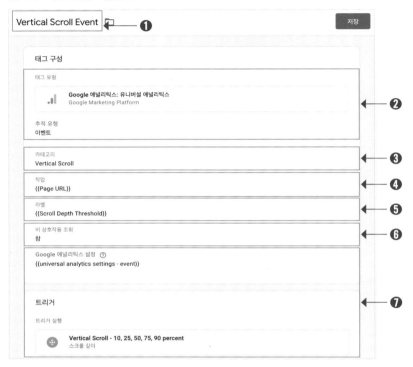

임의의 태그 이름을 입력합니다❶. 여기에서는 'Vertical Scroll Event'라고 입력합니다.

[**태그 유형**]은 '구글 애널리틱스 – 유니버설 애널리틱스', [**추적 유형**]은 '이벤트'를 선택합니다❷.

[**카테고리**]❸에는 임의의 값을 입력합니다. 여기에서는 'Vertical Scroll'을 입력합니다.

[**작업**]❹은 기본 제공 변수 'Page URL'을 입력합니다.

[**라벨**]❺은 기본 제공 변수 'Scroll Depth Threshold'를 입력합니다. 필요에 따라 문자열 끝에 '%'를 추가합니다. 기본 제공 변수 'Scroll Depth Threshold'를 입력함에 따라 페이지가 세로 방향 스크롤된 비율을 '이벤트 라벨'로 측정할 수 있습니다.

[비상호작용 조회]❻는 '참'을 선택합니다.

[구글 애널리틱스 설정]에는 미리 만들어 둔 '구글 애널리틱스 설정' 변수 'universal analytics settings – event'를 설정합니다. [트리거]에는 앞에서 만든 트리거 'Vertical Scroll – 10,25,50,75,90 percent'를 설정합니다❼.

태그를 만들었다면 미리보기 모드에서 동작을 검증합니다. 미리보기 모드를 활성화한 뒤, 구글 태그 관리자의 코드 스니펫이 설치된 웹 페이지에서 세로 방향으로 스크롤해 봅니다.

PDF 파일에서 링크를 클릭했을 때와 마찬가지로 동작함을 확인한 뒤, 문제가 없다면 '버전 게시와 만들기'를 수행합니다.

▌유튜브 동영상 재생 시작과 종료 횟수 측정하기

웹 페이지 안에 유튜브 동영상을 삽입한 경우, 구글 태그 관리자에 준비된 트리거나 변수를 이용해 동영상 재생 개시나 완료, 찾기, 동영상 진행 정도(초 단위 혹은 비율) 등을 측정할 수 있습니다.

그러나 측정을 하기 위해서는 구글 태그 관리자의 코드 스니펫을 통해 구글 태그 관리자가 로딩되기 이전에 유튜브 동영상이 로딩돼 있어야 합니다.

또한 유튜브 동영상 시청 횟수나 재생 완료 횟수를 측정하기 위해서는 다음을 수행해야 합니다.

> ❶ 유튜브 동영상 재생 시작/완료 등을 검지할 트리거 만들기
> ❷ 동영상 재생 시 및 재생 완료 시, 또는 일정 시간 재생 여부를 측정할 태그 만들기

각각의 방법에 관해 설명합니다.

≫ 유튜브 동영상 재생 시작/완료 등을 검지할 트리거 만들기

다음 그림과 같이, 유튜브 동영상 재생 시작/완료 등을 검지할 트리거를 만듭니다.

유튜브 동영상 재생 시작/완료 등을 검지할 트리거

임의의 트리거 이름을 입력합니다❶. 여기에서는 'YouTube Play'라고 입력합니다.

[트리거 유형]❷은 '유튜브 동영상'을 선택합니다.

[캡처]는 '시작', '완료', '진행률'에 체크하고, **[비율]**은 '10,25,50,75,90'이라고 입력합니다❸. 이와 같이 설정함으로써 유튜브 동영상 재생 시작/완료 및 재생 진행 상태 '10,25,50,75,90%'를 검지할 수 있습니다.

[고급]❹에서는 '자바스크립트 API 지원을 모든 YouTube 동영상에 추가합니다.'에 체크합니다. 유튜브 동영상 측정을 수행하는 경우, 각 동영상 로딩 부분에 '?enablejsapi=1'이라는 매개변수를 부여해야 합니다. 이 체크박스를 on으로 하면 이 매개변수를 자동으로 부여해주므로 특별한 이유가 없는 경우에는 on으로 하는 것이 좋습니다.

[트리거 실행 조건]❺은 'DOM 사용 가능(gtm.dom)'으로 둡니다. 'DOM 준비 완료(dtm.dom)' 이외에 '컨테이너 로딩(gtm.js)' 혹은 '윈도우 로딩(gtm.load)'을 선택할 수도 있으나, 기본적으로 이 설정을 바꿀 필요는 없습니다.

[이 트리거는 다음에서 실행됩니다.]⑥는 필요에 따라 트리거가 실행될 위치를 입력합니다. 이 책에서는 '전체 동영상'을 입력했습니다.

≫ 동영상 재생 시 및 재생 완료 시, 또는 일정 시간 재생 여부를 측정할 태그 만들기

다음 그림과 같이 동영상 재생 시 및 재생 완료 시, 또는 일정 시간 재생 여부를 측정할 태그를 만듭니다.

동영상 재생 시 및 재생 완료 시, 또는 일정 시간 재생 여부를 측정할 태그

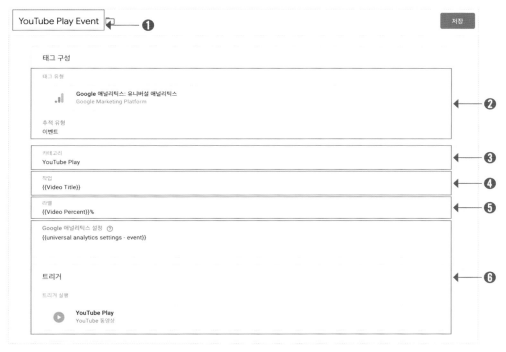

임의의 태그 이름을 입력합니다①. 여기에서는 'YouTube Play Event'라고 입력합니다.

[태그 유형]은 '구글 애널리틱스 – 유니버설 애널리틱스', **[추적 유형]**은 '이벤트'를 선택합니다②.

[카테고리]③에는 임의의 값을 입력합니다. 여기에서는 'YouTube Play'라고 입력합니다.

[작업]④은 기본 제공 변수 'Video Title'을 입력합니다. 'Video Title'을 입력하면 재생된 동영상 제목을 '이벤트 작업'으로 측정할 수 있습니다.

[라벨]⑤은 기본 제공 변수 'Video Percent'를 입력합니다. 또한 필요에 맞춰 문자열 끝에 '%'를 추가합니다. 'Video Percent'를 입력함에 따라 동영상 재생 진척 비율을 '이벤트 라벨'로 측정할 수 있습니다.

[구글 애널리틱스 설정]에는 미리 만들어 둔 '구글 애널리틱스 설정' 변수 'universal analytics settings – event'를 설정합니다. [트리거]에는 앞에서 만든 트리거 'YouTube Play'를 설정합니다❻.

태그를 만들었다면 미리보기 모드에서 동작을 검증합니다.

미리보기 모드를 활성화한 뒤, 구글 태그 관리자의 코드 스니펫이 설치된 웹 페이지에서 유튜브 동영상을 재생해 봅니다.

PDF 파일에서 링크를 클릭했을 때와 마찬가지로 동작하는지 확인한 뒤, 문제가 없다면 '버전 게시와 만들기'를 수행합니다.

█ 웹 페이지에서 '데이터 영역 변수'에 저장된 이벤트 측정하기

지금까지 소개한 것과 같이 트리거만으로는 검지하기 어려운 사용자의 조작을 측정하고 싶은 경우에는 데이터 영역 변수를 이용합니다.

이를 구현하는 단계는 다음과 같습니다.

> ❶ 구글 태그 관리자에서 '데이터 영역 변수'에 저장된 이벤트를 얻어 구글 애널리틱스에 송출하는 설정 추가
>
> ❷ 웹 페이지 안에 '데이터 영역 변수'로 이벤트를 저장할 코드 구현

위 구현 방법에 관해 설명합니다.

≫ 구글 태그 관리자에 설정 추가하기

'데이터 영역 변수'에 저장된 이벤트를 얻어 구글 애널리틱스에 송출하기 위해서는 다음을 구현해야 합니다.

> ❶ 이벤트 속성 정보를 저장할 '데이터 영역 변수' 만들기
>
> ❷ '데이터 영역 변수'에 이벤트가 저장됨을 검지할 트리거 만들기
>
> ❸ '데이터 영역 변수'에 저장된 이벤트를 측정할 태그 만들기

각각의 방법에 관해 설명합니다.

이벤트 속성 정보를 저장할 '데이터 영역 변수' 만들기

이 장 서두에서도 소개했지만, 이벤트는 '카테고리', '작업', '라벨', '값', '비상호작용 조회'의 5가지 속성을 가집니다.

구글 태그 관리자 작업공간에서 **[변수]→[새로 만들기]** 메뉴를 사용해 5가지 속성에 대응하는 '데이터 영역 변수'를 각각 만듭니다.

변수 이름은 각각 'eventCategory', 'eventAction', 'eventLabel', 'eventValue', 'nonInteraction'으로 합니다. '변수 유형'은 '데이터 영역 변수'를 선택합니다.

'카테고리'에 대응하는 '데이터 영역 변수'

'작업'에 대응하는 '데이터 영역 변수'

'라벨'에 대응하는 '데이터 영역 변수'

'값'에 대응하는 '데이터 영역 변수'

'비상호작용 조회'에 대응하는 '데이터 영역 변수'

'데이터 영역 변수'에 이벤트가 저장됨을 검지할 트리거 만들기

다음 그림과 같이, '데이터 영역 변수'에 이벤트가 저장됨을 검지할 트리거를 만듭니다.

※ 이 트리거의 의미에 관해서는 뒤에서 설명합니다.

'데이터 영역 변수'에 이벤트가 저장됨을 검지할 트리거

트리거 이름은 'gaEvent'로 입력합니다. '트리거 유형: 맞춤 이벤트', '이벤트 이름: gaEvent', '이 트리거는 다음에서 실행됩니다: 모든 맞춤 이벤트'로 설정합니다.

'데이터 영역 변수'에 저장된 이벤트를 측정할 태그 만들기

다음 그림과 같이 '데이터 영역 변수'에 저장된 이벤트를 측정할 태그를 만듭니다.

'데이터 영역 변수'에 저장된 이벤트를 측정할 태그

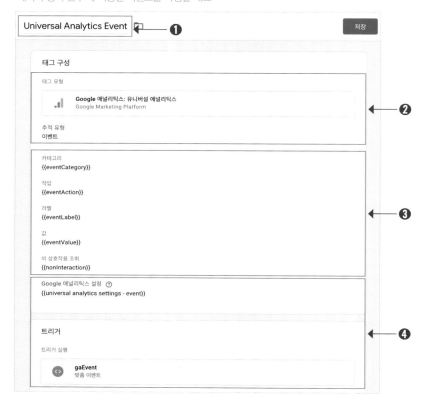

임의의 태그 이름을 입력합니다❶. 여기에서는 'Universal Analytics Event'라고 입력합니다.

[**태그 유형**]은 '구글 애널리틱스 – 유니버설 애널리틱스', [**추적 유형**]은 '이벤트'를 선택합니다❷.

[**카테고리**], [**작업**], [**라벨**], [**값**], [**비상호작용 조회**]에는 앞에서 만든 5개 데이터 영역 변수를 설정합니다❸.

[**구글 애널리틱스 설정**]에는 미리 만들어 둔 '구글 애널리틱스 설정' 변수 'universal analytics settings – event'를 설정합니다. [**트리거**]에는 앞에서 만든 트리거 'gaEvent'를 설정합니다❹.

>> 웹 페이지 안에 이벤트 저장 코드 구현하기

계속해서 '데이터 영역 변수'에 이벤트를 저장할 코드를 웹 페이지 안에 구현합니다.

측정하고자 하는 사용자 조작이 발생하는 경우, 다음 그림과 같은 코드가 실행되게 대상 웹 페이지의 HTML(혹은 자바스크립트) 파일을 수정합니다.

'데이터 영역 변수'에 이벤트를 저장할 코드

```
dataLayer.push({
  'event': 'gaEvent',
  'eventCategory': '이벤트 카테고리에서 측정할 값을 입력하십시오',
  'eventAction': '이벤트 작업에서 측정할 값을 입력하십시오',
  'eventLabel': '이벤트 라벨에서 측정할 값을 입력하십시오',
  'evantValue': 값으로 측정할 값을 입력하십시오,
  'nonInteraction': true or false
});
```

'event': 'gaEvent'라는 '변수 이름'과 '값'의 조합이 '데이터 영역 변수'에 저장되면 트리거 'gaEvent'에 따라 태그 'Universal Analytic Event'가 활성화됩니다.

동시에, 'eventCategory': '이벤트 카테고리에서 측정할 값을 입력하십시오' 등의 코드에 따라 '데이터 영역 변수'에 저장된 값이 태그 'Universal Analytics Event'에 설정된 '카테고리' 등의 속성 정보로 저장됩니다. 따라서 임의의 타이밍에서 임의의 속성을 갖는 이벤트를 측정할 수 있습니다.

코드 구현을 완료했다면 구글 태그 관리자로 돌아가 미리보기 모드에서 동작을 검증합니다.

미리보기 모드를 활성화한 뒤, '데이터 영역 변수'에 이벤트를 저장하는 코드를 구현한 웹 페이지에서 측정 대상이 되는 조작을 수행해 봅니다. PDF 파일에서 링크를 클릭했을 때와 마찬가지로 동작하는 것을 확인한 후에 문제가 없다면 '버전 게시와 만들기'를 수행합니다.

6-3 / 측정된 이벤트 확인하기

이벤트 측정 설정을 완료했다면 구글 애널리틱스의 '행동→이벤트→인기 이벤트' 보고서에서 측정이 올바르게 수행되는지 확인할 수 있습니다.

'행동→이벤트→인기 이벤트' 보고서

'인기 이벤트' 보고서에는 '이벤트 카테고리', '이벤트 작업', '이벤트 라벨' 순으로 정보를 필터링해서 표시합니다.

정보를 필터링해서 표시

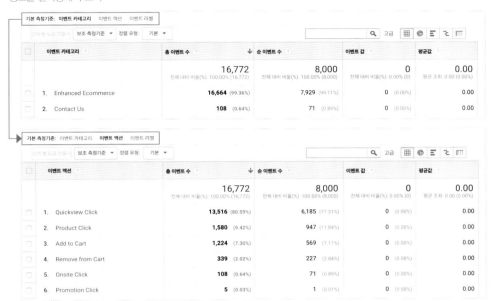

이벤트가 어느 페이지에서 발생했는지 확인하고 싶은 경우에는 보조 측정기준에서 '페이지'를 적용합니다.

이벤트가 발생한 페이지 확인하기

Chapter

7

목표 설정하기

웹사이트에는 각각 운영상 목적과 그에 따른 전환이 설정돼 있습니다. 구글 애널리틱스에서는 '목표' 기능을 사용해 전환을 측정합니다. 이 장에서는 구글 애널리틱스에서 전환에 따른 목표를 설정하고 결과를 확인하는 방법을 설명합니다.

웹사이트는 다양한 목적을 가지고 운영되며, 다양한 목표에 맞춘 '전환'이 존재합니다. 다음 표에 대표적인 '웹사이트 카테고리'별로 '목적'과 '주요 전환'을 정리했습니다.

웹사이트 전환

웹사이트 카테고리	목적	주요 전환
신청 접수 사이트	서비스나 캠페인에 신청한다	자료 요청 신청
채용 사이트	자사를 알리고 채용 응모를 받는다	채용 응모
고객 지원 사이트	고객 만족도를 높인다	지원 완료
EC사이트	상품을 판매한다	회원 등록 상품 구입
브랜드 사이트	상품/서비스에 관한 정보를 소비자에게 전달하고 인상을 남긴다	상품 인지
미디어 사이트	콘텐츠를 읽는다 게재된 광고를 클릭한다	콘텐츠 읽기 게재된 광고 클릭

비즈니스 일환으로 웹사이트를 운영하는 이상 전환이 달성됐는지를 확인하고, 달성/미달성의 원인이 무엇인지를 명확히 알아내 다음 계획 실행으로 연결해야 합니다.

구글 애널리틱스에서는 '목표' 설정 기능을 사용해 앞 표와 같은 웹사이트 전환을 측정합니다.

다음은 전환별로 자주 설정하는 주요 목표들입니다.

전환별 자주 설정하는 주요 목표

주요 전환	목표
자료 요청	자료 요청 완료 화면 표시
신청	신청 완료 화면 표시
지원 완료	지원 완료 메시지 표시
회원 등록	회원 등록 완료 화면 표시
회원 서비스 이용	회원 한정 캠페인 응모 완료
상품 구입	구입 완료 화면 표시

주요 전환	목표
상품 인지	상품 상세 화면 표시 상품 사이트에 일정 기간 체류
콘텐츠 읽기	콘텐츠 읽기 완료(스크롤 완료)
게재된 광고 클릭	게재된 광고 클릭

사전에 목표를 설정해 두면 해당 목표의 달성 상태를 확인할 수 있을 뿐 아니라, 목표를 달성한 세션/사용자, 달성하지 못한 세션/사용자를 구분해 그 원인을 분석할 수 있습니다. 반드시 목표를 설정해 둡시다.

7-2 / 목표 유형과 설정 방법

구글 애널리틱스에서는 각 보기를 대상으로 다음과 같이 5가지 타입의 목표를 20개까지 설정할 수 있습니다.

목표 유형

유형	설명	비고
도달 페이지	특정 페이지의 페이지뷰가 측정된 경우 '목표 완료'를 기록합니다.	–
체류 시간	세션 시간이 일정 시간을 넘은 경우 '목표 완료'를 기록합니다.	–
페이지뷰 수/스크린뷰 수 (세션당)	세션 1회당 일정 수 이상의 페이지뷰 수가 측정된 경우 '목표 완료'를 기록합니다.	'스크린뷰 수'는 모바일 애플리케이션 측정 시 사용하는 지표입니다.
이벤트	특정 이벤트가 측정된 경우 '목표 완료'를 기록합니다.	별도의 이벤트 추적 설정이 필요합니다.
스마트 목표	※ 뒤에서 설명합니다.	※ 뒤에서 설명합니다.

만든 목표는 수정하거나 비활성화할 수는 있지만, 삭제할 수는 없습니다. 따라서 목표를 21개 이상 설정하고 싶은 경우에는 별도의 보기를 만들어야 합니다.

또한 '목표 완료'는 목표를 설정한 시점부터 측정되므로 미리 설정을 수행하는 것이 좋습니다.

유형별 목표 만들기

각 유형의 목표를 만듭니다. 목표는 구글 애널리틱스의 **[관리]**→**[(보기) 목표]❶**에 있는 **[+새 목표]❷**에서 만들 수 있습니다.

'+새 목표'를 클릭하면 '목표 설정'이라는 화면이 표시됩니다. **[맞춤설정]❸**을 선택하고 **[계속]**을 클릭합니다.

※ 설정하고 싶은 목표에 맞는 '템플릿'을 선택함으로써 이후의 설정 작업을 다소 간단히 진행할 수도 있지만, 일반적으로는 '맞춤설정'을 선택하는 경우가 많습니다.

새로운 목표 만들기

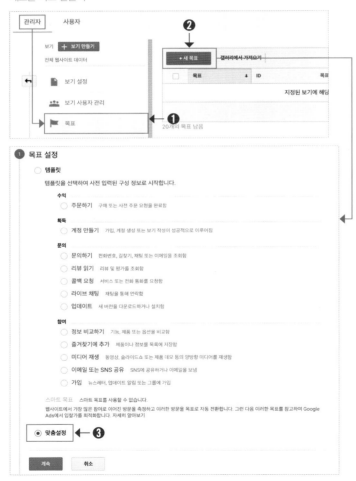

'목표 설명' 화면이 표시됩니다. 다음 그림과 같이 설정합니다.

'목표 설명' 화면

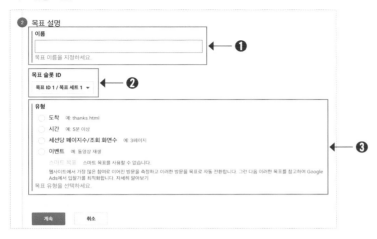

[이름]❶에는 임의의 목표 이름을 입력합니다.

[목표 슬롯 ID]❷에는 임의의 목표 슬롯 ID를 선택합니다. 보통 기본(설정) 상태로 두어도 문제가 없습니다.

[유형]❸은 설정할 목표 유형을 선택합니다.

[계속]을 클릭하면 '목표 세부 정보' 화면이 표시됩니다. 여기에서는 유형별로 설정이 다르므로 유형별로 설명하겠습니다.

'도착' 유형 목표 만들기

'도착' 유형은 특정한 페이지의 페이지뷰가 측정되는 경우 '목표 완료'를 기록합니다.

'도착' 유형 목표 설정

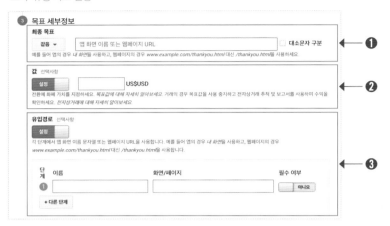

[**최종 목표**]❶ 및 뒤에서 설명할 [유입경로]에는 '행동→사이트 콘텐츠→모든 페이지' 보고서에 도달하는 도메인 '페이지'와 동일한 URL을 입력합니다.

※ 2장에서 설명한 것처럼 '요청 URI에 호스트 이름을 추가하는 필터'를 적용하면 측정기준 '페이지'에 '호스트 이름'이 추가되므로 '도착 페이지'와 '목표 도달 프로세스'에 설정할 URL에도 '호스트 이름'을 추가해야 합니다.

[**값**]❷에는 목표 완료에 해당하는 금액을 설정할 수 있습니다. 여기에서 설정한 금액은 '목푯값'이라는 지표에서 사용할 수 있습니다. 금액을 할당할 필요가 없다면 '해제'로 설정합니다.

[**유입경로**]❸에는 목표 완료까지의 경로를 최대 20단계까지 설정할 수 있습니다. 유입경로를 설정하면 '전환→목표 →유입경로' 보고서에서 미리 설정해둔 목표 도달 상태를 유입경로에 따라 확인할 수 있습니다.

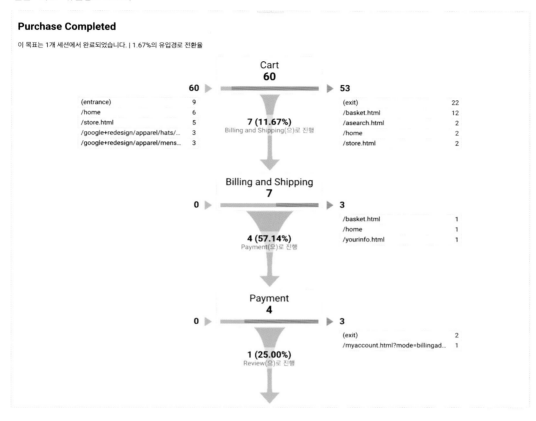

Purchase Completed

이 목표는 1개 세션에서 완료되었습니다. | 1.67%의 유입경로 전환율

Cart
60

60 ▶   ▶ 53

(entrance)	9
/home	6
/store.html	5
/google+redesign/apparel/hats/...	3
/google+redesign/apparel/mens...	3

(exit)	22
/basket.html	12
/asearch.html	2
/home	2
/store.html	2

7 (11.67%)
Billing and Shipping(으)로 진행

Billing and Shipping
7

0 ▶   ▶ 3

/basket.html	1
/home	1
/yourinfo.html	1

4 (57.14%)
Payment(으)로 진행

Payment
4

0 ▶   ▶ 3

| (exit) | 2 |
| /myaccount.html?mode=billingad... | 1 |

1 (25.00%)
Review(으)로 진행

유입경로의 '단계'에 입력한 URL은 '최종 목표'에 설정한 조건과 동일한 조건이 됩니다. 따라서 '같음'을 조건으로 선택한 경우에는 유입경로의 각 단계의 조건이 '같음'이 됩니다.

또한 '단계❶'에는 해당 단계의 필수 여부를 임의로 설정할 수 있습니다. 필수 여부를 '예'로 설정하면 단계❶를 경유해서 달성된 목표 수만 유입경로에 표시됩니다.

'시간' 유형 목표 만들기

'시간' 유형에서는 세션 시간이 일정 시간을 넘긴 경우 '목표 완료'를 기록합니다.

'시간' 유형 목표 설정

[기간]❶에는 목표 완료로 볼 수 있는 '체류 시간'을 입력합니다.

[값]❷에는 목표 완료에 할당할 금액을 설정할 수 있습니다. 여기에서 설정한 금액은 '목푯값'이라는 지표에서 사용됩니다. 금액을 할당할 필요가 없다면 '해제'로 설정합니다.

'세션당 페이지수/조회 화면수' 유형 목표 만들기

'세션당 페이지수/조회 화면수' 유형에서는 한 세션에서 일정 수 이상의 조회 화면 수가 측정된 경우 '목표 완료'를 기록합니다.

'세션당 페이지수/조회 화면수' 유형 목표 설정

[세션당 페이지수/조회 화면수]❶에는 목표 완료로 볼 수 있는 '세션당 페이지수/조회 화면수'를 입력합니다.

[값]❷에는 목표 완료에 할당할 금액을 설정할 수 있습니다. 여기에서 설정한 금액은 '목푯값'이라는 지표에서 사용됩니다. 금액을 할당할 필요가 없다면 '해제'로 설정합니다.

'이벤트' 유형 목표 만들기

'이벤트' 유형에서는 특정 이벤트가 측정된 경우 '목표 완료'를 기록합니다.

'이벤트' 유형 목표 설정

[이벤트 조건]❶에는 목표 완료로 볼 수 있는 '이벤트 조건'을 입력합니다.

[전환 목표값으로 이벤트 값 사용]❷ 기본적으로 전환 목푯값으로 이벤트 값을 사용하게 설정돼 있습니다. 별도의 값을 설정하고자 하는 경우에는 '아니오'로 변경한 뒤 값을 입력합니다.

'스마트 목표' 유형 목표 만들기

'스마트 목표' 유형에서는 구글 애널리틱스가 '세션 시간'이나 '페이지/세션', '지역', '디바이스 카테고리', '브라우저' 등의 정보를 바탕으로 머신러닝으로 각 세션에 스코어링을 하고, 스코어가 높은 세션에 '목표 완료(=스마트 목표 달성)'를 할당하는 구조입니다. 보통 명확한 전환을 규정하기 어려운 경우에 사용합니다.

스마트 목표를 사용하려면 다음 조건을 만족해야 합니다.

- 선택한 구글 애널리틱스 뷰가 구글 광고(Google Ads) 계정과 링크되어 있음(※ 구글 애널리틱스와 구글 광고 간 연결 방법은 14장을 참조하십시오).

- 스마트 목표 설정 30일 이전에 구글 광고 계정에서 선택한 구글 애널리틱스 뷰에 500회 이상의 '클릭 수'가 전송되어 있음 (※ 스마트 목표 설정 후, 30일간 '클릭 수'가 250회 이하로 낮아지면 다시 클릭 수가 500회 이상이 될 때까지 스마트 목표는 비활성화됨).

- 선택한 구글 애널리틱스 뷰의 '히트' 수가 1일 기준 100만 건을 넘지 않음.

- 선택한 구글 애널리틱스 뷰의 '세션' 수가 30일간 1,000만 건을 넘지 않음.

- 구글 애널리틱스 [관리]→[(계정) 계정 설정]→[구글 제품 및 서비스]가 켜져 있음.

'스마트 목표' 유형 목표 설정

7-3 / 목표 완료 상태 확인하기

목표를 설정했다면 '전환' 보고서에서 목표 완료 상태를 확인해 봅니다.

'전환' 메뉴 아래에는 다음과 같은 보고서가 준비되어 있습니다. 이 장에서는 대표적인 보고서만 소개합니다.

'전환' 보고서

'전환→목표→개요' 보고서

'전환→목표→개요' 보고서에는 설정한 목표와 관련된 상황을 확인할 수 있습니다.

'전환→목표→개요' 보고서

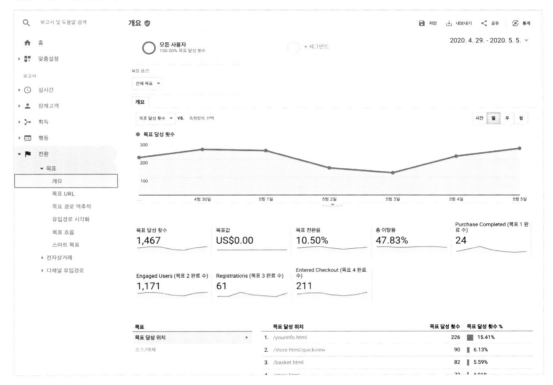

기본적으로 '모든 목표'와 관련된 상태가 표시됩니다. '목표 옵션'에서 표시할 목표를 필터링할 수 있습니다.

'목표 옵션'에서 표시할 목표 필터링

또한 한 목표에 대한 '목표 완료 수'는 한 세션당 1회만 카운트됩니다. 예를 들어, '신청 완료 화면 표시'를 목표로 설정한 경우, 다음 그림과 같이 사용자가 동일한 세션 중에 여러 차례 완료 화면을 봤다고 하더라도 '신청 완료 화면 표시'의 '목표 완료 수'는 '1'이 됩니다.

한 세션당 1회만 카운트됨

'전환→목표→목표 경로 역추적' 보고서

'전환→목표→목표 경로 역추적' 보고서에서는 '목표 완료 위치'에서 3개 이전 페이지부터 '목표 완료 위치'까지의 경로를 확인할 수 있습니다.

'전환→목표→목표 경로 역추적' 보고서

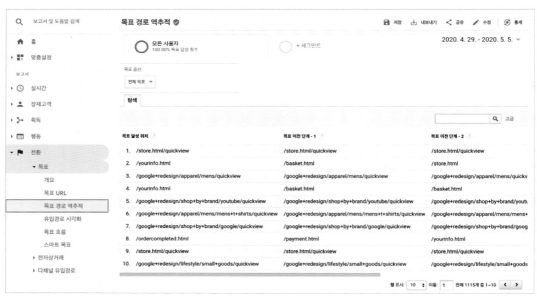

전환 경로로 간주하지 않았던 페이지를 경유해서 사용자가 목표 완료를 한 경우, 해당 페이지로의 진입을 강화하는 등의 방법을 이용해 목표 완료 수를 늘릴 수 있습니다.

'전환→목표→유입경로 시각화' 보고서

앞에서 설명한 것처럼 '전환→목표→유입경로 시각화' 보고서에서는 사전에 설정한 목표 도달 상황을 유입 경로에 따라 확인할 수 있습니다.

'전환→목표→유입경로 시각화' 보고서

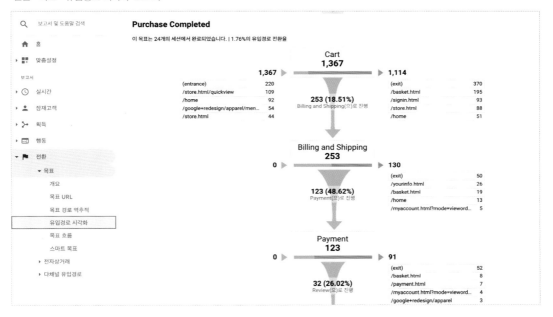

목표 완료 수나 전환율은 물론 사용자의 단계별 이탈을 확인함으로써 개선해야 할 웹 페이지가 어디인지 확인할 수 있습니다.

'전환→다채널 유입경로→인기 전환 경로' 보고서

사용자 중에는 몇 차례 웹사이트에 접속한 뒤 목표를 완료하는 사람도 있을 것입니다. '전환→다채널 유입경로→인기 전환 경로' 보고서에서는 이처럼 사용자가 목표를 완료할 때까지 들렀던 자사 사이트로의 유입경로 이력을 기준으로 목표 완료 상태를 확인할 수 있습니다.

예를 들어, 어떤 사용자가 '세션 시작(유입 소스: Referral)→이탈→세션 시작(소스: Direct)→목표 완료' 와 같은 행동을 한 경우에는 '전환 경로' 보고서의 'MCF 채널 그룹 경로'의 2번째 항목 '추천→직접'에 데이터가 집계됩니다.

'전환→다채널 유입경로→인기 전환 경로' 보고서

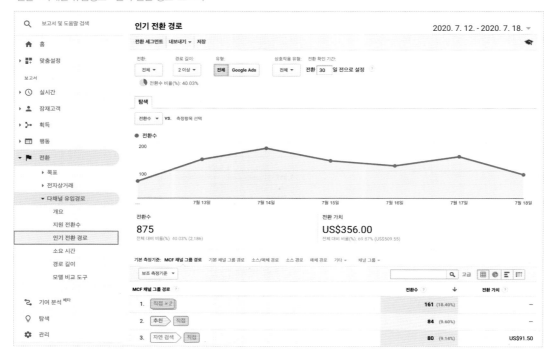

'인기 전환 경로' 보고서에 표시되는 데이터는 다음 설정 내용에 따라 다릅니다.

'인기 전환 경로' 보고서에 표시되는 데이터 설정

[전환]❶에서는 어떤 목표(혹은 거래)와 관련된 데이터를 표시할 것인지를 선택합니다.

어떤 목표와 관련된 데이터를 표시할 것인지 선택

[**경로 길이**]❷는 지정한 횟수만큼 웹사이트에 접속한 사용자 데이터를 표시할지를 선택합니다.

지정한 횟수만큼 접속한 사용자 데이터 표시

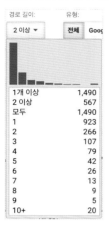

[**유형**]❸은 표시할 데이터 유형을 선택합니다. 'Google Ads'를 선택하면 구글 광고에서 유입된 데이터만 표시합니다.

[**상호작용 유형**]❹에서는 다음 그림과 같이 어떤 데이터를 표시할지 선택할 수 있습니다.

상호작용 유형 선택

[**전환 확인 기간**]❺에서는 목표 완료 시점에서 며칠 이전 유입 데이터까지 표시할지를 선택할 수 있습니다(1~90일 사이).

▋ '전환→다채널 유입경로→모델 비교 도구' 보고서

'전환→다채널 유입경로→모델 비교 도구' 보고서의 내용에 관해 설명하기 전에 '기여'라는 개념에 대해 설명합니다.

›› 기여

많은 구글 애널리틱스 보고서에서 목표 완료와 연결되는 가장 마지막 소스에만 공헌도를 부여합니다.

예를 들면, 다음 그림의 경우에는 '자연 검색'에만 공헌도를 부여하고 '메일'이나 '디스플레이'에는 공헌도를 부여하지 않습니다.

공헌도 부여(가장 마지막 유입 소스에만 할당)

그러나 기여도는 목표 완료로 연결된 가장 마지막 소스뿐만 아니라, 전환 경로상의 다른 소스에 대해서도 공헌도를 나누어 부여하는 방식입니다.

예를 들어, 앞 그림의 사용자는 '자연 검색'에서 유입한 경우 목표를 완료했지만, 그 전에 '메일'이나 '디스플레이'를 경유한 세션이 있었기 때문에 상품을 인지하거나 동기를 얻어 목표 완료에 이르렀을 수 있습니다. 그러므로 다음 그림과 같이 공헌도를 '33%'씩 나눠서 부여하는 것 또한 평가 방법의 한 가지로 고려할 수 있습니다.

공헌도를 나눠서 부여(경유한 소스에도 할당)

공헌도를 어떻게 나눌 것인지는 기여도 모델에 따라 정의됩니다. 구글 애널리틱스에서는 다음과 같은 기여 모델을 제공합니다.

기여 모델

기여 모델	설명
마지막 상호작용	가장 마지막 소스에 공헌도를 100% 부여합니다.
마지막 간접 클릭	'노 리퍼러'를 제외한 가장 마지막 소스에 공헌도를 100% 부여합니다.
Google Ads 마지막 클릭	가장 마지막 소스(구글 광고만 해당)에 공헌도를 100% 부여합니다.
첫 번째 상호작용	최초 소스에 공헌도를 100% 부여합니다.
선형	소스별로 공헌도를 균등하게 부여합니다.
시간 가치 하락	가장 마지막 소스에 가까운 소스일수록 높은 기여도를 부여합니다. ※ 7일 단위로 기여도를 반감해 나눠서 부여합니다.
위치 기반	가장 마지막과 가장 처음 소스에 40%의 기여도를 각각 부여하고, 중간 경로상의 소스에는 20%의 기여도를 나눠서 부여합니다.
데이터 기반	(360 한정) '데이터 기반'은 구글의 독자적인 알고리즘에 따른 모델입니다. 실제 측정된 데이터로부터 모델을 만들기 때문에 분석을 수행하는 사람의 주관에 좌우되지 않고 평가할 수 있습니다.

≫ '전환→다채널 유입경로→모델 비교 도구' 보고서

이제 '전환→다채널 유입경로→모델 비교 도구' 보고서를 확인해 봅니다. '모델 비교 도구' 보고서에는 기본적으로 '마지막 상호작용' 모델 기준으로 측정된 'MCF 채널 그룹'별 전환 수가 표시됩니다.

'전환→다채널 유입경로→모델 비교 도구' 보고서

앞 그림에서 [마지막 상호작용]❶을 클릭하면 기여 모델을 전환할 수 있습니다. 또한 [모델 선택]❷을 클릭하면 최대 3종류의 기여 모델을 선택해 다음 그림과 같이 데이터를 비교해서 표시할 수 있습니다.

기여 모델을 추가해서 데이터 비교하기

활용

Chapter

8

향상된 전자상거래를 사용해
EC사이트 상세 분석하기

향상된 전자상거래를 이용하면 일반 보고서에서는 측정하기 어려운 EC사이트에서의 사용자 행동을 상세하게 측정할 수 있습니다. 이 장에서는 향상된 전자상거래를 사용해 '제품 구입', '제품 장바구니 추가', '제품 정보 표시', '제품 클릭'과 동작을 측정하는 방법을 설명합니다.

EC사이트의 경우에는 7장에서 설명한 목표 설정은 물론, 향상된 전자상거래 추적을 설정하면 웹사이트 상에서의 제품 인지부터 구입까지의 접점을 상세히 분석할 수 있습니다.

구글 애널리틱스에서 제공하는 전자상거래를 측정하는 플러그인은 ecommerce.js(전자상거래)와 ec.js(향상된 전자상거래) 두 가지입니다. 'ecommere.js'는 측정 가능한 항목이 많지 않기 때문에 이 책에서는 'ec.js'를 사용하는 방법을 설명합니다.

※ 'ecommerce.js', 'ec.js'는 둘을 동시에 사용할 수 없으므로 주의합니다.

향상된 전자상거래를 사용해 측정 가능한 접점

향상된 전자상거래를 사용하면 다음과 같은 접점을 측정할 수 있습니다.

향상된 전자상거래를 사용해 측정 가능한 접점

접점(작업 이름)	측정 내용
제품 표시	제품 순위, 카테고리별 목록, 제품 검색 화면 등에서 제품이 표시(임프레션)된 것을 측정합니다.
제품 링크 클릭(click)	제품 정보 페이지의 링크가 클릭된 것을 측정합니다.
제품 정보 표시(detail)	제품 상세 화면 등에서 제품 정보가 표시된 것을 측정합니다.
제품 장바구니 추가/제거(add/remove)	장바구니에 제품이 추가되거나 장바구니에서 제품이 삭제된 것을 측정합니다.
제품 결제 프로세스(checkout)	장바구니 추가 내용 확인이나 주문 내용 확인 등 결제까지의 프로세스를 측정합니다.
제품 결제 옵션(checkout_option)	결제에 관련된 추가 정보를 측정합니다.
제품 구입(purchase)	제품 구입이 완료된 것을 측정합니다.
제품 환불(refund)	구입 완료한 제품의 환불(취소)된 것을 측정합니다.
사내 프로모션 노출	사내 프로모션(특전 페이지 배너 등)이 노출된 것을 측정합니다.
사내 프로모션 클릭(promo_click)	사내 프로모션(특정 페이지 배너 등)이 클릭된 것을 표시합니다.

향상된 전자상거래를 사용해 측정 가능한 항목

향상된 전자상거래를 사용해 다음 4개 항목을 측정할 수 있습니다.

- 노출 데이터(impressions)

- 제품 데이터(products)

- 프로모션 데이터(promotions)

- 액션 데이터(actionField)

각각의 항목에 관해 설명합니다.

>> 노출 데이터(impressions)

노출 데이터는 표시된 상품에 관한 내용을 의미합니다..

노출 데이터

키	타입	필수	설명
id	텍스트	둘 중 하나 필수	제품 ID 혹은 SKY 등
name	텍스트		제품 이름
brand	텍스트	선택	제품과 관련된 브랜드
category	텍스트	선택	제품이 포함된 카테고리. '/'를 사용해 최대 5단계로 지정 가능(예: 의류/남성용/T셔츠)
variant	텍스트	선택	제품 종류(색, 크기 등)
price	통화	선택	제품 가격
list	텍스트	선택	제품이 포함된 목록(예: 검색결과, 순위 등)
position	정수	선택	목록에서의 제품의 위치

>> 제품 데이터(products)

제품 데이터는 장바구니 추가, 구입 완료 등 각 접점(액션)과 관련된 제품 내용을 의미합니다.

제품 데이터

키	타입	필수	설명
id	텍스트	둘 중 하나 필수	제품 ID 혹은 SKY 등
name	텍스트		제품 이름
brand	텍스트	선택	제품과 관련된 브랜드
category	텍스트	선택	제품이 포함된 카테고리. '/'를 사용해 최대 5단계로 지정 가능(예: 의류/남성용/T셔츠)

키	타입	필수	설명
variant	텍스트	선택	제품 종류(색, 크기 등)
price	통화	선택	제품 가격
quantity	정수	선택	제품 개수
coupon	텍스트	선택	제품에 설정된 쿠폰 코드
position	정수	선택	목록에서의 제품의 위치

>> 프로모션 데이터(promotions)

프로모션 데이터는 표시된 프로모션의 내용을 의미합니다.

프로모션 데이터

키	타입	필수	설명
id	텍스트	둘 중 하나 필수	프로모션 ID
name	텍스트		프로모션 이름
creative	텍스트	선택	프로모션을 사용하는 브랜드
position	정수	선택	광고 게재 위치

>> 액션 데이터(actionField)

액션 데이터는 전자상거래에서 발생한 접점(액션) 전체에 관련된 내용을 의미합니다.

액션 데이터

키	타입	필수	설명
id	텍스트	필수	거래 ID. 주문번호 등 거래 고윳값으로 설정. purchase(구입 완료)와 refund(환불) 액션에서 필수
affiliation	텍스트	선택	이 거래 ID가 발생한 상점 혹은 제휴 업체
revenue	통화	선택	거래에서 발생한 합계 이익액 혹은 합계 판매액. 이 항목에는 배송료나 세금 등 합계 이익 계산에 포함되는 금액을 설정함. ※ 이 항목에 값을 설정하지 않는 경우, 동일한 히트의 모든 제품 가격(price)과 제품 수(quantity)를 기반으로 값을 자동으로 계산함
tax	통화	선택	거래에서 발생한 합계 세액
shipping	통화	선택	거래에서 발생한 배송료
coupon	텍스트	선택	거래에서 사용된 쿠폰

키	타입	필수	설명
list	텍스트	선택	대상 제품이 포함된 리스트
step	정수	선택	결제 프로세스 단계를 의미하는 번호. 제품 결제 프로세스 (checkout)에서만 설정
option	텍스트	선택	제품 결제 프로세스(checkout)와 제품 결제 옵션(checkout_option)의 옵션 정보(지불 방법 등)

※ 값 타입이 '통화'인 경우, 자릿수를 의미하는 콤마(,)는 사용하지 않습니다.
　예) (O) 2000000
　　　 (X) 2,000,000

※ 동일 영역에 표시하는 제품의 'list'를 여러 접점('제품 표시'와 '제품 링크 클릭' 등)에서 측정하는 경우에는 동일한 값으로 설정합니다.

향상된 전자상거래를 사용해 측정을 수행하는 경우에는 구글 태그 관리자의 설정과 함께 웹 페이지에 '데이터 영역 변수'에 값을 저장하는 코드를 구현해야 합니다. 결과적으로 더 많은 범위를 측정하고자 할 수록 웹 페이지를 많이 수정해야 합니다.

측정할 범위(접점, 항목)에 관해서는 분석 우선도와 웹 페이지 수정에 따른 영향도를 확인한 후 검토하기 바랍니다. 이 책에서는 구글 태그 관리자를 사용해 '제품 구입', '제품 카드 추가', '제품 정보 표시', '제품 링크 클릭'을 측정하는 방법을 설명합니다.

※ 구글 태그 관리자를 사용하지 않는 경우의 측정 방법에 관한 내용은 다음 페이지를 참조하십시오.

https://developers.google.com/analytics/devguides/collection/analyticsjs/enhanced-ecommerce

구글 애널리틱스에서 전자상거래 보고서 활성화하기

향상된 전자상거래를 사용해 측정을 수행하는 경우, 미리 구글 애널리틱스의 [관리]→[(보기) 전자상거래 설정]❶에서 다음 그림과 같이 [전자상거래 사용]와 [향상된 전자상거래 보고서 사용 설정]을 설정으로 해서❷, 향상된 전자상거래와 관련된 기능을 활성화해야 합니다. 두 항목 모두 '설정'으로 설정한 뒤 [저장]을 클릭해 설정을 완료합니다.

'전자상거래 활성화'와 '향상된 전자상거래 보고서 활성화' 설정

※ 'Checkout Labeling' 설정은 선택 사항입니다. 이 설정은 '결제 프로세스' 측정을 수행할 때 각 단계에 이름을 부여하는 경우 사용합니다. 자세한
　내용은 다음 페이지를 참조하십시오.

 https://developers.google.com/analytics/devguides/collection/analyticsjs/enhanced-
ecommerce#checkout-process

8-2 / '제품 구입' 측정하기

향상된 전자상거래로 제품 구입 완료를 측정합니다. 다음 순서로 측정을 설정합니다.

❶ '데이터 영역 변수'에 값을 저장할 코드 구현

❷ 구글 태그 관리자에서 향상된 전자상거래 기능 활성화

각 단계에 관해 설명합니다.

▍'데이터 영역 변수'에 값을 저장하는 코드 구현하기

제품 구입 완료 시 이동할 웹 페이지(주문 완료 화면 등)에 다음 그림과 같이 '데이터 영역 변수'에 값을
저장할 코드를 추가합니다.

※ 각 항목에 관한 상세 내용은 앞에서 설명한 '향상된 전자상거래로 측정 가능한 항목'을 참조하십시오(p.190).

'데이터 영역 변수'에 값을 저장하는 코드

```
<script>
window.dataLayer = window.dataLayer || [];
dataLayer.push({
  'ecommerce': {
    'purchase': {
      'actionField': {
        'id': 'T12345',
        'affiliation': 'Online Store',
        'revenue': '9550',
        'tax':'850',
        'shipping': '500',
        'coupon': 'SUMMER_SALE'
      },
      'products': [
        {
          'name': 'Triblend Android T-Shirt',
          'id': '12345',
          'price': '2500',
          'brand': 'Google',
          'category': 'Apparel',
          'variant': 'Gray',
          'quantity': 1,
          'coupon': ''
        },
        {
          'name': 'Donut Friday Scented T-Shirt',
          'id': '67890',
          'price': '3000',
          'brand': 'Google',
          'category': 'Apparel',
          'variant': 'Black',
          'quantity': 2
        }
      ]
    }
  }
});
</script>
```

구글 태그 관리자에서 향상된 전자상거래 기능 활성화하기

구글 태그 관리자에서 향상된 전자상거래 기능을 활성화합니다.

제품 구입 완료 시 이동할 웹 페이지를 측정하는 태그에 설정된 '구글 애널리틱스 설정' 변수를 열고, **[기타 설정]→[전자상거래]→[향상된 전자상거래 기능 사용]** 및 **[데이터 영역 사용]**을 활성화합니다.

향상된 전자상거래 기능 활성화

8-3 / '장바구니에 제품 추가' 측정하기

향상된 전자상거래를 사용해 장바구니에 제품이 추가된 것을 측정합니다. 다음 순서로 측정을 설정합니다.

❶ '데이터 영역 변수'에 값을 저장할 코드 구현

❷ 구글 태그 관리자에서 향상된 전자상거래 기능 활성화

각 단계에 관해 설명합니다.

'데이터 영역 변수'에 값을 저장하는 코드 구현하기

장바구니에 추가를 수행한 시점에 실행되도록 다음과 같이 '데이터 영역 변수'에 값을 저장하는 코드를 추가합니다.

※ 각 항목에 관한 상세 내용은 앞에서 설명한 '향상된 전자상거래로 측정 가능한 항목'을 참조하십시오(p.190).

'데이터 영역 변수'에 값을 저장하는 코드

```
dataLayer.push({
    'event': 'addToCart',
    'ecommerce': {
        'add': {
            'products': [{
                'name': 'Triblend Android T-Shirt',
                'id': '12345',
                'price': '2500',
                'brand': 'Google',
                'category': 'Apparel',
                'variant': 'Gray',
                'quantity': 1
            }]
        }
    }
});
```

장바구니에 제품 넣기를 측정할 태그 만들기

구글 태그 관리자에서 다음 그림과 같이 장바구니에 제품 넣기를 검지할 트리거를 추가합니다.

장바구니에 제품 넣기를 검지할 트리거

이어서 다음 그림과 같이 장바구니 제품 넣기를 측정할 태그를 만듭니다.

장바구니에 제품 넣기를 측정할 태그

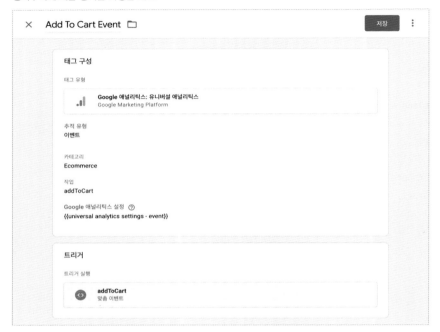

8-4 / '제품 정보 표시' 측정하기

향상된 전자상거래에서 제품 상세 정보가 표시된 것을 측정합니다. 다음 순서로 측정을 설정합니다.

❶ '데이터 영역 변수'에 값을 저장하는 코드 구현

❷ 구글 태그 관리자에서 향상된 전자상거래 기능 활성화

각 단계에 관해 설명합니다.

'데이터 영역 변수'에 값을 저장하는 코드 구현하기

제품 정보를 표시할 웹 페이지(제품 상세 화면 등)에 다음과 같이 '데이터 영역 변수'에 값을 저장하는 코드를 추가합니다.

※ 각 항목에 관한 상세 내용은 앞에서 설명한 '향상된 전자상거래로 측정 가능한 항목'을 참조하십시오(p.190).

'데이터 영역 변수'에 값을 저장하는 코드

```
<script>
window.dataLayer = window.dataLayer || [];
dataLayer.push({
  'ecommerce': {
    'detail': {
      'actionField': {'list': 'Apparel Gallery'},
      'products': [{
        'name': 'Triblend Android T-Shirt',
        'id': '12345',
        'price': '2500',
        'brand': 'Google',
        'category': 'Apparel',
        'variant': 'Gray'
      }]
    }
  }
});
</script>
```

구글 태그 관리자에서 향상된 전자상거래 기능 활성화하기

구글 태그 관리자에서 향상된 전자상거래 기능을 활성화합니다.

'제품 구입'을 측정한 경우와 동일하게 구글 태그 관리자에서 제품 정보를 표시할 웹 페이지(제품 상세 화면 등)를 측정하는 태그에 설정된 '구글 애널리틱스 설정' 변수의 [기타 설정]→[전자상거래]→[향상된 전자상거래 기능 사용] 및 [데이터 영역 사용]을 활성화합니다.

향상된 전자상거래 기능 활성화

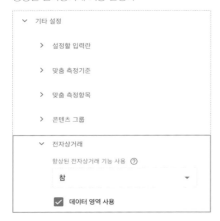

8-5 / '제품 링크 클릭' 측정하기

향상된 전자상거래를 사용해 제품 상세 정보 페이지 링크 클릭을 측정합니다. 다음 순서로 측정을 설정합니다.

❶ '데이터 영역 변수'에 값을 저장하는 코드 구현

❷ 구글 태그 관리자에서 제품 클릭 측정용 태그 만들기

각 단계에 관해 설명합니다.

▎'데이터 영역 변수'에 값을 저장하는 코드 구현하기

제품 링크를 클릭한 시점에 실행되도록 다음과 같이 '데이터 영역 변수'에 값을 저장하는 코드를 추가합니다.

※ 각 항목에 관한 상세 내용은 앞에서 설명한 '향상된 전자상거래로 측정 가능한 항목'을 참조하십시오(p.190).

'데이터 영역 변수'에 값을 저장하는 코드

```
dataLayer.push({
  'event': 'productLinkClick',
  'ecommerce': {
    'click': {
```

```
      'actionField': {'list': 'Search Results'},
      'products': [{
        'name': 'Triblend Android T-Shirt',
        'id': '12345',
        'price': '2500',
        'brand': 'Google',
        'category': 'Apparel',
        'variant': 'Gray',
        'position': 1
      }]
    }
  },
});
```

제품 링크 클릭 측정용 태그 만들기

구글 태그 관리자에 다음 그림과 같이 제품 링크 클릭 시 검지할 트리거를 추가합니다.

제품 링크 클릭을 검지할 트리거

다음으로 제품 링크 클릭을 측정할 태그를 만듭니다.

제품 링크 클릭 측정용 태그

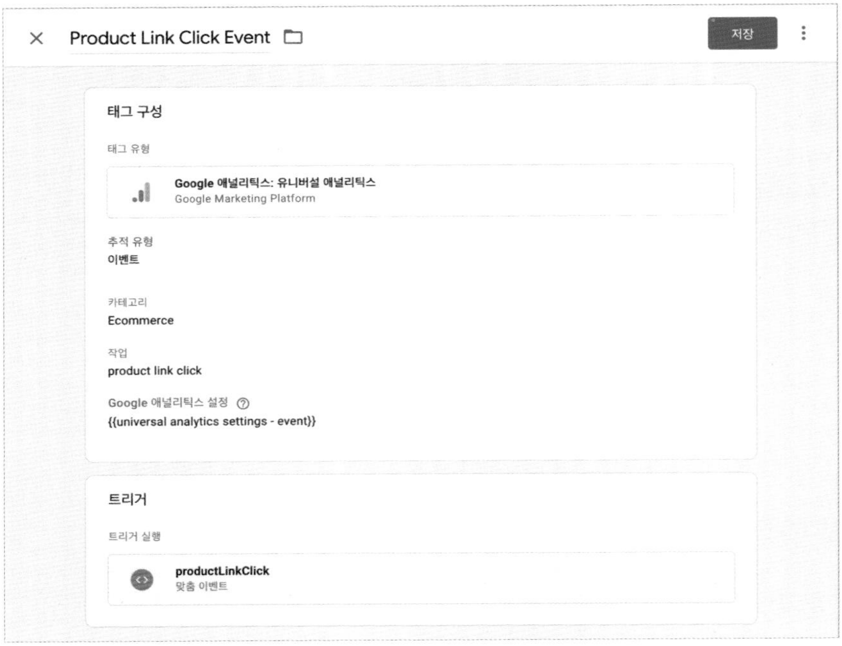

8-6 / '제품 범위' 맞춤 측정기준 추가하기

향상된 전자상거래 구현을 검토하는 경우, 다음과 같은 어려움에 부딪힐 수 있습니다.

- 측정하고자 하는 제품 정보에 맞는 측정기준이 없음

- 측정하고자 하는 제품 정보의 수보다 측정기준의 수가 적음

이런 경우에는 '제품 범위'의 '맞춤 측정기준'을 사용해 봅니다. 맞춤 측정기준이란 구글 애널리틱스에서 기본으로 제공되지 않는 측정기준을 임의로 추가하는 기능입니다.

전자책을 판매하는 웹사이트에서 '디자이너'라는 정보를 측정하고 싶은 경우를 예로 들어 제품 범위의 맞춤 측정기준을 사용하는 방법을 설명합니다.

구글 애널리틱스 설정 추가하기

가장 먼저 맞춤 측정기준을 만듭니다.

구글 애널리틱스의 [**관리**]→[**(속성) 측정기준**]→[**맞춤 측정기준**]에서 [**+새 맞춤 측정기준**]❶을 클릭합니다.

'맞춤 측정기준 추가' 화면이 표시됩니다. [**이름**]❷에 적절한 이름을 입력합니다(여기에서는 '디자이너'라고 입력했습니다). [**범위**]❸는 '제품'을 선택합니다. 정의가 완료됐다면 [**만들기**]를 클릭합니다.

맞춤 측정기준 만들기

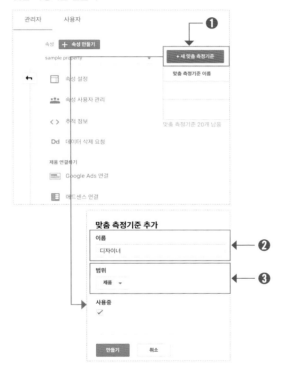

'생성된 맞춤 측정기준' 화면이 표시됩니다. 내용을 확인하고 [**만들기**]를 클릭합니다.

생성된 맞춤 측정기준

생성된 맞춤 측정기준

이 측정기준의 예제 코드

사용 중인 플랫폼에 맞게 다음 코드 스니펫을 복사하세요. dimensionValue는 반드시 사용자에 해당하는 값으로 바꿔야 합니다.

자바스크립트(gtag.js)

gtag.js를 사용하여 맞춤 측정기준을 설정하는 방법과 관련된 자세한 내용은 **gtag.js 개발자 문서**를 참조하세요.

자바스크립트(유니버설 애널리틱스 속성에만 실행)

```
var dimensionValue = 'SOME_DIMENSION_VALUE';
ga('set', 'dimension1', dimensionValue);
```

Android SDK

```
String dimensionValue = "SOME_DIMENSION_VALUE";
tracker.set(Fields.customDimension(1), dimensionValue);
```

iOS SDK

```
NSString *dimensionValue = @"SOME_DIMENSION_VALUE";
[tracker set:[GAIFields customDimensionForIndex:1] value:dimensionValue];
```

[완료]

만든 맞춤 측정기준 목록 화면이 표시됩니다. 추가한 맞춤 측정기준의 '지수' 값을 확인합니다. 이 값은 '데이터 영역 변수'에 값을 저장할 코드를 구현할 때 필요합니다.

맞춤 측정기준 '지수' 값 확인

맞춤 측정기준 이름	지수 ↓	범위	최종 수정:	상태
디자이너	1	제품	2020. 4. 25.	사용중

+ 새 맞춤 측정기준　　　　🔍 검색

'데이터 영역 변수'에 값을 저장하는 코드 구현하기

계속해서 '데이터 영역 변수'에 값을 저장할 코드를 구현합니다. 코드 'products'에 'dimension{맞춤 측정기준의 지수}'를 추가합니다.

맞춤 측정기준 지수가 '1'인 제품 범위의 맞춤 측정기준을 측정하는 경우는 다음과 같습니다.

'데이터 영역 변수'에 값을 저장할 코드

```
<script>
window.dataLayer = window.dataLayer||[];
```

```
dataLayer.push({
  'event': 'addToCart',
  'ecommerce': {
    'add': {
      'products': [{
        'name;: 'Triblend Android T-Shirt',
        'id': '12345',
        'price': '2500',
        'brand': 'Google',
        'category': 'Apparel',
        'variant': 'Gray',
        'quantity': 1,
        'demension1': 'Taro Netcom'
      }]
    }
  }
});
<script>
```

이런 방법으로 제품 범위의 맞춤 측정기준을 측정할 수 있습니다.

8-7 / 향상된 전자상거래 추적 구현 시 주의 사항과 대응책

1장에서 소개한 'Measurement Protocol'(p.12)에서는 한 히트당 발생하는 데이터를 POST하는 경우 8,192바이트, GET하는 경우 8,000바이트 이내로 해야 합니다. 데이터 전송량이 이를 초과하는 경우에는 향상된 전자상거래 데이터뿐만 아니라 구글 애널리틱스의 히트 자체가 측정되지 않습니다.

※ 자세한 내용은 다음 페이지를 참조하십시오.

https://developers.google.com/analytics/devguides/collection/protocol/v1/reference#transport

바이트 수 계산은 URL 인코딩 후 수행되므로 한글은 1문자당 9바이트가 됩니다. 또한 데이터 내용뿐만 아니라 매개변수 이름이나 '=' 및 '&' 기호 또한 고려해야 합니다.

예를 들어, 향상된 전자상거래의 variation(ta)에 '위키북스'를 설정하면 Measurement Protocol의 URL 값은 다음과 같이 40바이트로 계산됩니다.

```
&ta=%EC%9C%84%ED%82%A4%EB%B6%81%EC%8A%A4
```

특히 '제품 표시', '제품 결제 프로세스', '제품 구입'과 같이 한 히트에서 여러 제품 정보를 측정하는 경우 위 데이터 전송량 제한을 넘는 경우가 발생합니다.

일부 히트가 측정되지 않으면 이후 분석/활용 과정에서 문제가 발생하므로 데이터 전송량 제한을 넘지 않게, 측정하는 각 항목의 문자 타입, 최대 문자 수 및 1회에 측정되는 최대 제품 수 사양을 확인한 뒤 측정할 제품 숫자 또는 문자 수를 제한하는 등의 대응을 수행해야 합니다.

※ 바이트 수를 계산할 때는 향상된 전자상거래뿐만 아니라 페이지 제목, 페이지 URL, 맞춤 측정기준 등 구글 애널리틱스에서 측정하는 모든 항목을 고려해야 합니다.

또한 구글 애널리스틱에 데이터 송출 시 Measurement Protocol의 상세 정보는 'Google Analytics Debugger' 등의 도구에서 확인할 수 있습니다.

※ 'Google Analytics Debugger'에 관한 자세한 내용은 '칼럼: 구글 크롬 확장 기능 이용하기'를 참조하십시오(p.136).

데이터 가져오기로 제품 메타 데이터 보완하기

구글 애널리틱스의 '데이터 가져오기'는 구글 애널리틱스 외부에 저장된 CSV 형식의 데이터를 구글 애널리틱스로 가져오는 기능입니다.

가져올 수 있는 데이터 종류는 다음과 같습니다.

※ 각 종류에 관한 상세 내용은 다음 링크를 참조하십시오.

https://support.google.com/analytics/answer/3191589

가져올 수 있는 데이터 유형

데이터셋	데이터 유형
(360한정) CRM 데이터	Salesforce
조회 데이터	환불 데이터
확장 데이터	사용자 데이터
	캠페인 데이터
	지역 데이터
	콘텐츠 데이터
	제품 데이터
	맞춤 데이터
요약 데이터	비용 데이터

가져온 데이터와 구글 애널리틱스로 수집한 데이터는 공통 측정기준을 기반으로 통합됩니다.

가져온 데이터 통합

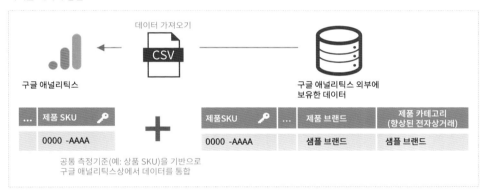

일반적인 유스케이스는 다음과 같습니다.

- ▪ '제품 SKU'를 기반으로 '제품 브랜드'나 '제품 카테고리(향상된 전자상거래)' 정보 가져오기

- ▪ 'User ID'를 기반으로 사용자 인구통계 정보 가져오기

- ▪ '참조원', '매체', '캠페인' 등을 기반으로 '비용' 정보 가져오기

다음 2가지 경우에 해당하는 데이터를 가져와 구글 애널리틱스에서 표시할 수 있어 매우 편리한 기능입니다.

- 송출 데이터 상한값을 초과하는 양(향상된 전자상거래 관련)의 데이터

- 웹 페이지에 출력하기 어려운(출력하기 위해 수정 비용이 들거나 사용자가 보는 영역에 출력하면 개인 정보 정책상 문제가 되는) 데이터

단, 무료 버전의 구글 애널리틱스를 이용하는 경우에는 키에 해당하는 데이터를 측정하기 전에 키에 대응하는 정보를 미리 임포트해 두어야 한다는 점에 주의합니다.

※ 구글 애널리틱스 360에서는 과거에 측정한 키에 대해서도 확장 데이터를 가져올 수 있습니다.

제품 데이터 가져오기

제품 데이터 가져오기는 다음 3단계로 진행합니다.

❶ 가져올 데이터 내용을 정의한 데이터셋 만들기

❷ 데이터셋 정의에 맞춰 가져올 CSV 파일 만들기

❸ CSV 파일 가져오기

각 단계에 관해 설명합니다.

〉〉 가져올 데이터 내용을 정의한 데이터셋 만들기

가져올 데이터의 내용을 정의한 데이터셋을 만듭니다.

데이터셋은 구글 애널리틱스의 [관리]→[(속성) 데이터 가져오기]❶에서 [Create]❷를 클릭해서 만듭니다.

데이터셋 만들기

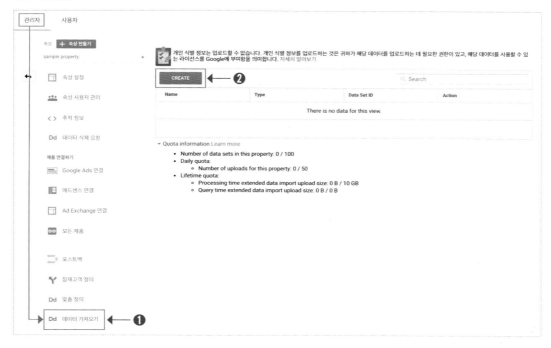

다음 그림과 같이 'Data Set type'을 선택하는 화면이 표시됩니다. 'Product data'를 선택한 뒤, [Continue]를 클릭합니다.

Data Set type 선택하기

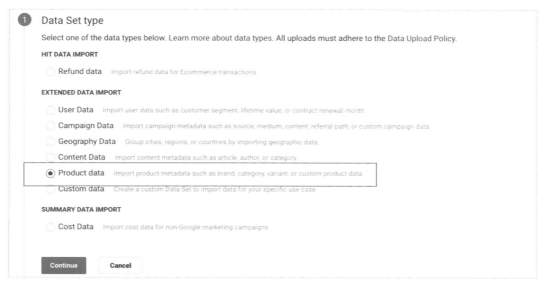

'Data Set details' 설정 화면이 표시됩니다. [Name]❶에 적절한 이름을 입력합니다(여기에서는 '제품 마스터'라고 입력합니다). [Enabled View]❷에 데이터 가져오기의 대상 뷰를 선택합니다. 설정을 완료하고 나면 [Continue]를 클릭합니다.

데이터셋 상세 설정

※ 구글 애널리틱스 360에서는 'Data Set details' 단계가 'Import behavior'로 되어 있습니다. 자세한 내용은 다음 페이지를 참조하십시오.

https://support.google.com/analytics/answer/6071511?hl=ko

'Data Set schema' 설정 화면이 표시됩니다. 'Imported Data'에서 [Select Key]❶를 클릭합니다. 가져올 수 있는 측정기준 목록이 표시됩니다❷. 다음 그림과 같이 가져올 측정기준을 선택합니다.

가져올 측정기준 선택하기

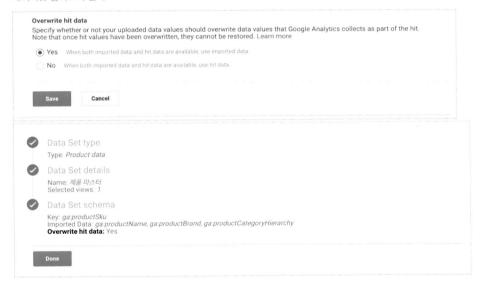

'Overwrite hit data'는 임의로 'Yes' 혹은 'No'를 선택합니다. 다음 그림의 예에서는 'Yes'를 선택했습니다. [Save]를 클릭하면 설정 확인 화면이 표시됩니다. [Done]을 클릭합니다.

이상으로 데이터셋 만들기를 마쳤습니다.

데이터셋 덮어쓰기 선택

〉〉 데이터셋 정의에 맞춰 가져올 CSV 파일 작성하기

다음 2가지 방법으로 구글 애널리틱스로 데이터를 가져올 수 있습니다.

- 구글 애널리틱스 관리 화면에서 수동으로 가져오기

- 구글 애널리틱스 Management API로 가져오기

이 책에서는 전자의 방법을 설명합니다.

※ 구글 애널리틱스 Management API에 관해서는 다음 페이지를 참조하십시오.

 https://developers.google.com/analytics/devguides/config/mgmt/v3/data-import

가져올 CSV 파일을 만듭니다.

구글 애널리틱스의 [관리]→[(속성) 데이터 가져오기]에서 [Manage uploads]❶를 클릭합니다. 다음으로 [Get schema]❷를 클릭하면 표시되는 화면에서 [Download schema template]❸을 클릭해 파일을 다운로드합니다.

템플릿 파일 다운로드 시작하기

다운로드한 템플릿 파일(CSV 형식)을 Excel 등에서 열고, 각 열에 적절한 값을 입력합니다.

CSV 파일 수정하기

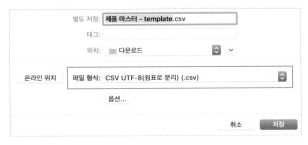

CSV 파일의 문자 코드는 'UTF-8'로 설정해야 합니다. Excel에서 저장하는 경우, 다음과 같이 문자 코드를 UTF-8로 변환합니다.

'UTF-8'로 저장하기

›› CSV 파일 가져오기

마지막으로 만든 CSV 파일을 구글 애널리틱스에서 가져옵니다.

데이터 가져오기는 [관리]→[(속성) 데이터 가져오기]를 열고, 앞에서 만든 데이터셋 행의 [Manage uploads]를 선택한 뒤, [Upload file]을 클릭해서 실행합니다.

CSV 파일 업로드 시작하기

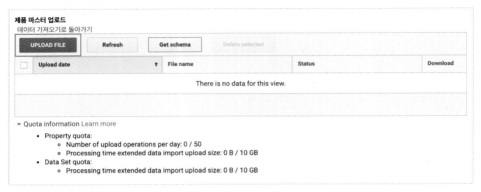

다음 그림과 같이 업로드할 CSV 파일을 선택하는 대화 상자가 표시됩니다. 앞에서 만든 파일을 선택하고 [Upload] 버튼을 클릭합니다.

파일을 선택해 업로드하기

파일 업로드가 완료되면 다음 그림과 같이 Status가 'Completed'로 표시됩니다.

파일 가져오기 완료

※ 파일 업로드 시 에러가 발생하는 경우에는 다음 페이지를 참고해 대처하십시오.

 https://support.google.com/analytics/answer/3271778

 https://support.google.com/analytics/answer/6176020

앞에서 설명한 과정을 수행하면 '제품 SKU(id)'만 '데이터 영역 변수'에 설정한 경우에도 CSV 파일에 정의한 '제품 이름', '제품 카테고리(향상된 전자상거래)', '제품 브랜드'가 보고서에 표시됩니다.

8-8 / 향상된 전자상거래를 사용해 측정된 내용 확인하기

향상된 전자상거래 측정 설정을 완료했다면 '전환' 보고서에서 측정이 올바르게 수행되는지 확인합니다. 이 장에서는 향상된 전자상거래에 관련된 주요 보고서를 소개합니다.

'전환→전자상거래→개요' 보고서

'전환→전자상거래→개요' 보고서에서는 전자상거래 일/월간 수익, 전환율, 거래 수를 확인할 수 있습니다.

'전환→전자상거래→개요' 보고서

'전환→전자상거래→매출 실적' 보고서

'전환→전자상거래→매출 실적' 보고서에서는 거래(주문) 단위로 분석을 수행할 수 있습니다.

'전환→전자상거래→매출 실적' 보고서

'전환→전자상거래→제품 실적' 보고서

'전환→전자상거래→제품 실적' 보고서에서는 '제품'을 기준으로 한 내용을 확인할 수 있습니다.

'전환→전자상거래→제품 실적' 보고서

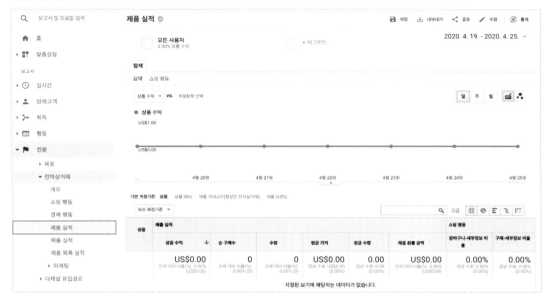

'제품 카테고리(향상된 전자상거래)' 또는 '제품 브랜드'를 측정하는 경우, 기본 측정기준을 변경해 각 축의 측정 결과를 표시할 수 있습니다.

예를 들어, 기본 측정기준을 '제품 카테고리(향상된 전자상거래)'로 변경하면 다음 그림과 같이 표시됩니다.

'제품 카테고리(향상된 전자상거래)'를 축으로 집계 결과 표시

또한 '탐색'에서 '쇼핑 행동'을 선택하면 '제품'이나 '제품 카테고리(향상된 전자상거래)'별로 장바구니에 추가된 수와 실제 구입된 수를 확인할 수 있습니다.

'쇼핑 행동' 선택

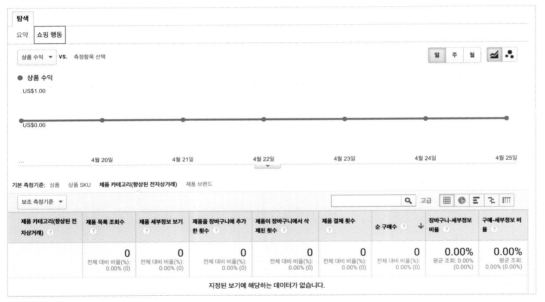

Chapter

9

사용자를 더 잘 이해하기 위한 준비

구글 애널리틱스에서 기본으로 제공하는 보고서만으로도 사용자와 관련된 정보를 상세히 알 수 있지만, 약간의 설정을 추가하면 사용자를 더 상세히 구분해서 분석할 수 있습니다. 이 장에서는 '광고 기능', '구글 시그널', 'User-ID 기능', '데이터 가져오기'를 사용해 자세한 정보를 얻는 방법을 설명합니다.

3장에서 소개한 것처럼 구글 애널리틱스에서는 사용자가 웹사이트에 접속할 때 있던 '지역'과 사용한 '기기 카테고리'를 기본적으로 확인할 수 있습니다.

'지역'과 '기기 카테고리' 정보

이 데이터만으로도 충분히 강력하지만, 약간의 설정을 추가하면 사용자에 관한 데이터를 더 깊이 있게 파고들어 분석할 수 있습니다. 이 장에서는 다음 설정에 관해 설명합니다.

- 광고 기능
- 구글 신호 데이터
- User-ID 기능
- 데이터 가져오기

'광고 기능'에는 크게 2가지 기능이 있습니다.

한 가지는 구글 최적화 도구, 구글 광고, Display & Video 360과 연동해 캠페인 운용을 더욱더 효율적/효과적으로 수행하기 위한 기능입니다. 이 기능에 관해서는 뒤에서 상세하게 설명합니다.

다른 한 가지는 '사용자' 인구통계 정보를 얻기 위한 기능입니다. '광고 기능'이라는 표현 때문에 광고주 혹은 광고대행사에 제한된 기능으로 보기도 하지만, 이 사용자 인구통계 정보를 얻는 기능은 광고를 송출하지 않는 구글 애널리틱스 사용자에게 매우 유용한 기능입니다.

구체적으로 어떤 사용자의 속성 정보를 얻는지에 관해 두 가지 보고서를 소개합니다.

'잠재고객→인구통계→연령' 보고서

'잠재고객→인구통계→연령' 보고서에서는 사용자의 '연령'층별로 집계 결과를 확인할 수 있습니다.

※ '연령'은 구글 계정의 등록 정보나 브라우저 열람 이력 등에 기반해 추정됩니다.

'잠재고객→인구통계→연령' 보고서

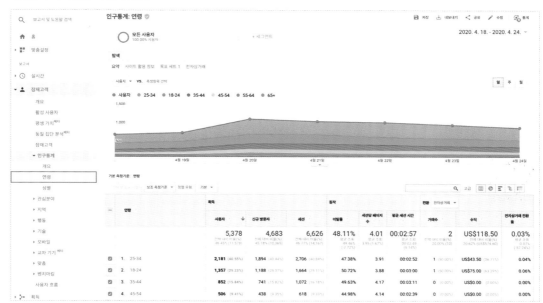

'잠재고객→관심분야→관심도 카테고리' 보고서

'잠재고객→관심분야→관심도 카테고리' 보고서에서는 사용자의 '관심도 카테고리(도달범위)'별 집계 결과를 확인할 수 있습니다.

※ 관심도 카테고리는 브라우저 열람 이력에 기반해 추정됩니다.

'잠재고객→관심분야→관심도 카테고리' 보고서

이와 같이 보고서 화면에서 사용자의 '연령', '성별', '흥미/관심'별로 구분된 데이터를 확인할 수 있음은 물론 세그먼트 등을 활용해 다양한 데이터를 사용할 수 있기 때문에 폭넓은 분석이 가능합니다.

※ 사용자 인구통계와 관심분야 카테고리에 관한 자세한 내용은 다음 페이지를 확인하십시오.

https://support.google.com/analytics/answer/2799357

광고 기능 활성화하기

'광고 기능'을 활성화하는 경우에는 다음 도움말의 '구글 애널리틱스 광고 기능에 대한 정책 요구사항'을 준수해야 합니다.

  https://support.google.com/analytics/answer/2700409

자사 사이트 개인 정보 정책의 변경이 필요한 경우가 있으므로 법무 담당자와 상담 후 확인해 주십시오.

정책 요구사항을 준수하는 데 문제가 없다면 [관리]→[(속성) 추적 정보]→[데이터 수집]❶에서 [광고 보고서 기능]❷을 '설정'으로 변경해 광고 기능을 활성화합니다.

※ '리마케팅'은 필요에 따라 '설정'으로 변경합니다.

'광고 보고서 기능' 설정하기

계속해서 [관리]→[(속성) 속성 설정]❶에서 [인구통계 및 관심분야 보고서 사용]❷을 '설정'으로 변경하면 앞에서 설명한 '잠재고객→인구통계', '잠재고객→관심분야' 하위 보고서를 사용할 수 있습니다.

'인구통계 및 관심분야 보고서 사용' 설정

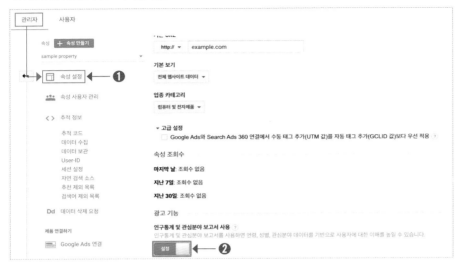

9-3 / 구글 신호 데이터 활성화하기

구글 신호 데이터를 활성화하면 구글 애널리틱스는 구글 계정으로 로그인한 사용자 데이터에 기반한 교차 기기 데이터를 집계(추정)하기 시작합니다.

측정된 교차 기기 데이터는 다음 그림과 같이 '잠재고객→교차 기기' 하위 보고서를 만들 때 사용됩니다.

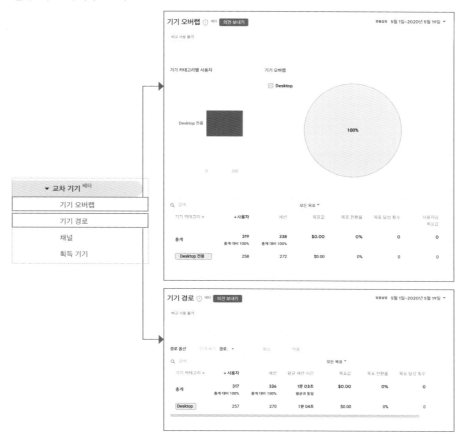

'교차 기기' 보고서를 통해 다음을 알 수 있습니다.

- 얼마나 많은 사용자가 여러 기기를 이용해 웹사이트에 접속하고 있는지

- '모바일만' 사용하는 사용자와 비교해 'Desktop+모바일'을 사용하는 사용자의 전환율이 높은지 또는 낮은지

- '모바일'로 접속한 후 'Desktop'으로 웹사이트에 접속한 사용자의 수익은 어느 정도인지

구글 신호 데이터를 활성화하는 방법을 설명합니다.

구글 신호 데이터 활성화하기

구글 신호 데이터를 활성화하려면 먼저 **[관리]→[(속성) 추적 정보]→[데이터 수집]❶**에서 **[시작하기]❷** 를 클릭합니다.

구글 신호 데이터 활성화하기

이어서 **[계속]❶**을 클릭하고 구글 신호 데이터를 활성화할 속성을 선택한 뒤❷, **[활성화]❸**를 클릭합니다.

구글 신호 데이터를 활성화 할 속성 선택하기

마지막으로 다음 그림과 같은 화면이 표시됩니다. **[완료]**를 클릭하면 구글 신호 데이터가 활성화됩니다.

구글 신호 데이터 활성화하기

구글 신호 데이터를 활성화하면 '광고 기기'도 활성화됩니다.

※ '광고 기기'를 활성화하는 경우와 마찬가지로 '구글 애널리틱스의 광고 기기에 관한 정책 요구사항'을 준수해야 합니다. 구글 신호 데이터의 자세한 사양에 관해서는 다음 페이지를 참조하십시오.

 https://support.google.com/analytics/answer/7532985

9-4 / User-ID 측정하기

앞에서 설명한 것처럼 구글 신호 데이터를 활용한 교차 기기 기능에서는 구글 계정의 로그인 정보를 이용합니다. 한편, 구글 애널리틱스는 사용자의 회원 번호와 같은 고유 식별자로 교차 기기를 구현하는 'User-ID 기능'도 제공합니다.

구글 애널리틱스의 User-ID 기능을 이용하면 여러 기기(브라우저)에서 발생한 데이터를 'User ID'라는 측정 기준에 기반해 모아서 측정할 수 있습니다.

'User-ID 기능' 개요

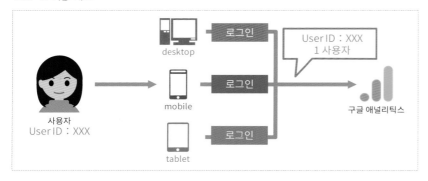

※ 웹사이트 이용자별로 기기(브라우저)를 동일하게 인식할 수 있는 고유의 ID를 할당하는 구조가 필요하므로 사용자를 식별할 수 없는(즉, 로그인 기능이 없는) 웹사이트에서는 사용할 수 없습니다.

User-ID 기능 활성화, User-ID 보기 만들기

[관리]→[(속성) 추적 정보]→[User-ID]❶에서 User-ID 기능을 활성화할 수 있습니다.

'User-ID'를 클릭하면 다음 그림과 같이 'User-ID 정책 검토' 항목이 표시됩니다. 자사 사이트의 개인 정보 정책의 변경이 필요한 경우가 있으므로 법무 담당자와 상담 후 확인하기 바랍니다.

정책을 준수할 수 있는 것으로 확인되면 [User-ID 정책에 동의합니다]❷를 '설정'으로 변경합니다.

User-ID 기능 활성화하기

이어서 다음 그림과 같이 '추적 코드에 User-ID를 구현하는 방법'이 표시됩니다. 그러나 구글 태그 관리
자를 이용한 방법을 뒤에서 설명할 것이므로 이 부분은 넘어갑니다.

추적 코드에 User-ID를 구현하는 방법

추적 코드에 User-ID를 구현하는 방법

Google 애널리틱스는 User-ID로 지정되는 고유한 ID를 생성, 할당 또는 관리할 수 없습니다. 이 기능을 사용하려면 ID를
만든 후 데이터와 지속적으로 연결할 수 있어야 합니다. 일반적인 시나리오에서는 인증 시스템을 통해 이 ID를 생성한 후 로
그인 시 계정에 전달한 다음 Google 애널리틱스에 전송할 수 있습니다.

추적 코드에 아래 줄을 추가하여 User-ID 데이터를 Google 애널리틱스에 전송하세요.

범용 사이트 태그 추적 코드(gtag.js):

gtag('set', {'user_id': 'USER_ID'}); // 로그인한 User-ID를 사용하여 User-ID를 설정합니다.

유니버설 애널리틱스 추적 코드(analytics.js):

ga('set', 'userId', 'USER_ID'); // 로그인한 User-ID를 사용하여 User-ID를 설정합니다.

USER_ID 값은 문자열로서 시스템에서 가져온 안정적이고 고유한 ID를 나타냅니다.

또한 다음 그림에 있는 '세션 통합'은 기본값인 '설정'인 상태로 **[다음 단계]**를 클릭합니다.

세션 통합

세션 통합

세션 통합을 사용하는 경우, ID 값이 처음으로 할당된 시점의 세션에서 발생했다면 User-ID가 할당되기 전에 발생한 조회수도
ID와 연결할 수 있습니다. 세션 통합을 사용하지 않으면 User-ID에 연결된 데이터만 수집됩니다. 세션 통합에 대해 자세히 알아
보기

설정

권장사항

- 시스템에서 사용자를 식별한 후에 USER_ID 필드를 설정해야 합니다.
- 세션에서의 모든 조회수에 대해 값을 설정해야 합니다. 페이지에서의 모든 추가 애널리틱스 조회수에 이 값이 포함되도
  록 하려면 set 메소드를 사용하는 것이 좋습니다.
- 사용자가 식별된 것으로 간주되는 다음 페이지는 모두 이 값을 설정해야 합니다.
- 세션 통합에 따른 영향에 대해 알아보도록 합니다. 세션 통합은 기본적으로 사용으로 설정되어 있지만 필요한 경우 이를
  해제할 수 있습니다. 세션 통합에 대해 자세히 알아보세요.

User-ID 설정 **방법**에 대해 자세히 알아보기

다음 단계

'User-ID 보기 만들기' 화면이 표시됩니다. **[만들기]**를 클릭하고 다음으로 진행합니다.

User-ID 보기 설정 화면이 표시됩니다. 다음 그림과 같이 설정합니다.

User-ID 보기 설정하기

[이 보기에서 추적할 데이터 선택]❶은 '웹사이트'를 선택합니다.

[보고서 속성 보기 이름]❷은 임의로 입력합니다(여기에서는 'User-ID 보기'로 입력했습니다).

[**보고 시간대**]❸는 '대한민국'을 입력합니다.

[**사용자 ID 보고서 표시**]❹는 '설정' 상태로 합니다.

User-ID 보기에는 'User ID' 측정기준에 기반해 사용자 행동을 기기 및 브라우저와 연결시켜 통합한 데이터가 표시됩니다. 또한 User-ID 보기에서만 이용할 수 있는 기능들이 있어, 주요 기능들을 소개합니다.

〉〉 '잠재고객→사용자 탐색기' 보고서

3장에서 소개한 것처럼 '잠재고객→사용자 탐색기' 보고서에서는 사용자의 상세한 행동 경로를 확인할 수 있습니다.

표준 보기에서는 '클라이언트 ID'별로 데이터가 표시되지만, User-ID 보기에서는 'User ID'별로 데이터를 표시할 수 있습니다. 즉, 기기나 브라우저를 통합한 사용자의 완전한 행동 경로를 확인할 수 있어 더 상세한 분석이 가능합니다.

'잠재고객→사용자 탐색기' 보고서

›› '잠재고객→교차 기기' 보고서

'잠재고객→교차 기기' 보고서를 통해 구글 신호 데이터 절에서 설명한 보고서와 동일한 형태의 보고서를 열람할 수 있습니다.

구글 신호 데이터를 활용해 열람할 수 있는 보고서에는 구글이 추정 집계한 데이터가 표시되지만, 여기에서는 실제 데이터가 사용된 '교차 기기' 보고서를 확인할 수 있습니다.

'잠재고객→교차 기기' 보고서

맞춤 측정기준 'User ID' 만들기

User-ID 기능을 활성화하면 'User-ID 보기'에서 'User ID'라는 측정기준별로 집계 결과를 확인할 수 있지만, 이 'User ID'라는 측정기준은 'User-ID 보기' 이외의 보기에서는 확인할 수 없습니다.

또한 11장에서 소개할 맞춤 보고서나 맞춤 세그먼트에도 이용할 수 없어 유연성이 떨어지기 때문에 별도로 맞춤 측정기준 'User ID'를 만들어 두는 것을 권장합니다.

앞에서 만든 'User ID'는 기본 측정기준과 마찬가지로 모든 보기에서 확인할 수 있으며, 맞춤 보고서나 맞춤 세그먼트에도 사용할 수 있습니다.

맞춤 측정기준은 [관리]→[(속성) 맞춤 정의]→[맞춤 측정기준]❶에서 [+새 맞춤 측정기준]❷을 클릭해 만들 수 있습니다.

맞춤 측정기준 만들기

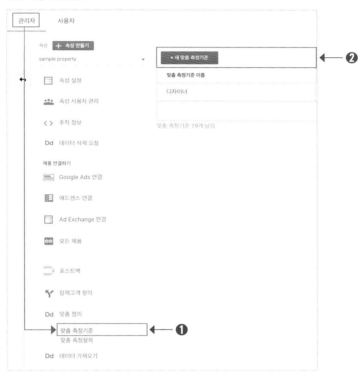

'맞춤 측정기준 추가' 화면이 표시됩니다. [이름]❶에 'User ID'를 입력하고, [범위]❷는 '사용자'를 선택합니다.

맞춤 측정기준 설정하기

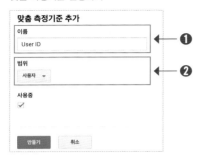

'생성한 맞춤 측정기준' 화면이 표시되면 **[완료]**를 클릭합니다.

'맞춤 측정 기준' 만들기

생성된 맞춤 측정기준

이 측정기준의 예제 코드

사용 중인 플랫폼에 맞게 다음 코드 스니펫을 복사하세요. dimensionValue는 반드시 사용자에 해당하는 값으로 바꿔야 합니다.

자바스크립트(gtag.js)
gtag.js를 사용하여 맞춤 측정기준을 설정하는 방법과 관련된 자세한 내용은 gtag.js 개발자 문서를 참조하세요.

자바스크립트(유니버설 애널리틱스 속성에만 실행)
```
var dimensionValue = 'SOME_DIMENSION_VALUE';
ga('set', 'dimension2', dimensionValue);
```

Android SDK
```
String dimensionValue = "SOME_DIMENSION_VALUE";
tracker.set(Fields.customDimension(2), dimensionValue);
```

iOS SDK
```
NSString *dimensionValue = @"SOME_DIMENSION_VALUE";
[tracker set:[GAIFields customDimensionForIndex:2] value:dimensionValue];
```

완료

맞춤 측정기준 목록 화면으로 돌아옵니다. 추가한 맞춤 측정기준의 '지수'값을 확인합니다. 이 값은 구글 태그 관리자에 User ID 측정용 설정을 추가할 때 필요합니다.

'User ID'의 '지수'값 확인하기

맞춤 측정기준 이름	지수	범위	최종 수정:	상태
디자이너	1	제품	2020. 4. 25.	사용중
User ID	2	사용자	2020. 4. 26.	사용중

User ID 측정하기

User ID를 측정하기 위해서는 [관리]→[(속성) 측정 정보]→[User ID] 설정 및 맞춤 측정기준을 만들고, 다음 2가지 작업을 해야 합니다.

- 웹 페이지에 User ID 출력
- 구글 태그 관리자에 User ID 설정 추가

각 작업에 관해 설명합니다.

>> 웹 페이지에 User ID 출력하기

웹 페이지에 User ID를 출력하는 경우에는 일반적으로 HTML 혹은 쿠키를 사용합니다.

HTML에 User ID 출력하기

이 방법을 사용하는 경우에는 User ID를 측정하고자 하는 모든 페이지에서 '데이터 영역 변수'에 User ID를 저장할 코드를 다음과 같이 동적으로 출력해야 합니다.

※ User ID가 출력되지 않는 페이지가 있는 경우, 해당 페이지는 사용자 ID 보기에 집계되지 않습니다.

User ID를 저장하는 코드

```
<script>
window.dataLayer = window.dataLayer||[];
dataLayer.push({'userId': 'XXXXXX'})
</script>
```

또한 로그인 이전 페이지 등 User ID를 출력할 수 없는 페이지가 존재하는 경우, 해당 페이지는 'dataLayer.push~' 행을 출력하지 않게 해야 합니다. 'dataLayer.push(){'userId': ''};'와 같이 빈 문자열이 설정되면 원래 User ID가 덮어 씌어 측정 결과에 오류가 발생합니다.

쿠키에 User ID 출력하기

이 방법을 사용하는 경우에는 임의의 쿠키에 User ID를 출력해야 합니다.

한번이라도 쿠키에 User ID가 출력되면 이후에는 페이지를 이동해도 값을 그대로 사용할 수 있으므로 HTML에 User ID를 출력하는 방법처럼 모든 페이지를 수정하지 않아도 됩니다.

단, 로그인하지 않은 상태의 페이지에서도 User ID를 측정하면 개인 정보 정책상 문제가 될 수 있습니다. 따라서 사용자가 로그아웃하면 이후의 User ID 측정을 멈추기 위해 User ID를 설정한 쿠키를 삭제하는 처리를 구현하는 등 필요에 따라 대응책을 검토해야 합니다.

⟩⟩ 구글 태그 관리자에 User ID 설정 추가하기

구글 태그 관리자에서는 다음과 같은 작업을 수행해야 합니다.

❶ User ID를 취득할 변수 만들기

❷ '구글 애널리틱스 – 유니버설 애널리틱스' 태그 설정

각 작업에 관해 설명합니다.

User ID를 취득할 HTML에 User ID 출력하기

HTML 혹은 쿠키 중 어느 쪽에 User ID를 출력했는지에 따라 변수 설정 내용이 다릅니다. HTML에 User ID를 출력한 경우에는 다음 그림과 같이 변수를 만듭니다.

HTML에 User ID를 출력하는 경우의 변수

쿠키에 User ID를 출력한 경우에는 다음 그림과 같이 변수를 만듭니다.

쿠키에 User ID를 출력하는 경우의 변수

'구글 애널리틱스 – 유니버설 애널리틱스' 태그 설정하기

계속해서 User ID를 측정하고자 하는 속성에 데이터를 송출하는 '구글 애널리틱스 – 유니버설 애널리틱스' 태그의 모든 '설정할 입력란' 또는 '맞춤 측정기준'에 다음 그림과 같은 설정을 추가합니다.

※ '구글 애널리틱스 설정' 변수를 사용하는 경우에는 그곳에 설정을 추가합니다.

'구글 애널리틱스 – 유니버설 애널리틱스' 태그 설정

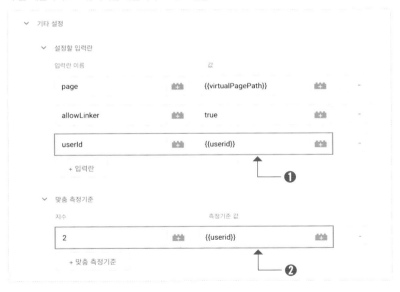

[설정할 입력란]의 [입력란 이름]과 [값]을 설정합니다❶. '입력란 이름'의 'userId'는 고정값이지만, '값'의 'userId' 부분에는 'User ID를 취득하는 변수 만들기'에서 만든 '변수 이름'을 입력합니다.

[**맞춤 측정기준**]의 [**지수**]와 [**측정기준 값**]을 설정합니다❷. '지수'에는 '맞춤 측정기준 "User ID" 만들기'의 가장 마지막에서 확인 지수값(p.234), '측정기준 값'에는 'User ID를 취득하는 변수 만들기'에서 만든 '변수 이름'을 입력합니다.

설정이 완료됐다면 미리보기 모드를 활성화해서 User ID가 출력되는 웹 페이지에 접속해 봅니다. 사용자 ID 보기의 '실시간' 보고서에서 데이터가 측정되는 것을 확인했다면 '버전 공개와 출시'를 수행합니다.

9-5 / User ID를 기반으로 사용자 인구통계 정보 가져오기

8장의 유스케이스에서 소개한 것처럼 '데이터 가져오기' 기능을 사용해 User ID를 기반으로 구글 애널리틱스에 사용자 인구통계 정보(인구통계)를 가져올 수 있습니다.

데이터 가져오기 기능으로 사용자 정보 가져오기

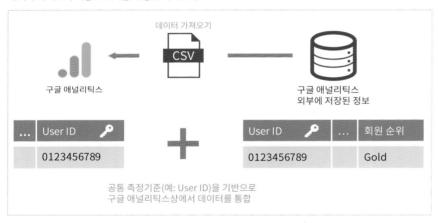

이 장에서는 예시를 통해 '회원 순위' 정보를 가져오는 방법과 가져온 데이터를 확인/활용하는 방법에 관해 설명합니다.

사용자 인구통계 정보 가져오기 순서

사용자 인구통계 정보를 가져옵니다. 가져오기는 다음 4단계로 수행합니다.

❶ 데이터를 가져올 대상이 되는 맞춤 측정기준 만들기

❷ 가져올 데이터 내용을 정의할 데이터셋 만들기

❸ 데이터셋 정의에 따라 가져올 CSV 파일 만들기

❹ CSV 파일 가져오기

각 단계에 관해 설명합니다.

※ 이 절에서는 각 단계의 핵심만 설명합니다. 상세한 순서에 관한 내용은 8장을 참조하십시오.

›› 데이터를 가져올 대상이 되는 맞춤 측정기준 만들기

[관리]→[(속성) 맞춤 정의]→[맞춤 측정기준]의 [+새 맞춤 측정기준]에서 다음 그림과 같이 데이터를 가져올 대상이 되는 맞춤 측정기준을 만듭니다.

맞춤 측정기준 만들기

›› 가져올 데이터 내용을 정의할 데이터셋 만들기

데이터셋은 [관리]→[(속성) 데이터 가져오기]의 [Create]에서 만들 수 있습니다.

다음 그림과 같이 'Data Set type'을 선택하는 화면이 표시됩니다. [User Data]를 선택합니다.

Data Set type 선택하기

Data Set type

Select one of the data types below. Learn more about data types. **All uploads must adhere to the Data Upload Policy.**

HIT DATA IMPORT

○ Refund data   Import refund data for Ecommerce transactions.

EXTENDED DATA IMPORT

◉ **User Data**   Import user data such as customer segment, lifetime value, or contract renewal month.

○ **Campaign Data**   Import campaign metadata such as source, medium, content, referral path, or custom campaign data.

○ **Geography Data**   Group cities, regions, or countries by importing geographic data.

○ **Content Data**   Import content metadata such as article, author, or category.

○ **Product data**   Import product metadata such as brand, category, variant, or custom product data.

○ **Custom data**   Create a custom Data Set to import data for your specific use case.

SUMMARY DATA IMPORT

○ **Cost Data**   Import cost data for non-Google marketing campaigns.

[Continue]   [Cancel]

계속해서 'Data Set details' 설정 화면이 표시됩니다. **[Name]❶**에는 임의의 문자열('User ID(CD)/회원 순위' 등)을 입력하고 **[Enabled Views]❷**에 데이터를 가져올 대상이 되는 보기를 선택합니다.

Data Set details 설정하기

※ 구글 애널리틱스 360에서는 'Data Set details' 단계가 'Import behavior'로 되어 있습니다. 자세한 내용은 다음 페이지를 참조하십시오.

https://support.google.com/analytics/answer/6071511

'Data Set schema' 설정 화면이 표시됩니다. **[Select Key]❶**를 클릭합니다. 데이터를 가져올 때 키로 사용 가능한 측정기준 목록이 표시됩니다. 다음 그림과 같이 **[User ID]❷**를 선택합니다.

키로 사용할 측정기준 선택하기

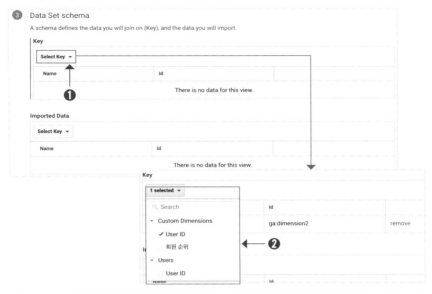

※ 'Users→User ID'를 키로 선택하면 가져온 데이터는 'User-ID 보기'에만 반영됩니다. 그러나 'Custom Dimensions→User ID'를 키로 선택하면
'User-ID 보기' 이외의 보기에도 반영됩니다.

'Imported Data'의 [Select Key]를 클릭합니다. 다음 그림과 같이 가져올 측정기준을 선택합니다.

가져올 측정기준 선택하기

'Overwrite hit date' 항목은 임의로 'Yes' 혹은 'No'를 선택합니다.

>> 데이터셋 정의에 따라 가져올 CSV 파일 만들기

8장에서 소개한 바와 같이 데이터는 다음 2가지 방법으로 가져올 수 있습니다.

- 구글 애널리틱스 관리 화면에서 수동으로 가져오기

- 구글 애널리틱스 Management API를 사용해 가져오기

이 책에서는 전자의 방법에 관해서만 설명합니다.

※ 후자의 방법에 관해서는 다음 페이지를 참조하십시오.

 https://developers.google.com/analytics/devguides/config/mgmt/v3/data-import

가져올 CSV 파일을 만듭니다.

[관리]→[데이터 가져오기]→[(작성한 데이터 세트의) Manage uploads]를 클릭합니다.

템플릿 파일 다운로드 시작하기

[Get schema]❶를 클릭합니다. [Download schema template]❷을 클릭해서 템플릿 파일을 다운로드합니다.

템플릿 파일 다운로드하기

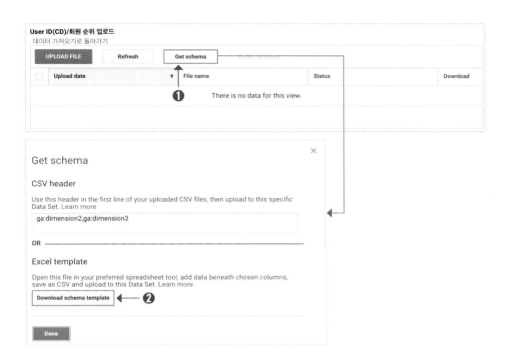

다운로드한 템플릿 파일(CSV 형식)을 Excel 등의 프로그램으로 열고 각 열에 값을 입력합니다.

CSV 파일 수정하기

CSV 파일의 문자 코드는 'UTF-8'로 설정해야 합니다. Excel에서 저장하는 경우에는 문자 코드를 UTF-8로 변환해서 저장합니다.

›› CSV 파일 가져오기

마지막으로 만든 CSV 파일을 구글 애널리틱스로 가져옵니다.

데이터 가져오기는 [관리]→[(속성) 데이터 가져오기]를 열고, 앞에서 만든 데이터셋 행의 [Manage uploads]를 선택한 뒤, [Upload file]을 클릭해서 실행합니다.

CSV 파일 업로드하기

User ID(CD)/회원 순위 업로드
데이터 가져오기로 돌아가기

UPLOAD FILE	Refresh	Get schema	Delete selected	
☐ Upload date ↑	File name		Status	Download
	There is no data for this view.			

업로드할 CSV 파일을 선택하는 대화 상자가 표시됩니다. 미리 만든 CSV 파일을 선택해서 업로드합니다.

파일을 선택해서 업로드하기

파일 업로드가 완료되면 다음 그림과 같이 Status가 'Completed'로 표시됩니다.

※ 파일 업로드 시 에러가 발생하는 경우에는 다음 페이지를 참고해 대처하십시오.

 https://support.google.com/analytics/answer/3271778

 https://support.google.com/analytics/answer/6176020

User ID를 가진 사용자가 늘어나는 경우에는 데이터를 추가한 CSV 파일을 동일한 순서로 만들어서 가져옵니다.

가져온 데이터 확인 및 활용하기

가져온 데이터는 일반적인 측정기준과 동일하게 다음 그림과 같은 형태로 확인할 수 있습니다.

가져온 데이터 확인

또한 세그먼트 혹은 14장에서 설명할 잠재고객을 만들 때 다음 그림과 같은 형태로 '회원 순위'를 조건으로 지정할 수 있습니다.

'회원 순위' 지정하기

구글 애널리틱스상에서 '회원 순위'라는 정보를 사용함으로써 이제까지 확인할 수 없었던 경향을 보거나 A/B 테스트 혹은 광고 송출 효율/효과를 올릴 가능성을 찾을 수 있습니다.

Chapter

10

사용자 유입 소스 정보를
올바르게 파악하기 위한 준비

이 장에서는 구글 애널리틱스에서 사용자 유입 소스를 측정할 때 주의해야 하는 '직접 세션 사양', '외부 도메인으로의 일시적 이동', '키워드: (not provided)와 (not set)'에 관련된 포인트와 대응 방법을 각각 설명합니다. 또한 구글 광고 자동 태그 설정에 관해서도 설명합니다.

웹사이트 분석에 있어 사용자 유입 소스에 관한 정보는 대단히 중요합니다.

구글 애널리틱스를 사용해 사용자의 소스에 관한 정보를 측정할 수 있지만, 몇 가지 주의할 점이 있습니다. 이번 장에서는 주의할 점과 그 대응 방법에 관해 소개합니다.

주의할 점 ① 직접 세션 사양

먼저 '직접 세션'의 사양에 관한 것입니다.

구글 애널리틱스에서 직접 세션이란 '소스/매체: (direct)/(none)'으로부터 유입된 트래픽을 가리키는 것으로, 단적으로 말하자면 '사용자가 어디로부터 유입했는지 알 수 없는' 상태인 트래픽을 의미합니다.

직접 세션

소스/매체	획득			동작			전환 전자상거래	
	사용자	신규 방문자	세션	이탈률	세션당 페이지수	평균 세션 시간	전자상거래 전환율	거래수
	11,572 전체 대비 비율(%): 100.00% (11,572)	10,232 전체 대비 비율 (%): 100.04% (10,228)	13,967 전체 대비 비율 (%): 100.00% (13,967)	49.22% 평균 조회: 49.22% (0.00%)	4.07 평균 조회: 4.07 (0.00%)	00:02:41 평균 조회: 00:02:41 (0.00%)	0.16% 평균 조회: 0.16% (0.00%)	23 전체 대비 비율 (%): 100.00% (23)
1. google / organic	6,680 (55.51%)	5,849 (57.16%)	7,739 (55.41%)	55.42%	3.42	00:02:13	0.19%	15 (65.22%)
2. (direct) / (none)	1,960 (16.29%)	1,831 (17.89%)	2,274 (16.28%)	36.46%	4.78	00:03:16	0.26%	6 (26.09%)
3. analytics.google.com / referral	665 (5.53%)	478 (4.67%)	774 (5.54%)	56.59%	2.50	00:02:26	0.00%	0 (0.00%)
4. mall.googleplex.com / referral	517 (4.30%)	277 (2.71%)	702 (5.03%)	13.25%	9.61	00:06:46	0.00%	0 (0.00%)
5. google / cpc	428 (3.56%)	301 (2.94%)	533 (3.82%)	34.33%	6.61	00:04:04	0.38%	2 (8.70%)
6. creatoracademy.youtube.com / referral	411 (3.42%)	398 (3.89%)	421 (3.01%)	62.23%	3.00	00:01:03	0.00%	0 (0.00%)
7. Partners / affiliate	351 (2.92%)	306 (2.99%)	390 (2.79%)	61.28%	2.57	00:01:52	0.00%	0 (0.00%)
8. google.com / referral	269 (2.24%)	174 (1.70%)	316 (2.26%)	25.95%	6.28	00:03:39	0.00%	0 (0.00%)

일반적으로 '(direct)/(none)'에는 다음과 같은 소스로부터의 접근이 포함됩니다.

- 주소 창에 직접 입력한 URL
- 북마크(즐겨찾기)
- 메일 내 링크
- QR 코드
- 애플리케이션

또한 'https' 프로토콜을 가진 외부 사이트로부터 'http' 프로토콜을 가진 내부 사이트로 접속하는 경우, 리퍼러 정보가 사라지거나 '소스/매체'가 '~/refferal'이 아닌 '(direct)/(none)'으로 취급됩니다.

직접 세션에서는 '이전 세션의 캠페인 정보가 계속해서 유지되는 사양'에 주의해야 합니다.

※ '캠페인 정보'란 측정기준 '소스', '매체', '캠페인', '키워드', '광고 콘텐츠'를 의미합니다.

이전 세션의 캠페인 정보를 유지하는 사양

2019/9/17 : 세션 1 : youtube.com / referral
2019/9/18 : 세션 2 : google / organic
2019/9/19 : 세션 3 : (direct) / (none) ◀— 유지함
사용자

앞의 그림과 같이 사용자가 세 번의 세션을 발생시킨 경우, 2019년 9월 19일의 세션은 '소스/매체: (direct)/(none)'이 아닌 '소스/매체: google/organic'이 됩니다.

유지할 캠페인 정보는 기본적으로 현재를 기점으로 과거 6개월까지를 확인합니다. 즉, 사용자의 세션3이 세션2로부터 6개월 이후에 발생해야 '소스/매체' 값이 '(direct)/(none)'이 되는 것입니다.

캠페인 정보를 유지하는 기간은 구글 애널리틱스의 [관리]→[(속성) 추적 정보]→[세션 설정]❶에서 [캠페인 만료]❷에 설정된 값을 기준으로 합니다.

'캠페인 만료' 설정하기

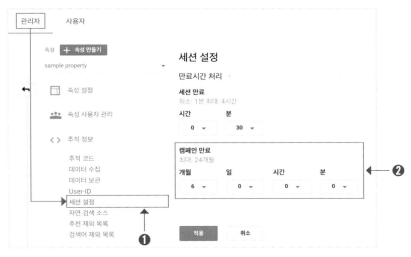

캠페인 만료 기간을 '6개월'에서 다른 기간으로 변경하고자 하는 경우에는 '캠페인 만료' 값을 수정합니다.

또한 '직접 세션'이라는 측정기준을 사용하면 측정된 캠페인 정보의 상태가 '(direct)/(none)'인지 확인할 수 있습니다.

직접 세션

소스/매체	직접 세션	획득			동작	
		사용자	신규 방문자	세션	이탈률	세션당 페이지수
		11,572 전체 대비 비율(%): 100.00% (11,572)	10,232 전체 대비 비율 (%): 100.04% (10,228)	13,967 전체 대비 비율 (%): 100.00% (13,967)	49.22% 평균 조회: 49.22% (0.00%)	4.07 평균 조 회: 4.07 (0.00%)
1. google / organic	No	6,172 (48.12%)	5,849 (57.16%)	6,250 (44.75%)	56.62%	3.22
2. (direct) / (none)	Yes	1,989 (15.51%)	1,847 (18.05%)	2,307 (16.52%)	36.71%	4.77
3. google / organic	Yes	1,033 (8.05%)	0 (0.00%)	1,489 (10.66%)	50.37%	4.29
4. analytics.google.com / referral	No	618 (4.82%)	478 (4.67%)	626 (4.48%)	56.71%	2.54
5. creatoracademy.youtube.com / referral	No	403 (3.14%)	398 (3.89%)	403 (2.89%)	62.53%	2.98
6. google / cpc	No	380 (2.96%)	285 (2.79%)	398 (2.85%)	29.15%	6.68
7. mall.googleplex.com / referral	No	344 (2.68%)	277 (2.71%)	348 (2.49%)	10.06%	8.76
8. Partners / affiliate	No	337 (2.63%)	306 (2.99%)	341 (2.44%)	60.70%	2.58

예를 들어, 앞의 그림에서 '직접 세션' 열이 'Yes'이면 '소스/매체'는 '(direct)/(none)', 'No'이면 '소스/매체'는 '(direct)/(none)'이 됩니다.

이처럼 직접 세션은 다른 소스에 의존하기 때문에 분석 시 방해가 되기도 합니다. 따라서 <u>사용자의 유입 소스가 가급적 직접 세션으로 측정되지 않게 처리하는 것이 좋습니다.</u>

물론 직접 세션을 모두 해소할 수는 없겠지만, 세션에 따라 해소 가능한 경우도 있습니다. 구체적으로는 '사용자를 자사 사이트로 유도하는 URL에 검색어 매개변수를 추가할 수 있는' 경우에는 'utm_'으로 시작하는 '캠페인 매개변수'를 활용해서 직접 세션을 일부 해소할 수 있습니다.

캠페인 매개변수란 구글 애널리틱스가 캠페인 정보를 식별하기 위해 사용하는 특별한 검색어 매개변수입니다. 사용자를 자사 사이트로 유도하는 URL에 캠페인 매개변수를 추가함으로써 구글 애널리틱스에서 임의의 '소스', '매체', '캠페인', '키워드', '광고 콘텐츠'를 측정할 수 있습니다.

캠페인 매개변수

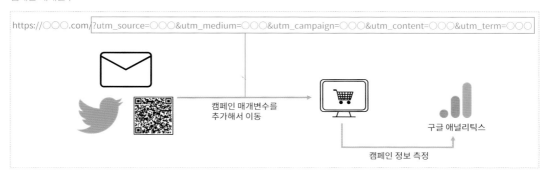

캠페인 매개변수

매개변수	사양	측정기준
utm_source	필수	소스
utm_medium	선택, 권장	매체
utm_campaign	선택	캠페인
utm_term	선택	키워드
utm_content	선택	광고 콘텐츠

웹사이트용 캠페인 매개변수를 추가한 URL은 'Campaign URL Builder'(https://ga-dev-tools. appspot.com/campaign-url-builder/)에서 발행할 수 있습니다.

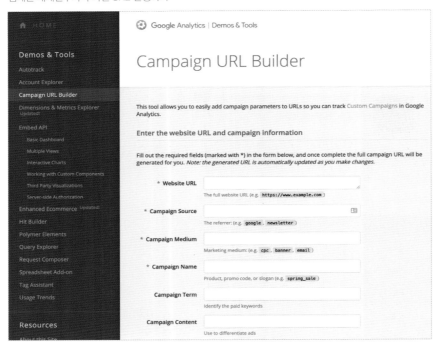

각 캠페인 매개변수의 값은 3장에서 소개한 'Default Channel Grouping' 구분 규칙에 따라 설정합니다(p.66).

예를 들어, 메일 잡지용 캠페인 매개변수인 'utm_medium'을 'mail'로 설정하면 구글 애널리틱스에서 측정되는 'Dafault Channel Grouping'은 'Email'이 아니라 '(Other)'가 됩니다. 따라서 메일 잡지용 캠페인 매개변수는 다음과 같은 값으로 설정해야 합니다.

- utm_source: ML(선택값)

- utm_medium: email(고정값)

- tum_campaign: YYYYMMDD_ML(선택값)

- utm_content: Link(선택값)

또한 캠페인 매개변수 설정 규칙은 관계자 모두가 사전에 합의해야 합니다.

예를 들어, 구글 광고 이외에서 송출하는 온라인 광고에는 다음과 같은 규칙을 캠페인 매개변수를 추가함으로써 추후 쉽게 구분할 수 있습니다.

※ 구글 광고에 관해서는 '칼럼: 구글 광고의 자동 태그 설정 활성화하기'를 참조하십시오(p.262).

캠페인 매개변수	설정 규칙	설정 예시
utm_source	소스 URL에서 '.' 이하를 생략한 매체 이름 기입	wikibook facebook twitter
utm_medium	게재할 광고 형식을 기입	cpc display

utm_campaign	{첫 번째 계층 이름}_{약식 회사 이름}_{약식 송출 방식}_{약식 매체 이름}
	■ 약식 회사 이름: 2글자로 표시
	  WB(위키북스)
	■ 약식 송출 방식
	  D(Display 광고), S(검색 연동형 광고), RM(리마케팅 광고),
	  M(동영상 광고), E(참여형 광고) 등
	■ 약식 매체 이름
	  W(Wikibook), F(Facebook), T(Twitter)
		sample_NC_D_Y
		sample_NC_E_F

utm_content	utm_campaign_{임의의 분류 기호}	sample_WB_D_W_BRANDPANEL sample_WB_M_WT_CP01 sample_WB_D_F_product01
utm_term	암호화한 키워드명, 또는 고유한 임의의 광고명(크기, 중점 마케팅 축, 입고일 등)	present_cp01_320_50 sample_product01_300_250

또한 자사 사이트 내의 웹 페이지 사이를 이동하는 링크에는 캠페인 매개변수를 설정하지 않게 합니다. 이런 경우 캠페인 매개변수를 설정하면 이동 시 세션이 구분되므로 원래 소스 혹은 이동 전 페이지를 올바르게 평가할 수 없습니다.

자사 사이트에 캠페인 매개변수를 설정한 경우

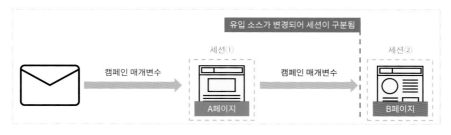

(not provided)와 (not set)

(not provided) 혹은 (not set)은 구글이나 Yahoo! 등의 검색 서비스가 암호화(SSL)돼 있기 때문에 측정됩니다.

(not provided)나 (no set)이 키워드의 대부분을 점유하고 있는 상태에서는 '사용자가 어떤 키워드를 통해 웹사이트로 유입됐는지'를 정확히 분석할 수 없습니다. 하지만 사용자 정보 보안 강화 목적에 의해 (not provided)나 (not set)이 발생하는 이상 이 문제 자체를 해소할 방법은 없습니다.

단, 다른 방법으로 키워드에 관한 정보를 얻어낼 수는 있습니다. 구체적으로는 구글에서 제공하는 서치 콘솔(Search Console)이라는 서비스를 이용합니다.

>> 서치 콘솔

서치 콘솔은 구글 검색의 결과 화면에 나타나는 웹사이트 게재 상태를 감시, 관리, 개선하기 위한 서비스입니다. 서치 콘솔 내에서는 '실적' 보고서를 제공하며, 이 보고서를 활용해 사용자가 검색할 때 입력한 키워드(검색 질의)에 관한 정보를 확인할 수 있습니다.

'실적' 보고서

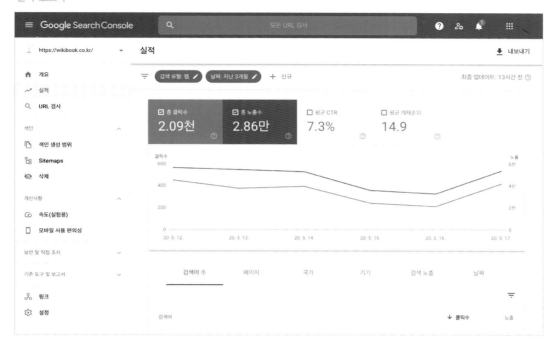

구글 애널리틱스의 '검색어'는 사용자가 웹사이트를 방문할 때의 리퍼러로부터 정보를 얻는 것과 달리, 서치 콘솔의 '검색 질의'는 구글 검색 그 자체로부터 정보를 얻습니다. 따라서 암호화(SSL)에 의한 영향을 받지 않으며 구글 애널리틱스보다 많은 데이터를 얻을 수 있습니다.

>> 서치 콘솔 이용하기

서치 콘솔은 'https://search.google.com/search-console/about' 웹사이트에서 '시작하기'를 클릭하면 이용할 수 있습니다.

※ 서치 콘솔을 이용하려면 구글 계정이 필요합니다.

'시작하기'를 클릭하면 다음 그림과 같이 '속성 유형 선택' 화면이 표시됩니다. 대상이 되는 속성 유형을 선택해 서치 콘솔을 사용할 웹사이트의 URL을 클릭합니다.

속성 유형 선택하기

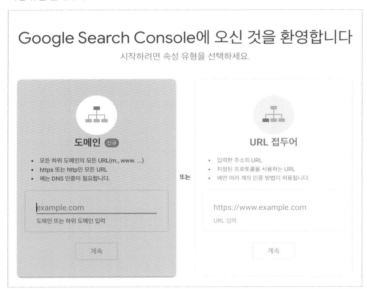

'도메인'과 'URL 접두어'의 차이는 다음과 같습니다.

※ 속성 유형은 임의로 선택할 수 있지만, '도메인'을 선택한 경우에는 뒤에서 설명할 '소유권 확인' 항목에서 'DNS 레코드'만 선택할 수 있습니다.

속성 유형	특징
도메인	▪ 입력한 도메인의 서브 도메인 전체 데이터를 하나의 속성으로 관리할 수 있습니다. ▪ http와 https, 두 가지 프로토콜 데이터가 집계됩니다. ▪ 이 책의 집필 시점(2019년 8월)에는 구글 애널리틱스와 연결할 수 없습니다.
URL 접두어	▪ 서브 도메인이나 프로토콜(http, https)별로 속성을 만들 필요가 없습니다.

예를 들면, 'URL 접두어'를 선택한 뒤 URL을 입력하면 다음 그림과 같이 '소유권 확인'을 요구합니다.

소유권 확인

4장에서 설명한 추천 위치에 구글 태그 관리자를 설치한 경우에는 [구글 태그 관리자]→[확인]에서 소유권 확인을 완료할 수 있습니다.

어떠한 이유로든 추천 위치에 파일을 설치하지 못한 경우에는 다음 도움말 페이지를 참조해 'HTML 파일 업로드', 'HTML 태그', 'DNS 레코드' 중 대응하기 용이한 방법으로 소유권을 확인합니다.

https://support.google.com/webmasters/answer/9008080

소유권 확인을 완료하면 서치 콘솔을 이용할 수 있습니다.

›› 구글 애널리틱스와 서치 콘솔 연결하기

구글 애널리틱스와 서치 콘솔을 연결하면 구글 애널리틱스의 '획득→서치 콘솔' 하위 보고서에서 서치 콘솔 데이터를 확인할 수 있습니다.

서치 콘솔 데이터 확인

구글 애널리틱스의 [관리]→[(속성) 모든 제품]❶의 [서치 콘솔]❷에서 구글 애널리틱스와 서치 콘솔을 연결할 수 있습니다.

'Search Console 연결'을 클릭하면 대상 속성과 연결된 '서치 콘솔 사이트'가 표시됩니다. 아무것도 표시되지 않는 경우에는 '확인한 사이트가 없습니다'라고 표시됩니다. **[서치 콘솔에 사이트 추가]**를 클릭하고 서치 콘솔 화면으로 이동합니다.

연결할 사이트 선택

구글 애널리틱스의 속성과 서치 콘솔의 사이트는 1:1로만 연결할 수 있습니다. 따라서 구글 애널리틱스에서 한 속성으로 여러 도메인을 측정하는 경우에는 구글 애널리틱스에 연결하는 서치 콘솔 사이트를 적절하게 선택해야 합니다.

어떤 사이트를 연결할 것인지는 상황에 따라 다르지만, <u>기본적으로는 가장 주요한 도메인을 다루는 서치 콘솔의 사이트를 연결하면 큰 문제가 없을 것입니다.</u>

'서치 콘솔에 사이트 추가'를 클릭하고 연결할 사이트를 선택한 뒤, **[저장]→[OK]**를 클릭하면 사이트가 연결됩니다.

Column

10장에서 '캠페인 매개변수'에 관해 설명했습니다. 구글 광고에 관해서는 캠페인 매개변수를 사용하지 말고 '자동 태그 설정'을 활성화하는 것을 추천합니다.

이 설정을 활성화하면 사용자가 구글 광고에서 송출되는 온라인 광고를 통해 웹 페이지에 접속할 때 URL에 'gclid(Google Click Identifier)' 매개변수를 추가합니다.

'gclid(Google Click Identifier)' 매개변수가 추가됨

구글 애널리틱스는 검색어 매개변수에서 '소스/매체'나 '캠페인' 등의 정보를 측정합니다. 또한 '광고 그룹'이나 '광고 게재 네트워크' 등 캠페인 매개변수에서는 얻을 수 없는 정보를 얻어 측정할 수도 있습니다.

※ 자세한 내용은 다음 페이지를 참조하십시오.

https://support.google.com/analytics/answer/1733663

구글 광고 자동 태그 설정 활성화하기

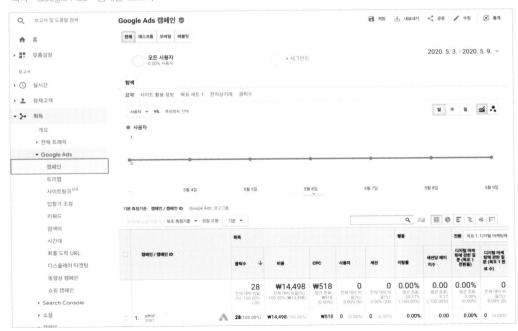

또한 구글 광고를 구글 애널리틱스와 연결하면 '획득→Google Ads' 하위 보고서에서 구글 광고의 데이터와 구글 애널리틱스의 데이터를 교차 분석할 수 있습니다.

예를 들어, '획득→Google Ads→캠페인' 보고서를 표시하면 다음 그림과 같은 데이터를 확인할 수 있습니다.

'획득→Google Ads→캠페인' 보고서

Chapter

11

데이터를 유연하게
추출하기

이 장에서는 3개 이상의 측정기준을 임의로 조합해서 분석을 수행하거나 특정 페이지를 본 사용자의 전환률을 조사하는 것과 같이 기본 보고서만으로는 얻기 어려운 데이터를 추출하는 방법을 소개합니다. '맞춤 보고서'와 '세그먼트' 기능을 소개합니다.

분석을 진행하다 보면, 앞에서 소개한 것처럼 기본 보고서를 확인하고 조작하는 것만으로는 필요한 정보를 파악할 수 없는 경우가 있을 것입니다. 예를 들면, 3개의 측정기준을 임의로 조합해 분석을 수행하거나 특정 페이지를 본 사용자의 전환율을 조사하기 위해서는 적지 않은 노력이 필요합니다.

이 장에서는 이런 상황에서 활용할 수 있는 '맞춤 보고서'나 '세그먼트'에 관해 소개합니다. 또한 이 장 마지막 부분에서는 세그먼트와 같은 기능을 사용해 보고서 작성 작업을 더 효율적으로 하기 위한 '저장 완료 보고서' 기능도 소개하므로 함께 참고하십시오.

맞춤 보고서 만들기

3장에서 소개한 것처럼 구글 애널리틱스는 '실시간', '잠재고객', '획득', '행동', '전환'에 해당하는 다양한 보고서를 기본으로 제공합니다. 하지만 기본 보고서는 어디까지나 미리 결정된 '측정기준'과 '측정항목'을 조합해 구성된 것이기에 경우에 따라 필요한 데이터를 추출할 수 없거나, 할 수 있다고 하더라도 그 작업이 매우 복잡합니다.

이에 대비해 구글 애널리틱스에서는 사용자가 목적에 맞게 보고서를 설정할 수 있게 '맞춤 보고서' 기능을 제공합니다.

'맞춤 보고서'는 [맞춤설정]→[맞춤 보고서]❶의 [+ 새 맞춤 보고서]❷에서 만듭니다.

맞춤 보고서 만들기

'+새 맞춤 보고서'를 클릭하면 다음 그림과 같은 화면이 표시됩니다. 각 항목을 설정합니다.

맞춤 보고서 설정하기

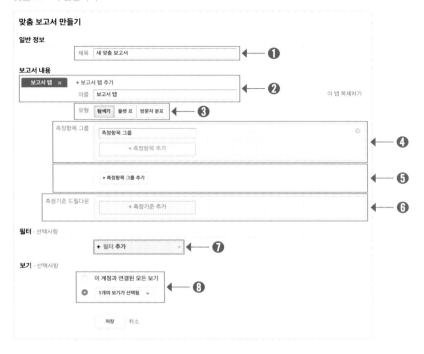

[제목]❶에는 임의의 맞춤 보고서 제목을 입력합니다.

맞춤 보고서에는 최대 5개까지 탭을 추가할 수 있기 때문에 다른 내용의 보고서를 하나로 통합할 수 있습니다. [이름]❷에는 각 탭의 이름을 임의로 입력합니다.

[유형]❸은 작성할 보고서 내용에 따라 다음 4가지 유형 중 하나를 선택합니다.

※ 이 책에서는 구글 애널리틱스 무료/유료(360) 버전에 관계없이 자주 사용하는 '탐색기'와 '플랫 표'에 관해 소개합니다.

보고서 유형

유형	설명
탐색기	꺾은 선 그래프와 표를 조합한 유형의 보고서를 표시합니다.
플랫 표	표형 보고서를 표시합니다.
방문자 분포	지역과 표를 조합한 유형의 보고서를 표시합니다.
맞춤 유입경로	(구글 애널리틱스 360 한정) 목표 흐름에 관한 유입경로 보고서를 표시합니다.

[측정항목 그룹]❹에는 '측정항목'을 추가할 수 있습니다. 각 측정항목 그룹에는 임의의 이름을 붙입니다. [+ 측정항목 그룹 추가]❺에서 측정항목 그룹을 추가할 수 있습니다.

[측정기준 드릴다운]❻에서 맞춤 보고서에 측정기준을 추가할 수 있습니다.

[필터 – 선택사항]❼에서 맞춤 보고서에 필터를 적용할 수 있습니다.

[보기 – 선택사항]❽에서는 맞춤 보고서를 반영할 보기를 선택합니다.

'탐색기' 보고서

'유형: 탐색기'를 선택하면 다음 그림과 같은 꺾은 선 그래프와 표를 조합한 유형의 보고서를 만들 수 있습니다.

'탐색기' 보고서

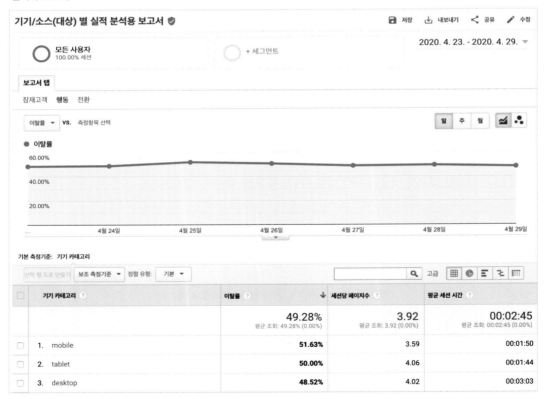

탐색기에서는 '측정항목 그룹: 1~5개', '측정항목: 측정항목 그룹당 1~10개', '측정기준: 1~5단계'를 설정할 수 있습니다.

다음 그림과 같이 '기기/소스(대상)별 실적 분석용 보고서'를 만듭니다.

※ 측정항목 그룹 '전환'의 측정항목에는 사용 중인 보기에 설정된 임의의 목표의 '목표 완료 수'를 추가합니다.

구글 애널리틱스에서 기본 제공하는 '잠재고객→모바일→개요' 보고서에서는 '기기 카테고리'에서 하위로 내려가며 분석을 수행할 수 없지만, 다음 그림과 같은 맞춤 보고서를 만들어 해당 분석을 수행할 수 있습니다.

설정을 마쳤다면 [저장]을 클릭해 맞춤 보고서 만들기를 완료합니다.

기기/소스(대상)별 실적 분석용 보고서

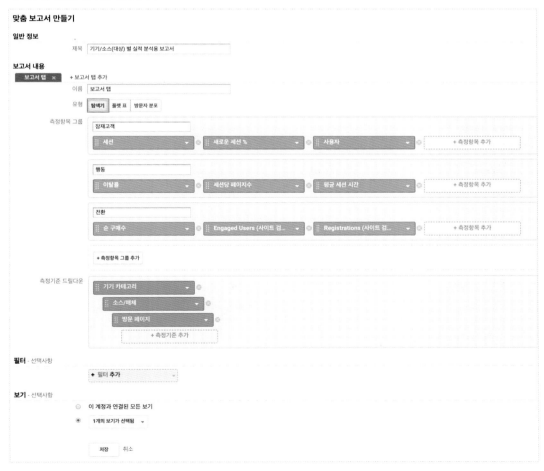

'탐색기' 맞춤 보고서를 만들면 보고서 만들기 화면 내 '측정기준 상세'의 가장 위에 설정한 측정기준을 보고서에 가장 먼저 표시합니다.

'측정기준 드릴다운'에 설정한 측정기준이 표시됨

측정기준 열 값 중 하나를 클릭하면 해당 측정기준에 관해 더 상세하게 분석할 수 있습니다. 예를 들면, 앞의 그림에서 'desktop'을 클릭하면 다음 그림과 같이 '소스/매체'를 축으로 하는 보고서가 표시됩니다.

더 상세한 분석 보고서 표시하기

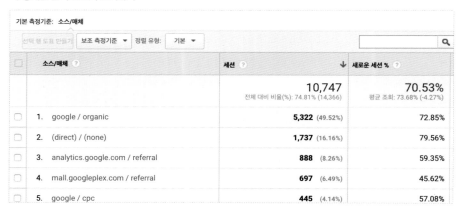

또한 여러 측정기준 그룹을 설정한 경우에는 다음 그림과 같이 보고서에 표시할 측정기준을 바꿀 수 있습니다.

측정기준을 바꿔 표시하기

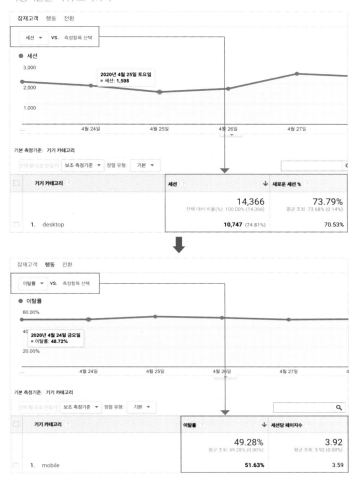

▍'플랫 표' 보고서

'유형: 플랫 표'를 선택하면 간단한 표 유형 보고서를 만들 수 있습니다.

'플랫 표' 보고서

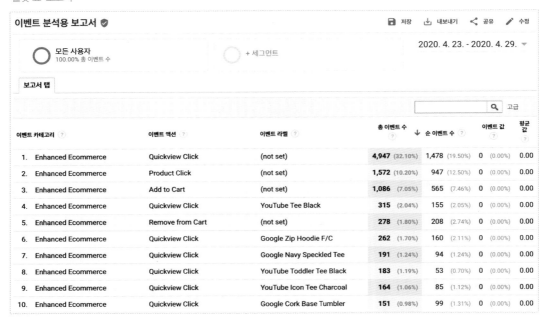

'플랫 표' 보고서에서는 '측정기준: 1~5개', '측정항목: 1~25개'를 설정할 수 있습니다. 다음 그림과 같은 이벤트 분석용 보고서를 만듭니다.

이벤트 분석용 보고서

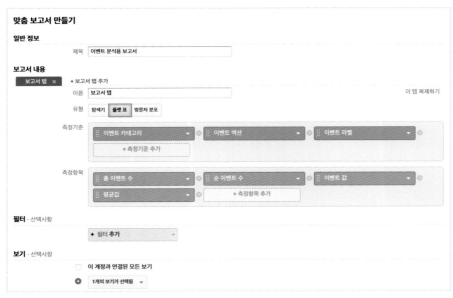

기본 제공되는 '행동→이벤트→인기 이벤트' 보고서에서는 '이벤트 카테고리', '이벤트 액션', '이벤트 라벨'과 같은 3개 항목을 나란히 늘어 놓고 분석할 수 없지만, 앞의 그림과 같은 맞춤 보고서를 만들어 해당 분석을 수행할 수 있습니다.

위 설정을 수행하고 **[저장]**을 클릭하면 이 절의 앞 그림(p.272)과 같은 '플랫 표' 보고서가 완성됩니다.

제삼자와 맞춤 보고서 공유하기

만들어진 맞춤 보고서는 구글 계정에 국한됩니다. 즉, 다른 구글 계정을 사용해 구글 애널리틱스에 로그인한 제삼자는 동일한 맞춤 보고서를 확인할 수 없습니다.

제삼자에게 맞춤 보고서를 공유하고자 하는(혹은 제삼자로부터 맞춤 보고서를 공유받고 싶은) 경우에는 다음 내용에 따라 보고서를 공유할 수 있습니다.

›› 공유하는 경우

먼저 맞춤 보고서 목록 화면에서 공유하고자 하는 맞춤 보고서에서 **[작업]→[공유]❶**를 선택합니다.

'공유'를 선택하면 다음 그림과 같은 대화 상자가 표시됩니다. **[템플릿 링크를 공유]❷**를 선택하고 **[공유]**를 클릭합니다.

보고서 공유 설정하기

'공유'를 클릭하면 다음 그림과 같이 맞춤 보고서 공유 URL이 발급됩니다. 메일 등으로 해당 URL을 공유합니다.

※ 맞춤 보고서의 구성만 공유되며, 트래픽 데이터는 공유되지 않습니다.

보고서 공유용 URL 발행하기

>> 공유받는 경우

맞춤 보고서 공유 URL에 접속하면 다음 그림과 같은 대화 상자가 표시됩니다.

공유받은 맞춤 보고서 접근 설정하기

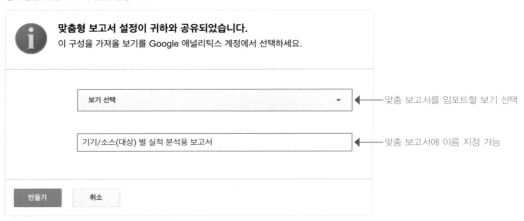

대화 상자에 따라 설정을 완료하면 제삼자가 만든 맞춤 보고서를 임의의 뷰로 가져올 수 있습니다.

11-2 / 맞춤 세그먼트를 활용해 데이터 필터링하기

3장에서 소개한 것처럼 '세그먼트'란 특정 사용자나 특정 세션에 관한 데이터만을 보고서에 표시하기 위한 기능입니다.

기본으로 제공되는 '시스템 세그먼트'와 함께 임의의 조건을 사용해 새로운 세그먼트를 만들 수도 있습니다. 이를 '맞춤 세그먼트'라고 부릅니다.

맞춤 세그먼트는 보고서의 [+ 세그먼트]→[+ 새 세그먼트]에서 만들 수 있습니다.

맞춤 세그먼트 만들기

맞춤 세그먼트를 사용하면 분석 범위를 한층 넓힐 수 있습니다. 6가지 구체적인 예시를 들어 맞춤 세그먼트 설정 및 활용 방법을 소개합니다.

'25-34세 여성(모바일 기기 이용) 사용자' 데이터 추출하기

먼저 '사용자 인구통계'와 '기술'을 교차해 '25-34세 여성(모바일 기기 이용) 사용자' 데이터를 추출하는 맞춤 세그먼트를 만듭니다.

'25-34세 여성(모바일 기기 이용) 사용자' 데이터 추출하기

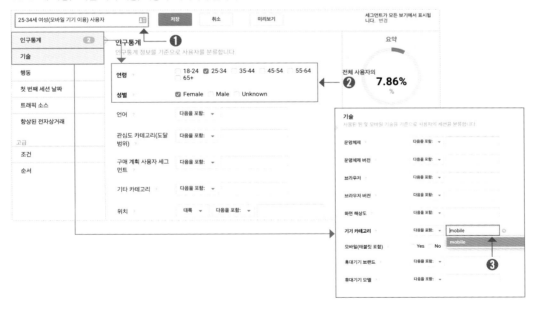

세그먼트 이름은 임의로 입력합니다❶.

[인구통계]❷에서 '연령: 25-34', '성별: Female'을 선택하고, [기기 카테고리]❸에서 '다음을 포함: mobile'을 선택합니다.

앞 그림의 세그먼트가 적용된 상태로 '행동→사이트 콘텐츠→방문 페이지' 보고서를 열면 어떤 방문 페이지에서 '25-34세 여성(모바일 기기 이용) 사용자'를 획득하고, 전환이 됐는지를 파악할 수 있습니다.

'행동→사이트 콘텐츠→방문 페이지' 보고서 확인하기

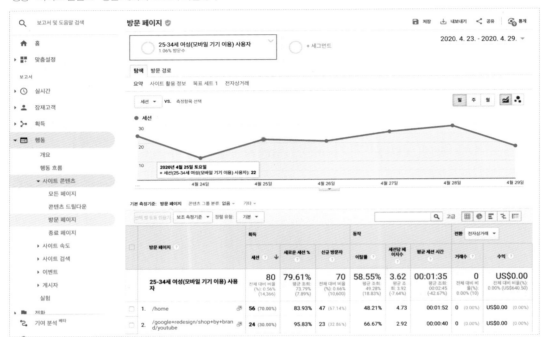

┃ '집계 기간 중 10회 이상 접속한 사용자' 데이터 추출하기

계속해서 '행동'을 조건으로 하는 맞춤 세그먼트를 만들어서 충성도(로열티)가 높은 사용자를 필터링해 봅니다.

예를 들어, 충성도가 높은 사용자를 '집계 기간 중 10회 이상 접속한 사용자'라고 정의한 경우, 다음 그림과 같은 맞춤 세그먼트를 사용해 해당 사용자 데이터를 추출할 수 있습니다.

'집계 기간 중 10회 이상 접속한 사용자' 데이터 추출하기

임의의 세그먼트 이름을 입력하고❶, [행동]❷에 '세션: ≧10'을 선택합니다.

시스템 세그먼트 '모든 사용자'와 앞의 그림에서 만든 '맞춤 세그먼트'를 적용한 상태에서 '잠재고객→인구통계→개요'나 '잠재고객→관심분야→개요' 등의 보고서를 열면 충성도가 높은 사용자의 상태를 파악할 수 있습니다.

'잠재고객→인구통계→개요' 보고서에서 확인하기

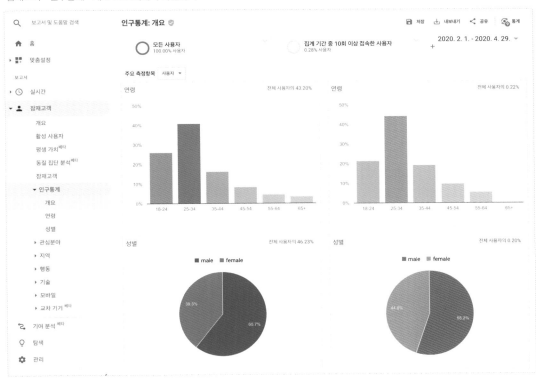

'2018년 1월에 처음 접속한 사용자' 데이터 추출하기

'최초 세션 날짜'를 조건으로 맞춤 세그먼트를 만들면 특정 기간에 처음으로 웹사이트에 접속한 사용자의 이후 행동을 분석할 수 있습니다.

예를 들어, '2018년 1월에 처음으로 접속한 사용자' 데이터는 다음 그림과 같은 맞춤 세그먼트로 추출할 수 있습니다.

'2018년 1월에 처음으로 접속한 사용자' 데이터 추출하기

임의의 세그먼트 이름을 입력하고❶, [첫 번째 세션 날짜]❷에 '첫 번째 세션: 다음 두 값 사이에 있음: 2018. 1. 1 and 2018. 1. 31'을 지정합니다.

앞에서 만든 세그먼트를 적용한 상태에서 2018년 2월 이후의 '획득→모든 트래픽→소스/매체' 보고서를 열면 2018년 1월에 처음 웹사이트에 접속한 사용자의 재방문에 기여한 매체가 무엇인지 확인할 수 있습니다.

'특정 소스로부터 웹사이트에 접속한 세션' 데이터 추출하기

'트래픽'을 조건으로 해서 설정을 수행하면 특정 소스로부터 웹사이트에 접속한 세션(혹은 사용자)과 관련된 데이터만 추출할 수 있습니다. 예를 들어, '특정 소스로부터 웹사이트에 접속한 세션' 데이터를 추출하는 맞춤 세그먼트를 만듭니다.

'특정 소스로부터 웹사이트에 접속한 세션' 데이터 추출

임의의 세그먼트 이름을 입력하고❶, [트래픽 소스]❷에 '트래픽 소스: 세션수 필터링', '캠페인: 다음과 정확하게 일치: Data Share Promo'를 선택합니다.

'세션수 필터링'과 '사용자 필터링' 데이터 추출 범위의 차이는 다음과 같습니다.

데이터 추출 범위

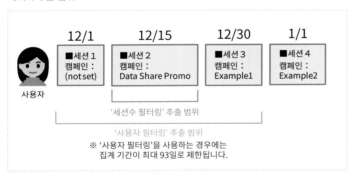

'특정 소스로부터 웹사이트로 유입된 세션' 데이터를 추출하는 세그먼트를 적용한 상태에서 '행동→사이트 콘텐츠→모든 페이지'나 '행동→이벤트→인기 이벤트'를 열면 특정한 캠페인으로부터 유입된 사용자가 동일 세션 중에 웹사이트로 얼마나 유입됐는지 알 수 있습니다.

'행동→사이트 콘텐츠→모든 페이지' 보고서에서 확인하기

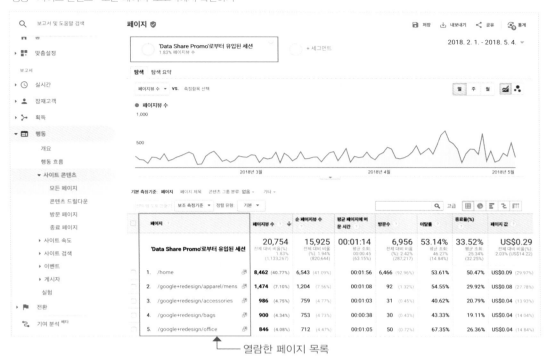

열람한 페이지 목록

▌ '모바일 기기에서 특정 페이지를 열람한 세션' 데이터 추출하기

'조건'을 이용하면 다양한 카테고리 측정기준과 측정항목을 자유롭게 조합해 데이터를 추출할 수 있습니다.

데이터 추출 조건 설정하기

❶에서는 '세션수', '사용자' 중 하나를 선택합니다.

❷에서는 '포함', '제외' 중 하나를 선택합니다.

❸에서는 'AND/OR'로 여러 조건을 설정할 수 있습니다.

❹에서는 다음과 같은 측정기준/항목을 선택할 수 있습니다.

선택 가능한 측정기준/항목

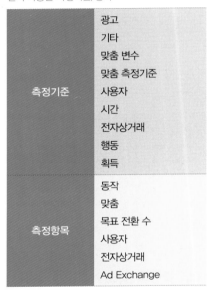

측정기준	광고
	기타
	맞춤 변수
	맞춤 측정기준
	사용자
	시간
	전자상거래
	행동
	획득
측정항목	동작
	맞춤
	목표 전환 수
	사용자
	전자상거래
	Ad Exchange

예를 들어, '모바일 기기에서 특정한 페이지를 열람한 세션' 데이터를 추출하는 맞춤 세그먼트를 만들어 모바일 기기에서 특정 페이지를 열람한 세션 데이터를 추출할 수 있습니다.

'모바일 기기에서 특정 페이지를 방문한 세션' 데이터 추출하기

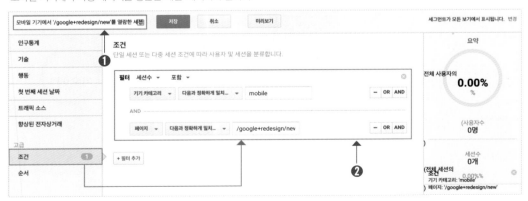

임의의 세그먼트 이름을 입력하고❶, [조건]❷에 '필터: 세션수, 포함', '기기 카테고리: 다음과 정확하게 일치함, mobile', 'AND', '페이지: 다음과 정확하게 일치함: /google+redesign/new'를 지정합니다.

앞에서 만든 세그먼트를 적용한 상태로 '전환→목표→개요' 보고서를 열면 '/google+redesign/new' 페이지가 모바일 기기 사용자의 전환에 얼마나 기여하는지 확인할 수 있습니다.

'전환→목표→개요' 보고서에서 확인하기

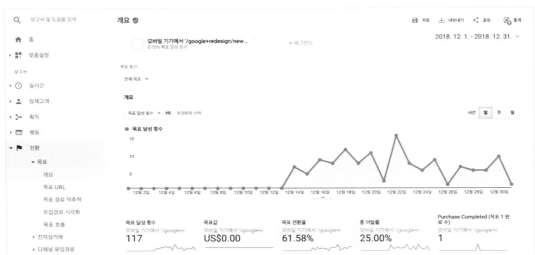

▌'특정 캠페인을 통해 접속 후 자연 검색으로 재접속한 사용자' 데이터 추출하기

'순서'를 이용하면 특정한 순서로 행동한 사용자(세션)와 관련된 데이터만을 추출할 수 있습니다. 순서를 이용해 다음 그림과 같이 '특정한 캠페인을 통해 접속 후 자연 검색으로 재접속한 사용자' 데이터를 추출하는 맞춤 세그먼트를 만듭니다.

순서 이용하기

❶에서는 '모든 사용자 상호작용' 또는 '최초 사용자 상호작용'을 선택합니다.

❷에서는 '다음 단계' 혹은 '바로 다음 단계'를 선택합니다.

❸에서 '단계 추가'를 클릭하면 단계를 추가할 수 있습니다.

'모든 사용자 상호작용'과 '최초 사용자 상호작용' 데이터 추출 범위의 차이는 다음과 같습니다.

'모든 사용자 상호작용'과 '최초 사용자 상호작용'

순서 시작	데이터 추출 범위
모든 사용자 상호작용	집계 기간 중 지정한 조건을 만족한 세션(혹은 사용자)에 관한 데이터를 추출합니다.
최초 사용자 상호작용	▪ 필터 '세션수' 세그먼트의 경우, 집계 기간 중 세션 시작 시 지정한 조건을 만족한 세션에 관한 데이터를 추출합니다. ▪ 필터 '사용자' 세그먼트의 경우, 집계 기간 중 최초 세션 시작 시에 지정한 조건을 만족한 사용자에 관한 데이터를 추출합니다.

예를 들어, '(1단계) 페이지 A→(2단계) 페이지 X'(필터: 세션수)로 설정한 상태에서 다음 경우를 생각해 봅니다.

설정에 따른 추출 범위 차이

'순서 시작'을 '모든 사용자 상호작용'으로 설정한 경우에는 앞 그림의 패턴 1, 패턴 2 모두 조건을 만족합니다. 한편 '순서 시작'을 '최초 사용자 상호작용'으로 설정한 경우에는 패턴 1만 조건을 만족합니다.

'다음 단계'와 '바로 다음 단계' 선택에 따른 데이터 추출 범위에는 다음과 같은 차이가 있습니다.

'다음 단계'와 '바로 다음 단계'

다음 단계	이전 단계에서 지정한 조건을 만족한 후, 다음 단계에서 지정한 조건을 만족한 세션(혹은 사용자)에 관련된 데이터를 추출합니다.
바로 다음 단계	이전 단계에서 지정한 조건을 만족한 직후, 다음 단계에서 지정한 조건을 만족한 세션(혹은 사용자)에 관련된 데이터를 추출합니다.

사용자 방문 경로

'페이지 A의 [다음 단계]를 페이지 C'로 지정한 경우에는 해당 세그먼트 정의에 따라 데이터를 추출합니다. 한편 '페이지 A의 [바로 다음 단계]를 페이지 C'로 지정한 경우에는 데이터를 추출하지 않습니다.

'단계 추가'는 총 '10단계'까지 추가할 수 있습니다.

'순서'를 활용해 다음 그림과 같은 세그먼트를 만들면 '캠페인: Data Share Promo'를 통해 웹사이트에 접속 후 자연 검색으로 재접속한 사용자 데이터를 추출할 수 있습니다.

'특정 캠페인을 통해 접속 후 자연 검색으로 재접속한 사용자' 데이터 추출하기

임의의 세그먼트 이름을 입력합니다❶.

[순서]❷에 '필터: 포함, 사용자', '순서 시작: 모든 사용자 상호작용', '1단계: 캠페인, 다음과 정확하게 일치함, Data Share Promo', '다음 단계', '2단계: Default Channel Grouping(기본 채널 그룹), 다음과 정확하게 일치함, Organic Search'를 지정합니다.

앞에서 만든 세그먼트를 적용한 상태로 '잠재고객→사용자 탐색기' 보고서를 열면 사용자별 행동 경로를 좀 더 구체적으로 확인할 수 있습니다.

'잠재고객→사용자 탐색기' 보고서에서 확인하기

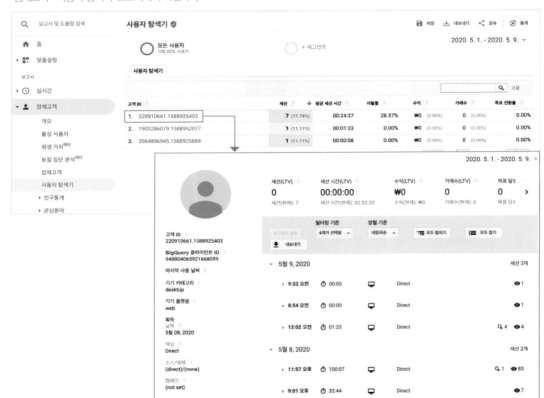

제삼자와 맞춤 세그먼트 공유하기

맞춤 세그먼트는 맞춤 보고서와 마찬가지로 구글 계정에 국한됩니다. 즉, 다른 구글 계정을 사용해 구글 애널리틱스에 로그인한 제삼자는 동일한 맞춤 세그먼트를 이용할 수 없습니다.

다음 방법으로 제삼자에게 맞춤 세그먼트를 공유할(혹은 제삼자로부터 맞춤 세그먼트를 공유받을) 수 있습니다.

›› 공유하는 경우

공유할 맞춤 세그먼트 오른쪽 상단의 드롭다운 아이콘❶을 클릭하고, 표시되는 메뉴 중 [공유]❷를 선택합니다.

맞춤 세그먼트 공유 설정하기

혹은 다음 그림과 같이 [관리]→[(보기) 세그먼트]❶에서 공유할 세그먼트가 위치한 행의 [작업]→[공유]❷를 선택할 수도 있습니다.

맞춤 세그먼트 공유 설정하기

'공유'를 클릭하면 다음 그림과 같이 맞춤 세그먼트 공유용 URL이 발급됩니다. 메일 등으로 해당 URL을 공유합니다.

※ 맞춤 세그먼트 구성만 공유되며 트래픽 데이터는 공유되지 않습니다.

맞춤 세그먼트 공유 URL 발행하기

>> 공유받는 경우

맞춤 세그먼트 공유 URL에 접속하면 다음 그림과 같은 대화 상자가 표시됩니다.

공유받은 맞춤 세그먼트 접근 설정하기

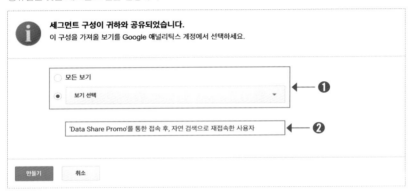

[모든 보기] 혹은 [보기 선택]을 선택하고❶, 세그먼트 이름을 임의로 지정합니다❷.

'모든 보기'를 선택하면 세그먼트를 모든 보기로 가져옵니다. 한편, '보기 선택'을 클릭하면 다음 그림과
같이 가져올 대상 보기를 선택할 수 있습니다.

적용 대상 보기 선택하기

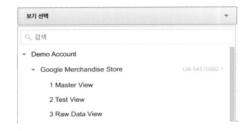

대화 상자를 따라 설정을 완료하면 제삼자가 만든 맞춤 세그먼트를 임의의 보기에 적용할 수 있습니다.

11-3 / 저장된 보고서로 작업 효율화하기

지금까지 소개한 것처럼 세그먼트는 매우 편리한 기능입니다. 하지만 세그먼트를 사용해 정기적으로 보고서를 만들어야 한다면 보고서에 적용하는 작업이 번잡해진다는 느낌도 적지 않게 받을 것입니다.

'저장된 보고서'를 사용하면 세그먼트(혹은 보조 측정기준이나 필터)를 적용한 상태로 보고서를 저장해 즉시 접속하게 할 수 있습니다.

세그먼트를 적용한 상태로 보고서 화면 오른쪽 위의 [저장] → [OK]를 클릭하면 현재 표시된 상태의 보고서가 '맞춤→저장된 보고서'에 저장됩니다.

세그먼트를 적용한 보고서 저장하기

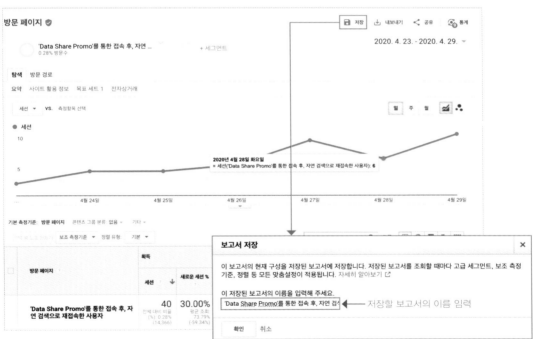

자주 사용하는 보고서는 다음 그림과 같이 '저장된 보고서'로 만들어 둡니다. 보고서를 만드는 시간을 줄이고 정말 중요한 데이터를 보고/분석하는 태스크에 좀 더 많은 시간을 할당할 수 있습니다.

저장된 보고서

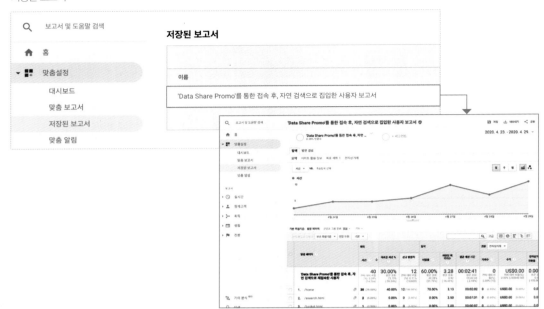

Chapter

12

구글 데이터 스튜디오에서
보고서 작성 및 공유하기

구글 데이터 스튜디오를 사용하면 구글 애널리틱스에서 얻은 데이터를 시각화해서 표나 그래프를 간단히 만들 수 있습니다. 이 장에서는 구글 데이터 스튜디오를 사용해 시각적인 보고서를 작성하는 방법과 작성한 보고서를 제삼자와 공유하는 방법에 관해 설명합니다.

12-1 / 구글 데이터 스튜디오란

구글 데이터 스튜디오는 다양한 데이터를 시각화해서 관계자에게 공유하기 위한 데이터 시각화 서비스입니다. 구글 애널리틱스나 구글 태그 관리자와 달리 무료 버전으로만 제공됩니다.

구글 데이터 스튜디오

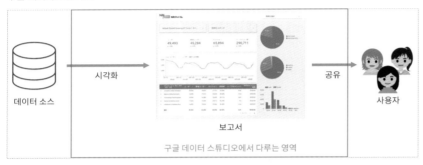

물론 구글 애널리틱스에서도 측정한 데이터를 시각화할 수 있습니다. 하지만 구글 데이터 스튜디오를 사용하면 다음과 같은 장점이 있습니다.

- 구글 애널리틱스에서 표현할 수 없는 눈에 잘 들어오는 보고서 작성 가능
- 구글 애널리틱스 이외의 데이터를 사용해 보고서 작성 가능
- 구글 애널리틱스 접근 권한이 없는 사용자에게 데이터(보고서) 공유 가능

두 번째 항목과 관련해 구글 데이터 스튜디오에서는 기본적으로 다음과 같은 데이터 소스와 접속해 보고서를 작성할 수 있습니다.

구글 데이트 스튜디오에서 사용 가능한 커넥터

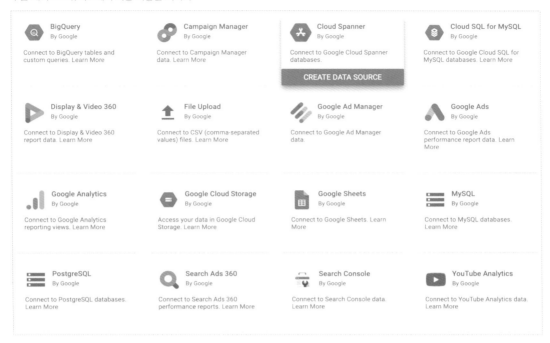

또한 이 책에서는 자세히 설명하지 않겠지만, '커뮤니티 커넥터'라는 외부 개발 커넥터를 사용하면 앞의 그림 이외의 데이터 소스에도 접속할 수 있습니다.

※ 커뮤니티 커넥터는 다음 페이지에서 설명한 것과 같이 직접 개발할 수도 있습니다.

 https://developers.google.com/datastudio/connector/

▌보고서에서 사용할 수 있는 컴포넌트

이 책의 집필 시점(2019년 8월)을 기준으로 보고서에서 사용할 수 있는 컴포넌트에 관해 간단히 소개합니다.

》》 표 차트

'표' 차트는 표 유형 보고서를 만들 때 사용합니다.

'막대그래프 표', '히트맵 표'를 사용하면 각 측정항목의 크기를 막대 길이 또는 색 농도로 표현할 수 있습니다.

※ 자세한 내용은 다음 페이지를 참조하십시오.

 https://support.google.com/datastudio/answer/7189044

표

표	소스/매체	사용자 ▾	신규 방문자	세션	이탈률	세션당 페이지수	평균 세션 시간
1.	google / organic	25,623	23,489	30,952	54.63%	3.49	00:02:18
2.	(direct) / (none)	7,315	7,072	8,784	37.39%	4.8	00:03:26
3.	analytics.google.com / referral	2,741	2,085	3,388	54.78%	2.61	00:02:39
4.	mall.googleplex.com / referral	1,759	1,195	2,742	14.15%	9.58	00:06:45
5.	creatoracademy.youtube.com / referral	1,659	1,627	1,730	60.81%	3.18	00:01:11
6.	Partners / affiliate	1,575	1,413	1,832	60.86%	2.4	00:01:49

1 - 80 / 80 〈 〉

막대가 있는 표		사용자 ▾	신규 방문자	세션	이탈률	세션당 페이지수	평균 세션 시간
1.	google / organic						
2.	(direct) / (none)						
3.	analytics.google.com / referral						
4.	mall.googleplex.com / referral						
5.	creatoracademy.youtube.com / referral						
6.	Partners / affiliate						

1 - 80 / 80 〈 〉

히트맵이 있는 표		사용자 ▾	신규 방문자	세션	이탈률	세션당 페이지수	평균 세션 시간
1.	google / organic	25,623	23,489	30,952	54.63%	3.49	00:02:18
2.	(direct) / (none)	7,315	7,072	8,784	37.39%	4.8	00:03:26
3.	analytics.google.com / referral	2,741	2,085	3,388	54.78%	2.61	00:02:39
4.	mall.googleplex.com / referral	1,759	1,195	2,742	14.15%	9.58	00:06:45
5.	creatoracademy.youtube.com / referral	1,659	1,627	1,730	60.81%	3.18	00:01:11
6.	Partners / affiliate	1,575	1,413	1,832	60.86%	2.4	00:01:49
7.	google.com / referral	1,102	808	1,403	27.37%	6.82	00:04:19
8.	google / cpc	1,021	771	1,281	32.47%	5.54	00:03:28

1 - 80 / 80 〈 〉

〉〉 스코어카드 차트

일반적으로 '스코어카드'는 주요한 지표의 행동을 관찰할 목적으로 사용합니다.

※ 자세한 내용은 다음 페이지를 참조하십시오.

 https://support.google.com/datastudio/answer/7193479

스코어카드

사용자	사용자
43,482	**4.3만**
↑ 24.8%	↑ 24.8%
스코어카드	축약된 수치가 표시된 스코어카드

〉〉 시계열 차트

'시계열'은 일정 기간에 걸친 데이터 추이를 시각화하는 목적으로 사용합니다.

※ 자세한 내용은 다음 페이지를 참조하십시오.

 https://support.google.com/datastudio/answer/7059697

시계열 차트

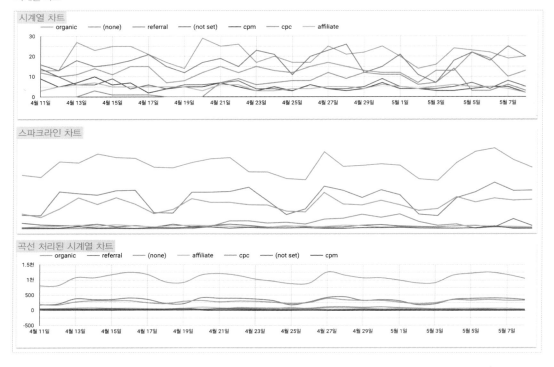

›› 막대 차트

'막대'는 여러 항목(예: desktop, mobile, tablet)의 집계 값의 크기를 비교하는 목적으로 사용합니다.
또한 누적 가로/세로 막대그래프를 사용해 항목 내 구성비를 파악할 수 있습니다.

※ 자세한 내용은 다음 페이지를 참조하십시오.

https://support.google.com/datastudio/answer/7165560

막대 차트

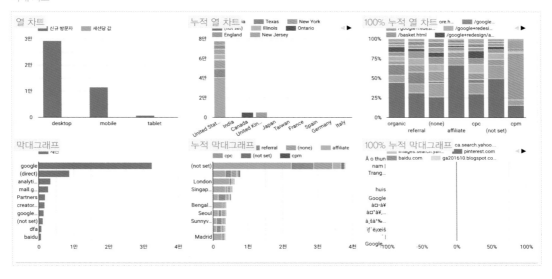

>> 원형 차트

'원형' 차트는 한 측정기준에 관한 여러 항목(예: desktop, mobile, table)의 구성비를 파악하는 목적으로 사용합니다. 원형 차트를 사용하는 경우 항목 수가 늘어나면 보기가 어려워지므로 주의합니다.

※ 자세한 내용은 다음 페이지를 참조하십시오.

https://support.google.com/datastudio/answer/7187587

원형 차트

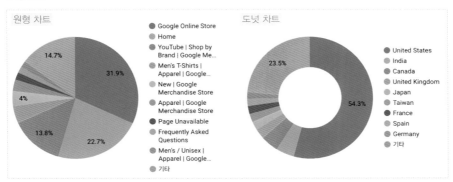

≫ 지역 지도 차트

'지역 지도' 차트를 사용하면 지역별 집계 값의 크기를 알기 쉽게 시각화할 수 있습니다.

※ 자세한 내용은 다음 페이지를 참조하십시오.

 https://support.google.com/datastudio/answer/7065037

지역 지도 차트

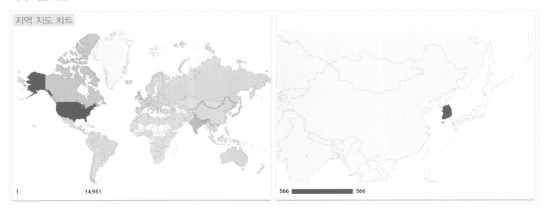

≫ 선 차트

시계열 차트과 마찬가지로 '선' 차트는 일정한 기간에 걸친 데이터 추이를 시각화하는 경우 사용합니다. 꺾은 선 그래프와 막대그래프(혹은 꺾은 선 그래프)를 조합해 여러 측정항목의 관련성을 시각화할 수 있습니다.

※ 자세한 내용은 다음 페이지를 참조하십시오.

 https://support.google.com/datastudio/answer/7398001

선 차트

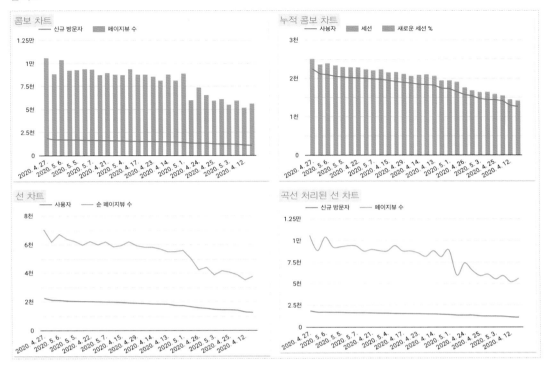

›› 영역 차트

시계열 차트와 마찬가지로 '영역' 차트는 일정한 기간에 걸친 데이터의 변화량을 시각화하는 경우 사용합니다.

※ 자세한 내용은 다음 페이지를 참조하십시오.

https://support.google.com/datastudio/answer/7206478

영역 차트

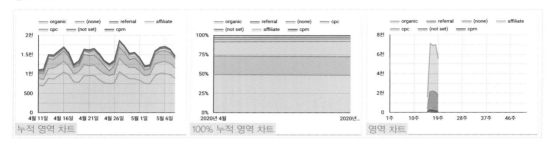

누적 영역 차트   100% 누적 영역 차트   영역 차트

›› 분산형 및 풍선형 차트

'분산형 및 풍선형' 차트는 한 항목에 대해 2개 기준과의 관련성을 파악하고자 하는 경우 사용합니다. '풍선형' 차트를 사용하면 원형의 크기를 활용해 3번째 기준의 관련성을 표현할 수도 있습니다.

※ 자세한 내용은 다음 페이지를 참조하십시오.

https://support.google.com/datastudio/answer/7207785

분산형 및 풍선형 차트

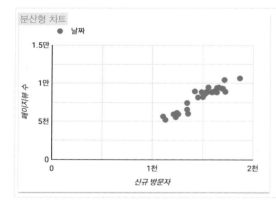

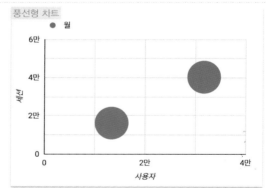

≫ 피벗 테이블 차트

'피벗 테이블' 차트는 '표' 차트로 표현할 수 없는 표 형식 보고서를 만드는 경우 사용합니다.

※ 자세한 내용은 다음 페이지를 참조하십시오.

 https://support.google.com/datastudio/answer/7516660

피벗 테이블 차트

피벗 테이블

페이지 제목	United States	India	United King...	Canada	Taiwan	Spain	Germany	France	Japan	Italy
Home	8,585	910	365	840	745	366	259	358	410	246
Google Online...	3,071	1,562	791	402	478	730	568	625	352	585
New	Google ...	4,216	498	181	400	279	144	110	150	230	94
YouTube	Sh...	2,591	509	639	279	60	90	170	111	122	121
Men's / Unise...	3,041	171	121	235	43	62	103	84	81	55

국가 / 사용자

막대가 있는 피벗 테이블

매체 / 신규 방문자

지역	organic	(none)	referral	affiliate	cpc	(not set)	cpm
California							
(not set)							
England							
New York							
Texas							

히트맵이 있는 피벗 테이블

소스 / 페이지뷰 수

페이지	google	(direct)	mall.google...	google.com	analytics.g...	(not set)	creatoracad...	Partners	dfa	bing
/home	28,202	4,782	2,641	1,246	2,321	1,261	58	2,019	117	316
/store.html	8,130	4,695	1,811	656	905	619	486	298	110	71
/basket.html	4,527	2,613	2,068	673	556	194	189	170	22	55
/store.html/q...	4,167	2,998	1,562	503	297	296	169	108	42	30
/google+rede...	6,044	393	126	49	886	29	1,859	39	2	41

≫ 글머리기호 차트

'글머리기호' 차트를 사용하면 특정한 지표가 목표에 도달했는지를 빠르게 확인할 수 있습니다. KGI나
KPI 달성 상황을 확인하고자 하는 경우 사용하면 효과적입니다.

※ 자세한 내용은 다음 페이지를 참조하십시오.

 https://support.google.com/datastudio/answer/7205385

글머리기호 차트

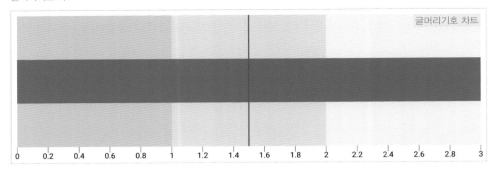

>> 트리맵 차트

'트리맵' 차트에서는 사각형 크기와 색으로 각 데이터의 크기와 전체 기준의 점유 비율을 시각화할 수 있
습니다.

※ 자세한 내용은 다음 페이지를 참조하십시오.

 https://support.google.com/datastudio/answer/9381697

트리맵 차트

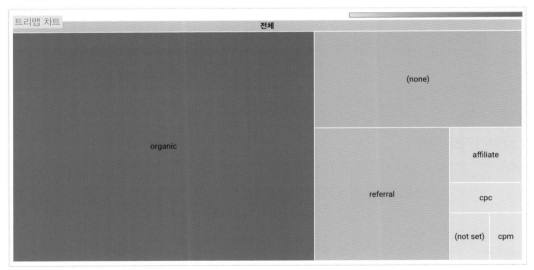

>> 기간

'기간'을 사용하면 보고서 열람자가 각각 보고서 집계 기간을 변경할 수 있습니다.

※ 자세한 내용은 다음 페이지를 참조하십시오.

 https://support.google.com/datastudio/answer/6291067

기간

>> 필터 제어

'필터 제어'를 추가하면 보고서 열람자가 데이터를 필터링할 수 있습니다.

※ 자세한 내용은 다음 페이지를 참조하십시오.

 https://support.google.com/datastudio/answer/6312144

필터 제어

필터 제어 ..lt Channel Grouping	사용자
🔍 검색어 입력	
✔ Organic Search	2.7만
✔ Direct	7.4천
✔ Referral	5.9천
✔ Social	2천
✔ Affiliates	1.6천
✔ Paid Search	1천
✔ (Other)	965
✔ Display	677

›› 데이터 제어

'데이터 제어'를 사용하면 보고서 열람자가 보고서에 어떤 계정의 데이터를 표시할지 선택할 수 있습니다.

※ 자세한 내용은 다음 페이지를 참조하십시오.

 https://support.google.com/datastudio/answer/7415591

데이터 제어

>> URL 삽입

'URL 삽입'은 외부 콘텐츠(예: 유튜브에 업로드된 동영상)을 구글 데이터 스튜디오 보고서에 삽입하는 기능입니다.

※ 자세한 내용은 다음 페이지를 참조하십시오.

 https://support.google.com/datastudio/answer/9132022

URL 삽입

>> 텍스트/이미지/꺾은 선/사각형/원형

보고서 안에 텍스트나 이미지 등을 구글 데이터 스튜디오에 삽입하기 위한 기능입니다.

텍스트/이미지/꺾은 선/사각형/원형

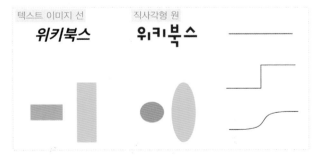

텍스트/이미지/꺾은 선/직사각형/원

컴포넌트	개요
텍스트	제목이나 메모 등을 보고서에 추가할 수 있습니다.
이미지	로고나 아이콘 등의 이미지를 보고서에 추가할 수 있습니다.
꺾은 선	선형/연결선/굽은 연결선 등을 보고서에 추가할 수 있습니다.
직사각형/원	각 도형을 보고서에 추가할 수 있습니다.

12-2 / 구글 데이터 스튜디오 시작하기

구글 데이터 스튜디오는 'https://datastudio.google.com/overview'를 통해 접속할 수 있습니다.

다음 그림과 같은 화면이 표시되는 경우에는 [USE IT FOR FREE]를 클릭해 구글 계정에 로그인합니다.

※ 브라우저에 따라 잘 동작하지 않는 경우가 있으므로 구글 크롬 사용을 권장합니다.

구글 데이터 스튜디오

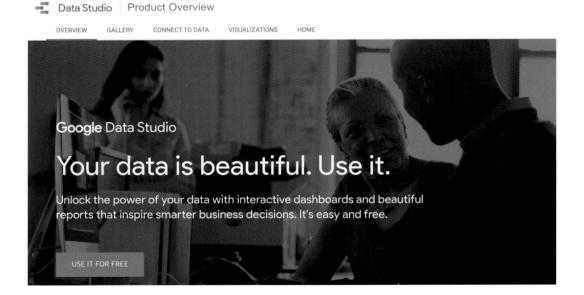

구글 데이터 스튜디오에 접속하면 다음 그림과 같은 홈 화면이 표시됩니다. **[빈 보고서]❶**를 클릭하면 대화 상자가 표시됩니다. **[시작하기]❷**를 클릭합니다.

구글 데이터 스튜디오 시작하기

'시작하기'를 클릭하면 이용약관이 표시됩니다. 내용을 확인한 후 **[동의]**를 클릭합니다.

※ '회사 이름' 항목 입력 유무에 관해서는 다음 페이지를 참조하십시오.

https://support.google.com/datastudio/answer/7657915

'이용약관' 확인하기

마지막으로 사용자 설정을 수행한 뒤 **[완료]**를 클릭하면 구글 데이터 스튜디오를 사용할 수 있습니다. 사용자 설정은 나중에 변경할 수 있습니다.

사용자 설정

마케팅 성공률을 높여주는 구글 애널리틱스

보고서 만들기

보고서는 '보고서' 탭의 [+ 빈 보고서]에서 만들 수 있습니다.

보고서 만들기

다음 그림의 빨간색 사각형 부분에 있는 템플릿을 사용해 보고서를 만들 수도 있습니다. 이 책에서는 학습을 위해 빈 보고서 상태에서 보고서를 만듭니다.

템플릿

'빈 보고서'를 클릭하면 [보고서에 데이터 추가] 화면이 표시됩니다. [데이터에 연결] 탭에서 미리 만들어진 커넥터를 선택하거나 [내 데이터 소스] 탭에서 사용자가 정의한 데이터를 가져올 수도 있습니다. 구글 애널리틱스 데이터를 사용해 보고서를 만드는 경우에는 [구글 애널리틱스]를 선택합니다.

구글 애널리틱스에 접속할 커넥터 선택하기

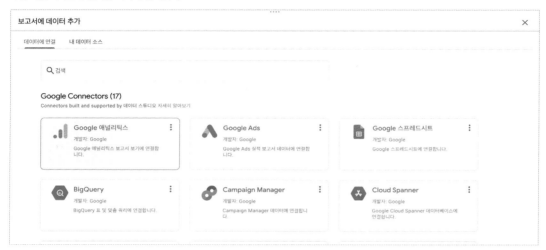

데이터 소스 만들기

보고서 화면에서 [+ 데이터 추가]를 클릭해서 보고서에 데이터를 추가할 수 있습니다.

데이터 소스 만들기

'구글 애널리틱스'를 선택한 뒤 다음 그림과 같이 [승인]❶을 클릭합니다.

'승인'을 클릭하면 데이터 소스로 사용 가능한 구글 애널리틱스 계정 목록이 표시됩니다. 데이터 소스에 사용할 보기를 선택하고❶, [**추가**]❷를 클릭합니다.

※ 이 책에서는 데모 계정인 'Demo Account→Google Merchandise Store→Master View'를 사용해 샘플을 만듭니다. 다음 그림과 같이 '1 Master View'를 선택합니다.

데이터 소스에 사용할 보기 선택

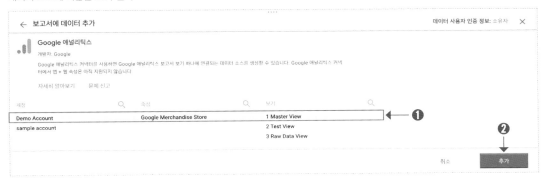

'추가'를 클릭하면 보고서에서 사용 가능한 '필드(측정기준과 측정항목)' 목록을 확인할 수 있습니다.

보고서에 필요한 '필드'가 존재하는 것을 확인했다면 [**보고서에 추가**]를 클릭해 대화 상자를 표시하고, 보고서에 데이터 소스를 추가합니다.

※ '구글 데이터 스튜디오가 Google 계정으로 접속을 요청합니다.'라는 대화 상자가 표시되는 경우에는 '허가'를 클릭합니다.

'보고서 배경색'을 변경한 뒤, 보고서에 '이미지', '기간'을 배치하기 위한 헤더 공간을 추가합니다.

다음 그림과 같이 [도형]→[직사각형]을 선택하고 보고서 위의 적절한 영역을 클릭하면 보고서에 사각형이 추가됩니다. 사각형을 드래그해서 영역 크기를 지정합니다❶. 도형이 추가됐다면 배경색을 조정합니다❷.

헤더 공간 추가하기

헤더로 사용할 '사각형'을 배치한 뒤 [이미지]를 선택하고, '이미지'를 표시된 테두리 영역에 추가합니다 ❶. '테마' 탭의 [파일 선택]을 클릭해서 로컬에 저장된 로고 이미지 파일을 추가합니다❷.

이미지 파일 추가하기

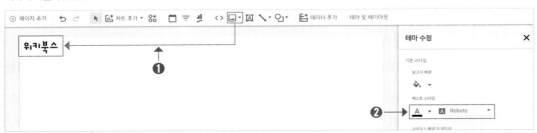

이어서 데이터 추출 기간을 조정하기 위한 컴포넌트 '기간'을 추가합니다. [기간]을 선택하고 보고서에 기간 컴포넌트를 추가합니다.

'기간' 추가하기

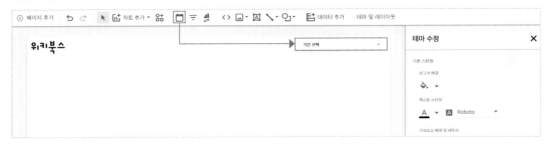

기간을 추가한 뒤 헤더 전체(헤더 공간, 로고, 기간)를 선택하고 마우스 오른쪽 버튼을 클릭합니다❶. **[보고서 수준으로 만들기]❷**에서 보고서 수준으로 변경합니다.

헤더 영역 전체를 보고서 수준으로 변경하기

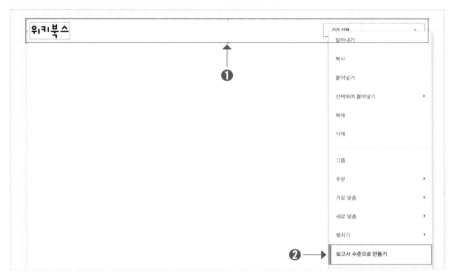

기본 상태인 '페이지 수준'과 앞에서 설명한 '보고서 수준'의 차이는 다음과 같습니다.

'페이지 수준'과 '보고서 수준'

페이지 수준	컴포넌트는 배치한 페이지에만 표시됩니다.
보고서 수준	특정 페이지에 컴포넌트를 배치하면 보고서 내 모든 페이지에 해당 컴포넌트가 표시됩니다.

페이지 수준

보고서 수준

2페이지 이후에도 헤더가 반영됨

헤더와 같이 모든 페이지에 공통으로 적용되는 컴포넌트는 보고서 수준으로 변경하는 것이 좋습니다.

이상으로 보고서 배경 만들기를 완료합니다.

필터 제어 추가하기

계속해서 보고서에 필터 제어를 추가합니다. [필터 제어]를 선택한 뒤, 보고서에 추가하고 크기를 조정합니다❶. 컨트롤을 추가했다면 복사해서 붙여넣기 등으로 필터 옵션을 하나 더 복제합니다❷.

※ 환경에 따라 추가 시 표시되는 측정기준이 달라집니다.

필터 제어 추가하기

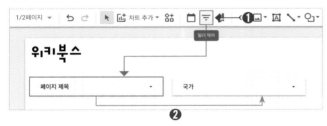

필터 제어를 복제한 뒤 왼쪽 필터 제어를 선택하고, '데이터' 탭에서 [측정기준]❶은 'Default Channel Grouping(기본 채널 그룹)', [측정항목]❷은 '사용자'로 변경합니다.

측정기준과 측정항목 설정하기(왼쪽)

마찬가지로 오른쪽 필터 제어를 선택한 뒤, '데이터' 탭에서 [측정기준]❶을 '소스/매체', [측정항목]❷을 '사용자'로 변경합니다.

측정기준과 측정항목 설정하기(오른쪽)

다음 그림과 같은 설정으로 필터 제어 추가를 완료합니다.

필터 제어 설정 상태

스코어카드 추가하기

이어서 스코어카드를 보고서에 추가합니다. 먼저 다음 그림과 같이 [**직사각형**]을 선택해 '직사각형'을 배치하고, 배경색을 설정합니다.

스코어카드 공간 추가하기

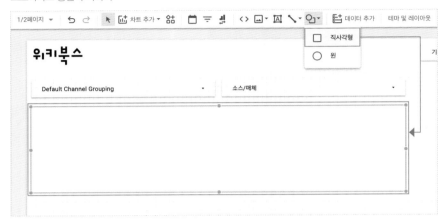

다음으로 [**차트 추가**]→[**스코어카드**]❶에서 '스코어카드' 하나를 보고서에 추가합니다❷.

※ 환경에 따라 처음 표시되는 측정항목이 다를 수 있습니다.

스코어카드 추가하기

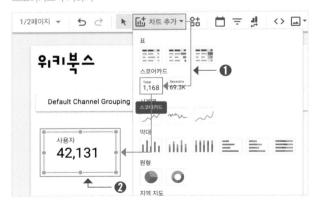

스코어카드를 추가한 뒤, '데이터' 탭에서 [**비교기간**]을 '이전 기간'으로 변경합니다.

스코어카드 비교기간 변경하기

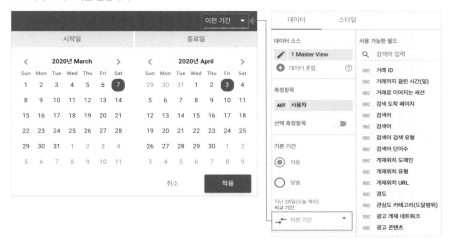

여기까지 설정을 마쳤다면 다음 그림과 같이 스코어카드를 오른쪽으로 3개 복제합니다.

스코어카드 복제하기

스코어카드를 복제한 뒤 각 스코어카드가 참조할 '측정항목'을 변경합니다. 변경할 스코어카드를 선택하고❶ '데이터' 탭의 [측정항목]❷을 각각 설정합니다. 여기에서는 '사용자', '신규 방문자', '세션', '페이지뷰 수'를 설정합니다.

스코어카드 측정항목 설정하기

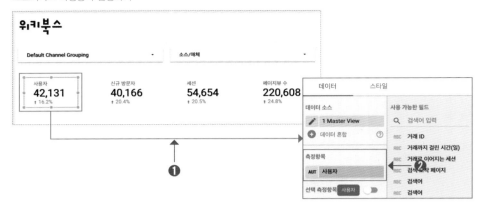

시계열 차트 추가하기

계속해서 [**차트 추가**]→[**시계열**]❶에서 시계열 차트를 보고서에 추가합니다❷.

시계열 차트 추가하기

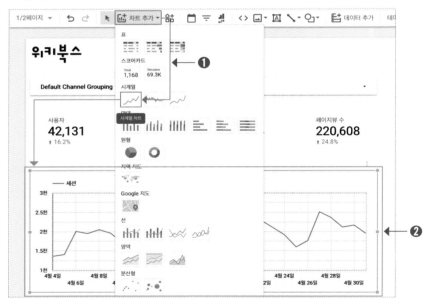

시계열 차트를 추가한 뒤 '데이터' 탭의 [측정항목], [비교기간]❶과 '스타일' 탭의 [배경]❷을 각각 다음과 같이 변경합니다.

시계열 차트 설정하기

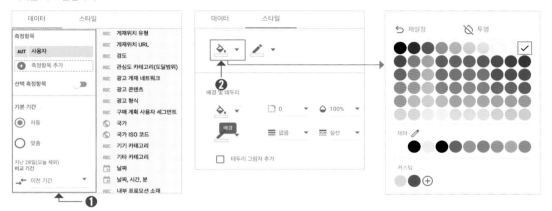

다음 그림과 같은 상태가 되면 시계열 차트 추가가 완료됩니다.

시계열 차트 상태

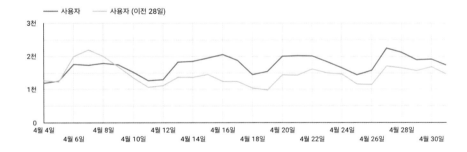

표 추가하기

계속해서 [차트 추가]→[표]❶에서 표를 보고서에 추가합니다.

표 추가하기

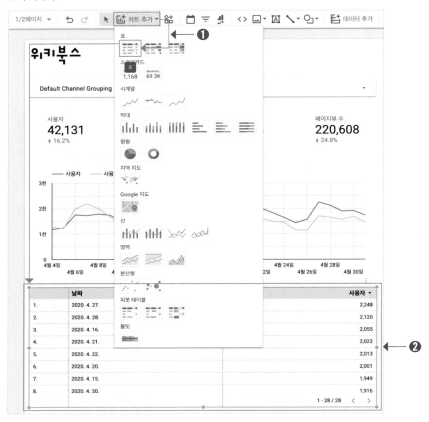

표를 추가한 뒤 '데이터' 탭의 [측정기준], [측정항목], [페이지당 행], [요약행 표시]❶와 [스타일] 탭의
[배경]❷을 각각 다음 그림과 같이 변경합니다.

표 설정

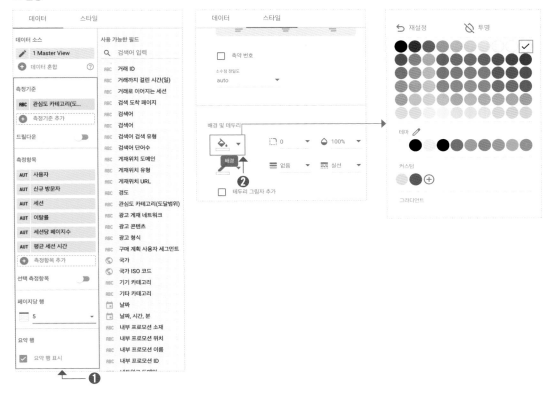

마지막으로 다음 그림과 같이 헤더와 열의 폭을 조정하면 표 추가가 완료됩니다.

헤더 행의 문자 수가 많아 잘려서 보이는 경우, [스타일] 탭에서 **[표 헤더]→[텍스트 줄 바꿈]** 박스에 체크하면 헤더 문자열의 줄을 바꿔서 표시합니다❶.

경계선을 클릭하고 커서를 좌우로 움직여 열의 폭을 조정할 수 있습니다❷.

헤더 및 열 폭 조정하기

	관심도 카테고리(도달범위)	사용자 ▾	신규 방문자	세션	이탈률	세션당 페이지 수	평균 세션 시간
1.	Shoppers/Value Shoppers	13,817	12,791	18,331	46.46%	4.33	00:03:05
2.	Media & Entertainment/Movie Lovers	13,560	12,630	18,036	46.98%	4.21	00:03:04
3.	Technology/Technophiles	13,048	12,116	17,272	46.28%	4.32	00:03:04
4.	Media & Entertainment/Music Lovers	10,486	9,824	13,674	49.59%	3.89	00:02:51
5.	Travel/Business Travelers	9,350	8,582	12,563	46.35%	4.4	00:03:14
	총 합계	42,131	40,166	54,654	49.15%	4.04	00:02:48

1 - 5 / 116 ‹ ›

텍스트 줄 바꾸기

원형 차트 추가하기

원형 차트 추가하기

계속해서 [차트 추가]→[원형]❶에서 원형 차트 2개를 보고서에 추가합니다❷.

원형 차트 추가하기

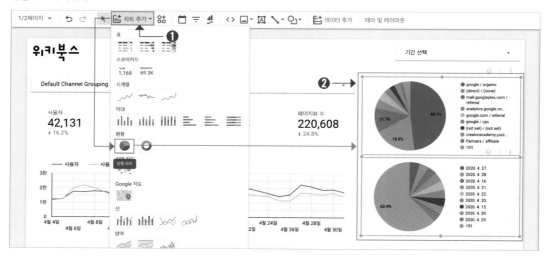

'데이터' 탭에서 각 차트의 [**측정기준**]과 [**배경**]을 다음 그림과 같이 변경하면 원형 차트 추가가 완료됩니다.

여기에서는 위쪽 원형 차트를 '측정기준: 사용자 유형', '측정항목: 사용자', 아래쪽 원형 차트를 '측정기준: 기기 카테고리', '측정항목: 사용자'로 설정했습니다.

원형 차트 설정하기

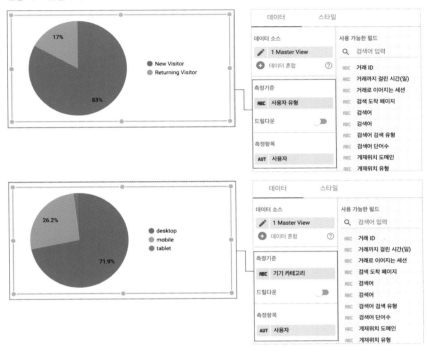

막대 차트 추가하기

계속해서 [차트 추가]→[막대]❶에서 열 차트를 보고서에 추가합니다❷.

열 차트 추가하기

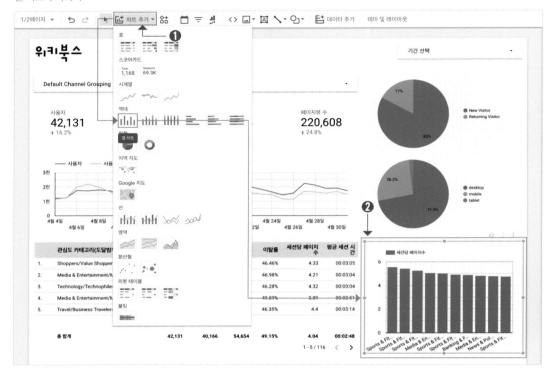

열 차트를 추가한 뒤 '데이터' 탭에서 [측정기준], [세부 측정기준], [측정항목], [배열]을 다음 그림과 같이 변경합니다.

열 차트 설정하기

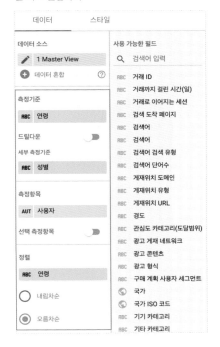

다음 그림과 같은 상태가 됐다면 '열 차트' 추가가 완료된 것입니다.

열 차트

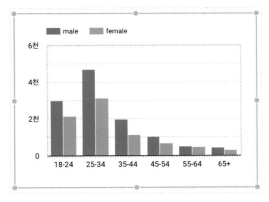

이상으로 보고서 만들기를 마쳤습니다. **[보기]** 버튼을 클릭해 만든 보고서를 확인할 수 있습니다.

필터와 세그먼트 적용하기

구글 애널리틱스를 데이터 소스로 한 컴포넌트를 만드는 경우, 구글 데이터 스튜디오에서 만든 보고서의 각 컴포넌트에도 구글 애널리틱스와 마찬가지로 필터나 세그먼트를 적용할 수 있습니다.

》 필터 적용하기

필터를 적용하는 경우에는 컴포넌트를 선택한 상태에서 '데이터' 탭의 **[필터 추가]**를 클릭합니다.

컴포넌트에 필터 추가하기

'필터 추가'를 클릭하면 필터 만들기 화면이 표시됩니다. 조건을 수정한 후 [**저장**]을 클릭하면 해당 컴포넌트에 필터가 추가됩니다.

필터 조건 설정하기

›› 세그먼트 적용하기

세그먼트를 적용하는 경우에는 컴포넌트를 선택한 상태에서 '데이터' 탭의 [**세그먼트 추가**]를 클릭합니다.

컴포넌트에 세그먼트 추가하기

'세그먼트 추가'를 클릭하면 세그먼트 선택 화면이 표시됩니다. 적용할 세그먼트를 선택합니다.

※ 맞춤 세그먼트는 구글 애널리틱스에서 미리 만들어 둬야 합니다.

추가할 세그먼트 선택하기

샘플링 확인하기

구글 애널리틱스를 데이터 소스로 하는 컴포넌트를 만든 경우, 대상 컴포넌트에는 구글 애널리틱스와 같은 수준의 샘플링 비율이 적용됩니다.

데이터 샘플링이 적용된 경우에는 다음 그림과 같이 보고서 화면 왼쪽 하단에 '샘플링 표시'라는 메시지가 표시됩니다. **[샘플링 표시]**를 클릭하면 데이터 샘플링이 적용된 컴포넌트와 샘플링 비율을 확인할 수 있습니다.

데이터 샘플링 확인하기

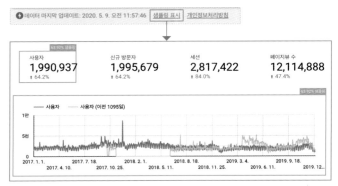

12-4 / 보고서 공유하기

만든 보고서는 제삼자와 '보고서 자체' 혹은 'PDF 파일' 형태로 공유할 수 있습니다.

각 방법에 관해 설명합니다.

보고서를 그대로 공유하기

만든 보고서는 '수정' 또는 '보기' 화면의 **[공유]❶** 혹은 보고서 목록 화면의 **[⋮]→[공유]❷** 메뉴를 통해 제삼자에게 공유할 수 있습니다.

보고서 공유하기

다음 그림과 같은 보고서 공유 대화 상자가 표시됩니다. 보고서를 공유할 구글 계정을 지정하거나❶ **[액세스 관리]❷**에서 공유 링크를 발행합니다.

※ 권한은 보고서를 수정할 수 있는 '수정 가능'과 보기만 가능한 '보기 가능' 중 한 가지를 선택할 수 있습니다.

보고서 공유 대상 선택하기

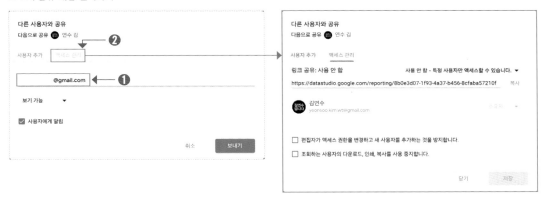

공유 링크를 발행하는 경우에는 해당 링크가 외부에 공개됐을 때 데이터가 유출될 위험을 방지하기 위해 데이터 소스 편집 화면에서 보고서로 사용하는 데이터 소스의 **[데이터 사용자 인증 정보]**를 '조회자의 사용자 인증 정보'로 변경해 둡니다.

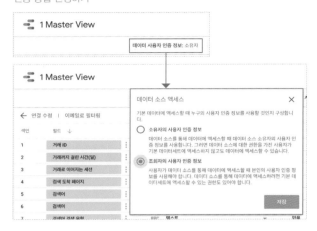

'소유자의 사용자 인증 정보'와 '조회자의 사용자 인증 정보'는 다음과 같은 차이가 있습니다.

>> 소유자의 사용자 인증 정보

보고서를 공유한 상대(A씨)가 보고서상 컴포넌트의 데이터 소스의 원 제공처(구글 애널리틱스 등)에 관한 조회 권한을 가지고 있지 않더라도 데이터 소스 작성자(B씨)가 권한을 가지고 있다면 A씨 역시 구글 데이터 스튜디오상에서 데이터를 조회할 수 있습니다.

>> 조회자의 사용자 인증 정보

A씨가 보고서상 컴포넌트의 데이터 소스의 원 제공처에 대해 권한을 가지고 있지 않는 한 해당 데이터를 조회할 수 없습니다.

PDF 파일로 변환해서 공유하기

보고서를 PDF 파일로 공유하고자 하는 경우에는 [▼]→[보고서 다운로드]❶를 클릭합니다. '보고서 다운로드'를 클릭하면 다음 그림과 같은 대화 상자가 표시됩니다. 필요한 항목에 체크한 뒤❷ [다운로드]를 클릭해 보고서를 다운로드할 수 있습니다.

보고서를 PDF 파일로 변환해서 다운로드하기

'보고서로 돌아가는 링크 추가하기'에 체크하면 다운로드한 PDF 파일의 '북마크' 영역에 '데이터 스튜디오에서 열기'라는 메뉴가 추가됩니다.

보고서 URL로 이동하기

또한 [▼]→[**이메일 전송 예약**]에서 특정 메일 주소로 PDF 파일을 정기적으로 송출할 수 있으므로 필요에 따라 사용하기 바랍니다.

※ '이메일 전송 예약' 설정을 하기 위해서는 보고서 '수정' 권한을 가지고 있어야 합니다.

보고서 이메일 정기 발송하기

12-5 / 데이터 소스 공유하기

데이터 소스는 '데이터 소스' 탭에서 데이터 소스를 선택하면 헤더에 표시되는 **[공유]**❶ 메뉴 또는 데이터 소스 목록 화면의 **[:]→[공유]**❷ 메뉴에서 제삼자에게 공유할 수 있습니다.

데이터 소스를 사용해 제삼자가 보고서를 만들거나 해당 데이터 소스를 수정하게 하고 싶다면 우선 공유해야 합니다.

데이터 소스 공유하기

앞 그림 중 한 가지 방법으로 공유 메뉴를 클릭하면 다음 그림과 같이 데이터 소스 공유 대화 상자가 표시됩니다. 공유할 구글 계정을 지정하거나❶ [액세스 관리하기]❷에서 공유 링크를 발행합니다.

※ 권한은 보고서를 수정할 수 있는 '수정 가능'과 보기만 가능한 '보기 가능' 중 한 가지를 선택할 수 있습니다.

데이터 소스 공유 대상 선택하기

마케팅 성공률을 높여주는 **구글 애널리틱스**

Chapter

13

구글 최적화 도구로
A/B 테스트하기

구글 최적화 도구를 사용하면 웹 페이지의 A/B 테스트를 손쉽게 실시할 수 있습니다. 또한 테스트 결과는 구글 애널리틱스에서도 확인할 수 있습니다. 이 장에서는 구글 최적화 도구로 A/B 테스트를 수행하는 방법부터 구글 애널리틱스에서 결과를 확인하는 방법을 소개합니다.

구글 최적화 도구란 웹사이트에서 'A/B 테스트'나 '개인화'를 수행하기 위한 서비스입니다.

웹사이트에서의 A/B 테스트란 특정 URL에 접속한 타깃 사용자에게 디자인이나 콘텐츠가 다른 페이지를 나누어 보여주고 그 결과를 검증함으로써 어떤 패턴이 더 좋은지(전환으로 이어지는지) 결정하는 방법입니다.

구글 최적화 도구를 활용한 A/B 테스트

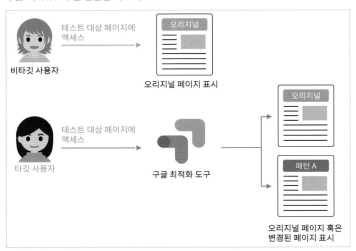

웹사이트에서의 개인화란 타깃 사용자가 특정한 URL에 액세스했을 때 다른 사용자와 다른 페이지를 표시하는 방법입니다. 각 사용자(그룹)를 대상으로 최적화된 페이지를 표시할 수 있기 때문에 고객 만족도나 전환을 최대화할 수 있습니다.

구글 최적화 도구를 활용한 개인화

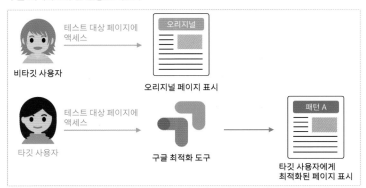

구글 최적화 도구 이외에도 A/B 테스트나 개인화를 수행할 수 있는 서비스는 다양하지만, 구글 최적화 도구는 다음과 같은 장점을 제공합니다.

- 구글 애널리틱스에 A/B 테스트나 개인화와 관련된 데이터 연동 가능

- 테스트 목표에 구글 애널리틱스에서 설정한 목표 사용 가능

- 구글 광고(Google Ads)와의 연동을 통해 특정 광고로부터 웹 페이지에 액세스한 사용자에 대해 A/B 테스트나 개인화 실시 가능

- 무료 이용 가능

위에서 설명한 4번째 장점과 같이 구글 최적화 도구는 무료로 사용할 수 있습니다. 다만, 구글 애널리틱스와 마찬가지로 유료 버전인 구글 최적화 도구 360도 제공됩니다.

구글 최적화 도구와 구글 최적화 도구 360의 차이점은 다음과 같습니다.

구글 최적화 도구와 구글 최적화 도구 360 비교

	구글 최적화 도구	구글 최적화 도구 360
동시 테스트	최대 5개	101개 이상
'A/B 테스트'에서 설정 가능한 패턴 수	최대 8패턴	최대 36패턴
'구글 애널리틱스 사용자' 타깃팅	×	○

※ 자세한 내용은 다음 페이지를 참조하십시오. 이 책에서는 무료 버전에서도 사용 가능한 기능을 중심으로 소개합니다.

https://support.google.com/optimize/answer/7084762

구글 최적화 도구에는 'A/B 테스트', '다변량 테스트(MVT)', '리디렉션 테스트'와 같은 3가지 유형의 테스트를 설정할 수 있습니다. 이 책에서는 정식으로 릴리스된 A/B 테스트와 리디렉션 테스트에 관해 소개합니다.

또한 개인화는 '맞춤'에서 설정할 수 있습니다. 맞춤에 관해서는 17장에서 설명합니다.

13-2 / 구글 최적화 도구 계정 구성

구글 최적화 도구 계정은 계정과 컨테이너의 2계층으로 구성됩니다. 계정과 컨테이너에 관해 간단히 설명하면 다음과 같습니다.

구글 최적화 도구의 계정과 컨테이너

계층	설명
계정	▪ 여러 컨테이너를 그룹화합니다. ▪ 그룹화한 컨테이너에 대해 사용자 권한을 관리할 수 있습니다.
컨테이너	▪ 테스트나 개인화 설정은 컨테이너에서 수행합니다. ▪ 테스트나 개인화 설정을 수행하기 위해서는 컨테이너 및 구글 애널리틱스의 속성을 연결해야 합니다. ▪ 다음에 설명할 최적화 도구 스니펫은 컨테이너별로 발행합니다.

원칙적으로 계정은 회사당 1개, 컨테이너는 웹사이트별로 만드는 것이 좋습니다. 다만, 무료 버전의 구글 최적화 도구를 사용하는 경우에는 다음 제약 사항에 주의합니다.

- 컨테이너 1개에서 동시에 실시 가능한 최대 테스트 수: 5

- 구글 최적화 도구의 컨테이너와 연결된 구글 애널리틱스 속성의 히트 수 제한: 1,000만 건/월

※ 자세한 내용은 다음 페이지를 참조하십시오.

 https://support.google.com/optimize/answer/6230273 (영문)

앞의 제약 사항을 해결하기 어려운 경우에는 컨테이너 분할이나 이용 범위를 제한할 것을 검토해야 합니다.

13-3 / 구글 최적화 도구 시작하기

구글 최적화 도구는 'https://optimize.google.com/'를 통해 접속할 수 있습니다.

※ 구글 최적화 도구를 이용하기 위해서는 구글 계정이 필요합니다.

구글 최적화 도구 이용 시작하기

[시작하기]를 클릭하면 다음 그림과 같은 대화 상자가 표시됩니다. 임의의 항목을 선택하고, [다음]을 클릭합니다.

※ 사용자 설정은 나중에 변경할 수 있습니다.

구글 최적화 도구 사용자 설정 수행하기

'다음'을 클릭하면 '계정 설정 선택' 대화 상자가 표시됩니다. 임의의 항목을 선택합니다.

※ 계정 설정은 추후에도 변경할 수 있습니다.

계정 설정 선택

마지막으로 서비스 약관에 동의하고 **[완료]**를 클릭하면, 구글 최적화 도구를 이용할 수 있습니다.

또한 다음 항목에 관한 체크 여부는 법무 담당자와 상담하기 바랍니다.

- GDPR에서 요구하는 데이터 처리 약관에도 동의합니다.
- GDPR하에 구글과 공유하는 데이터에 적용되는 측정 컨트롤러 간 데이터 보호 약관에도 동의합니다.

13-4 / 구글 최적화 도구 계정과 컨테이너 만들기

구글 최적화 도구 이용을 시작하면 계정과 컨테이너가 자동으로 1개씩 만들어지며 다음과 같은 '환경' 만들기 화면으로 이동합니다.

먼저 계정과 컨테이너 이름을 적절하게 변경합니다. 컨테이너 이름은 [**설정**]→[**연필 아이콘**]을 클릭한 후 변경할 수 있습니다.

컨테이너 이름 변경하기

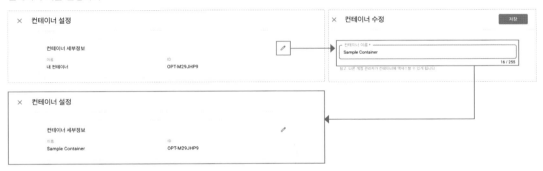

컨테이너 이름은 '도메인' 혹은 '웹사이트 이름'을 입력하면 좋습니다. 여기에서는 'Sample Container'로 입력했습니다.

계정 이름을 변경할 경우에는 먼저 [**컨테이너 설정**]→[**계정으로 이동**]❶을 클릭합니다. 계속해서 [⋮]→[**계정 세부정보 수정**]❷을 클릭하면 계정 이름을 변경할 수 있는 대화 상자가 표시됩니다.

계정 이름 변경하기

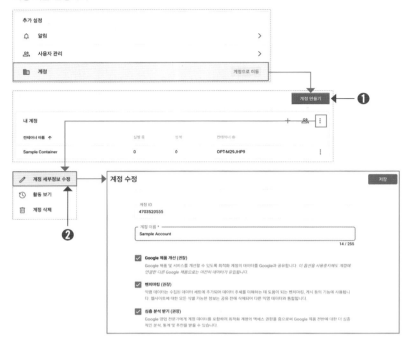

계정 이름에는 '회사 이름'을 입력하면 좋습니다. 여기에서는 'Sample Account'를 입력했습니다.

또한 컨테이너는 아래 그림에서 **[+] 버튼**을 클릭해 추가할 수 있습니다. 필요에 따라 추가합니다.

컨테이너 추가하기

13-5 / 구글 최적화 도구와 구글 애널리틱스 연결하기

구글 최적화 도구에서 다양한 테스트나 개인화를 실행하려면 **[애널리틱스에 연결]**에서 구글 최적화 도구의 컨테이너를 구글 애널리틱스의 속성과 연결시켜야 합니다.

※ 이 책에서는 편의상 '애널리틱스에 연결'을 '환경 만들기'보다 먼저 수행합니다.

구글 애널리틱스의 속성과 연결하기

'애널리틱스에 연결'을 클릭하면 구글 애널리틱스 속성을 선택하는 화면이 표시됩니다. 구글 최적화 도구의 컨테이너에 연결할 속성을 선택합니다❶.

속성을 선택하면 해당 속성에 포함된 보기 목록이 표시됩니다. 환경에서 사용할 가능성이 있는 보기를 모두 선택하고❷, [연결]을 클릭합니다.

속성 연결

또한 구글 애널리틱스와 연결을 수행할 때는 다음 사항에 주의합니다.

- 연결할 구글 최적화 도구의 컨테이너와 구글 애널리틱스의 속성은 동일 조직에 소속돼 있어야 합니다.

- 구글 최적화 도구의 컨테이너와 연결하기 위해서는 구글 애널리틱스의 속성에 대해 '수정' 이상의 권한을 가지고 있어야 합니다.

- 반드시 유니버설 애널리틱스(anlytics.js 또는 gtag.js)를 사용해 측정을 수행하는 속성을 선택합니다.

- (360 한정) 통합 속성과는 연결할 수 없습니다.

※ '조직'에 관한 자세한 내용은 다음 페이지를 참조하십시오.

 https://support.google.com/marketingplatform/answer/9024856

13-6 / 구글 최적화 도구로 실험 시작하기

▌웹사이트에 최적화 도구 스니펫 설치하기

실험을 시작하기 위해서는 '최적화 도구 스니펫'을 웹 페이지에 설치해야 합니다.

구글 애널리틱스의 추적 스니펫 설치 상태에 따라 최적화 도구 스니펫 설치 방법이 다르므로 다음 4가지 경우에 관해 각각 설명합니다.

- 웹 페이지에 'analytics.js' 추적 코드를 설치한 경우
- 웹 페이지에 'gtag.js' 추적 코드를 설치한 경우
- 구글 태그 관리자를 이용하는 경우(권장)
- 구글 태그 관리자를 이용하는 경우(비권장)

≫ 케이스① 웹 페이지에 'analytics.js' 추적 코드를 설치한 경우

웹 페이지에 'analytics.js' 추적 코드를 설치한 경우에는 먼저 구글 최적화 도구 화면에서 **[최적화 도구 설치]**를 클릭합니다.

'analytics.js' 추적 코드

```
<!-- Google Analytics -->
<script>
(function(i,s,o,g,r,a,m){i['GoogleAnalyticsObject']=r;i[r]=i[r]||function(){(i[r].q=i[r].q||[]).
push(arguments)},i[r].l=1*new Date();a=s.createElement(o),m=s.getElementsByTagName(o)[0];a.
async=1;a.src=g;m.parentNode.insertBefore(a,m)})(window,document,'script','https://www.google-
analytics.com/analytics.js','ga');

ga('create', 'UA-XXXXX-1', 'auto');
ga('send', 'pageview');
</script>
<!-- End Google Analytics -->
```

계속해서 'ga('require', 'GTM-XXXXXX');'와 같은 코드를 복사해서 추적 코드에 다음과 같이 삽입합니다.

※ 추적 코드 이름(예시: myTracker)을 붙인 경우에는 'ga('myTracker.require', 'GTM-XXXXXX');'와 같이 코드를 수정합니다.

추적 코드 삽입

```
<추적 코드 삽입>
<!-- Google Analytics -->
<script>
(function(i,s,o,g,r,a,m){i['GoogleAnalyticsObject']=r;i[r]=i[r]||function(){(i[r].q=i[r].q||[]).
push(arguments)},i[r].l=1*new Date();a=s.createElement(o),m=s.getElementsByTagName(o)[0];a.
async=1;a.src=g;m.parentNode.insertBefore(a,m)})(window,document,'script','https://www.google-
analytics.com/analytics.js','ga');

ga('create', 'UA-XXXXX-1', 'auto');
ga('require', 'GTM-XXXXXX');
ga('send', 'pageview');
</script>
<!-- End Google Analytics -->
```

마지막으로 도움말 페이지에 기재된 다음 코드의 빨강색 사각형 부분을 복사해서 추적 코드에 추가하고, 'GTM-XXXXXX' 부분을 '구글 최적화 도구의 컨테이너 ID'로 변경하면 수정이 완료됩니다.

최적화 도구 스니펫 코드를 추적 코드에 추가

```
<HTML>
<HEAD>
<!-- Anti-flicker snippet (recommended)  -->
<style>.async-hide { opacity: 0 !important} </style>
<script>(function(a,s,y,n,c,h,i,d,e){s.className+=' '+y;h.start=1*new Date;
h.end=i=function(){s.className=s.className.replace(RegExp(' ?'+y),'')};
(a[n]=a[n]||[]).hide=h;setTimeout(function(){i();h.end=null},c);h.timeout=c;
})(window,document.documentElement,'async-hide','dataLayer',4000,
{'GTM-XXXXXX':true});</script>
<!-- Modified Analytics tracking code with Optimize plugin -->

    <script>
    (function(i,s,o,g,r,a,m){i['GoogleAnalyticsObject']=r;i[r]=i[r]||function(){
    (i[r].q=i[r].q||[]).push(arguments)},i[r].l=1*new Date();a=s.createElement(o),
    m=s.getElementsByTagName(o)[0];a.async=1;a.src=g;m.parentNode.insertBefore(a,m)
    })(window,document,'script','https://www.google-analytics.com/analytics.js','ga');

    ga('create', 'UA-XXXXXXXX-X', 'auto');
    ga('require', 'GTM-XXXXXX');
    ga('send', 'pageview');
    </script>
```

수정 완료된 추적 코드

```
<!-- Anti-flicker snippet (recommended)  -->
<style>.async-hide { opacity: 0 !important} </style>
<script>(function(a,s,y,n,c,h,i,d,e){s.className+=' '+y;h.start=1*new Date;
h.end=i=function(){s.className=s.className.replace(RegExp(' ?'+y),'')};
(a[n]=a[n]||[]).hide=h;setTimeout(function(){i();h.end=null},c);h.timeout=c;
})(window,document.documentElement,'async-hide','dataLayer',4000,
{'GTM-XXXXXX':true});</script>
<!-- Modified Analytics tracking code with Optimize plugin -->
    <script>
    (function(i,s,o,g,r,a,m){i['GoogleAnalyticsObject']=r;i[r]=i[r]||function(){
    (i[r].q=i[r].q||[]).push(arguments)},i[r].l=1*new Date();a=s.createElement(o),
    m=s.getElementsByTagName(o)[0];a.async=1;a.src=g;m.parentNode.insertBefore(a,m)
    })(window,document,'script','https://www.google-analytics.com/analytics.js','ga');

    ga('create', 'UA-XXXXXXXX-X', 'auto');
    ga('require', 'GTM-XXXXXX');
    ga('send', 'pageview');
    </script>
```

수정 완료된 추적 코드는 다음 위치에 설치하는 것이 좋습니다.

- 〈head〉 태그 내

- 〈meta charset〉 태그 또는 구글 최적화 도구의 타깃팅에서 사용하는 자바스크립트 코드 뒤

- 구글 최적화 도구의 타깃팅에서 사용하지 않는 자바스크립트 코드 앞

※ 자세한 내용은 다음 페이지를 참조하십시오.

 https://support.google.com/optimize/answer/6262084#tagging-best-practices

›› 케이스② 웹 페이지에 'gtag.js' 추적 코드를 설치한 경우

웹 페이지에 'gtags.js' 추적 코드를 설치한 경우에는 먼저 구글 최적화 도구 UI상에서 [컨테이너 설정]을
클릭합니다.

'gtag.js' 추적 코드

```
<!-- Global Site Tag (gtag.js) - Google Analytics -->
<script async src="https://www.googletagmanager.com/gtag/js?id=UA-XXXXX-1"></script>
<script>
  window.dataLayer = window.dataLayer || [];
  function gtag(){dataLayer.push(arguments);}
  gtag('js', new Date());

  gtag('config', 'UA-XXXXX-1');
</script>
```

'컨테이너 설정'을 클릭하면 '최적화 도구 스니펫 설치' 화면이 표시됩니다. 빨강색 사각형 부분의 코드를 복사해서 추적 코드의 'config' 행 마지막에 삽입합니다.

최적화 도구 스니펫 설치하기

수정된 추적 코드

```
<!-- Global Site Tag (gtag.js) - Google Analytics -->
<script async src="https://www.googletagmanager.com/gtag/js?id=UA-XXXXX-1"></script>
<script>
  window.dataLayer = window.dataLayer || [];
  function gtag(){dataLayer.push(arguments);}
  gtag('js', new Date());

  gtag('config', UA-XXXXX-1, { 'optimize_id': 'OPT-XXXXX'});
</script>
```

계속해서 도움말 페이지에서 '깜빡임 방지 스니펫 설치하기'를 표시하고, 다음 그림과 같이 도움말 페이지에 표시된 코드의 빨강색 부분을 복사합니다.

깜박임 방지 스니펫 설치하기

페이지 깜박임이 감지되는 경우 이 스니펫을 추가하면 도움이 됩니다.

참고: 첫 번째 로드에서 변경 사항을 실행하지 않는 활성화 이벤트 사용자는 이에 대해 걱정할 필요가 없습니다.

> ⚠️ **태그 관리자를 사용하여 깜박임 방지 스니펫을 설치하지 마세요.**
>
> 깜박임 방지 스니펫은 페이지에 직접 인라인으로만 설치해야 하며 태그 관리 시스템(TMS) 또는 다른 비동기 스크립트를 사용하여 설치해서는 안 됩니다. 깜박임 방지 스니펫을 인라인으로 설치할 수 없는 경우 완전히 건너뛰어야 합니다.

소개

최적화 도구 스니펫 설치 도움말(설치 권장사항)의 단계를 따르면 웹페이지가 페이지를 표시하는 데 필요한 다른 리소스보다 우선적으로 최적화 도구를 로드합니다. 페이지에 최적화 도구가 먼저 로드되면 깜박임이 나타나지 않으므로, 깜박임 방지 스니펫을 설치하지 않아야 합니다.

예: 깜박임 방지 스니펫

```
<HTML>
<HEAD>
<!-- Anti-flicker snippet (recommended)  -->
<style>.async-hide { opacity: 0 !important} </style>
<script>(function(a,s,y,n,c,h,i,d,e){s.className+='
'+y;h.start=1*new Date;
h.end=i=function(){s.className=s.className.replace(RegExp('
?'+y),'')};
(a[n]=a[n]||[]).hide=h;setTimeout(function()
{i();h.end=null},c);h.timeout=c;
})(window,document.documentElement,'async-
hide','dataLayer',4000,
{'OPT_CONTAINER_ID':true});</script>
```

복사한 코드의 'OPT_CONTAINER_ID' 부분을 '구글 최적화 도구의 컨테이너 ID'로 치환하고, 다음 추적 코드의 빨강색 글자 부분에 삽입하면 수정이 완료됩니다.

수정 완료 추적 코드

```
<!-- Anti-flicker snippet (recommended)  -->
<style>.async-hide { opacity: 0 !important} </style>
<script>(function(a,s,y,n,c,h,i,d,e){s.className+=' '+y;h.start=1*new Date;
h.end=i=function(){s.className=s.className.replace(RegExp(' ?'+y),'')};
(a[n]=a[n]||[]).hide=h;setTimeout(function(){i();h.end=null},c);h.timeout=c;
})(window,document.documentElement,'async-hide','dataLayer',4000,
{'OPT-XXXXX':true});</script>
<!-- Global Site Tag (gtag.js) - Google Analytics -->
<script async src="https://www.googletagmanager.com/gtag/js?id=UA-XXXXX-1"></script>
<script>
  window.dataLayer = window.dataLayer || [];
  function gtag(){dataLayer.push(arguments);}
```

```
gtag('js', new Date());

gtag('config', UA-XXXXX-2, { 'optimize_id': 'OPT-XXXXX'});
</script>
```

수정 완료 추적 코드는 다음 위치에 설치하는 것을 권장합니다.

- 〈head〉 태그 내부

- 〈meta charset〉 태그 또는 구글 최적화 도구의 타깃팅에서 사용하는 자바스크립트 코드 뒤

- 구글 최적화 도구의 타깃팅에서 사용하지 않는 자바스크립트 코드 앞

※ 자세한 내용은 다음 페이지를 참조하십시오.

https://support.google.com/optimize/answer/7513085/

⟩⟩ 케이스③ 구글 태그 관리자를 이용하는 경우(권장)

구글 태그 관리자를 이용하는 경우, 다음 2가지 설치 방법을 고려할 수 있습니다.

❶ 구글 태그 관리자와 별도로 최적화 도구 스니펫 설치

❷ 구글 태그 관리자에서 최적화 도구 스니펫 송출

❷의 방법은 웹 페이지를 수정할 때 노력은 적게 들지만, 다음과 같은 단점이 있습니다.

- 페이지 로딩에 걸리는 시간이 늘어날 가능성

- 다른 패턴의 페이지를 표시하기 전, 오리지널 페이지가 잠깐동안 사용자에게 보이는 현상

따라서 이 책의 집필 시점(2019년 8월)에는 ❶의 방법을 권장합니다.

※ 자세한 내용은 다음 페이지를 참조하십시오.

https://support.google.com/optimize/answer/6314801#alternate

케이스❸에서는 앞의 두 가지 방법 중 ❶에 관해 설명합니다. ❷에 관해서는 케이스❹의 설명을 참조하십시오.

※ 케이스❸, ❹의 경우 모두 태그 종류로 '구글 애널리틱스 – 기존 버전'을 사용하는 경우에는 '구글 애널리틱스 – 유니버설 애널리틱스'로 변경해야 합니다.

먼저 다음 URL의 도움말 페이지 '최적화 도구 및 구글 태그 관리자'에 접속합니다.

https://support.google.com/optimize/answer/7359264

계속해서 다음 순서로 최적화 도구 스니펫을 만듭니다.

'깜빡임 방지 스니펫'과 '최적화 도구 스니펫' 복사

도움말 페이지의 '예: 페이지 숨김 스니펫과 수정한 애널리틱스 추적 코드'에서 '페이지 숨김 스니펫'과 '최적화 도구 스니펫'을 복사합니다. 다음 코드의 빨간색 사각형 부분을 복사해서 텍스트 에디터에 붙여 넣습니다.

'깜빡이 방지 스니펫'과 '최적화 도구 스니펫' 복사

텍스트 에디터에서 다음 두 가지를 수정합니다.

- 'UA-XXXXXX-Y' 부분을 구글 애널리틱스 추적 ID로 대체

- 'GTM-XXXXXX' 부분을 구글 최적화 도구 컨테이너 ID로 대체

수정을 완료하면 다음과 같은 상태가 됩니다.

수정된 추적 코드

```
<!-- Anti-flicker snippet -->
<style>.async-hide { opacity: 0 !important} </style>
<script>(function(a,s,y,n,c,h,i,d,e){s.className+=' '+y;h.start=1*new Date;
h.end=i=function(){s.className=s.className.replace(RegExp(' ?'+y),'')};
(a[n]=a[n]||[]).hide=h;setTimeout(function(){i();h.end=null},c);h.timeout=c;
})(window,document.documentElement,'async-hide','dataLayer',4000,
{'OPT-XXXXX':true});</script>
<!-- Modified Analytics code with Optimize plugin -->
    <script>
    (function(i,s,o,g,r,a,m){i['GoogleAnalyticsObject']=r;i[r]=i[r]||function(){
    (i[r].q=i[r].q||[]).push(arguments)},i[r].l=1*new Date();a=s.createElement(o),
    m=s.getElementsByTagName(o)[0];a.async=1;a.src=g;m.parentNode.insertBefore(a,m)
    })(window,document,'script','https://www.google-analytics.com/analytics.js','ga');

  ga('create', 'UA-XXXXX-1', 'auto');  // Update tracker settings
  ga('require', 'OPT-XXXXX');           // Add this line
                                        // Remove pageview call

</script>
```

트래커 설정

트래커('ga('create', 'UA-XXXXX-1', 'auto');' 부분) 설정을 구글 태그 관리자의 '구글 애널리틱스 – 유니버설 애널리틱스' 태그에 맞춥니다. 구체적으로 다음과 같은 필드 값을 맞춰 줍니다.

- clientId

- sampleRate

- siteSpeedSampleRate

- alwaysSendReferrer

- allowAnchor

- allowLinker

- cookieName

- cookieDomain

- cookieExpires

- cookePath

- legacyCookieDomain

- legacyHistoryImport

- storeGac

- useAmpClientId

예를 들면, '구글 애널리틱스–유니버설 애널리틱스' 태그에 설정된 '구글 애널리틱스 설정' 변수의 '설정할 필드'에 '필드 이름: allowLinker', '값: True'를 설정했다면, 최적화 도구 스니펫 코드 또한 다음과 같이 수정해야 합니다.

최적화 도구 스니펫 수정하기

```
<HTML>
<HEAD>
<!-- Anti-flicker snippet -->
<style>.async-hide { opacity: 0 !important} </style>
<script>(function(a,s,y,n,c,h,i,d,e){s.className+=' '+y;h.start=1*new Date;
h.end=i=function(){s.className=s.className.replace(RegExp(' ?'+y),'')};
(a[n]=a[n]||[]).hide=h;setTimeout(function(){i();h.end=null},c);h.timeout=c;
})(window,document.documentElement,'async-hide','dataLayer',4000,
{'OPT-XXXXX':true});</script>
<!-- Modified Analytics code with Optimize plugin -->
    <script>
    (function(i,s,o,g,r,a,m){i['GoogleAnalyticsObject']=r;i[r]=i[r]||function(){
    (i[r].q=i[r].q||[]).push(arguments)},i[r].l=1*new Date();a=s.createElement(o),
    m=s.getElementsByTagName(o)[0];a.async=1;a.src=g;m.parentNode.insertBefore(a,m)
    })(window,document,'script','https://www.google-analytics.com/analytics.js','ga');

  ga('create', 'UA-XXXXX-1', 'auto', {'allowLinker', true});  // Update tracker settings
  ga('require', 'OPT-XXXXX');                    // Add this line
                                                 // Remove pageview call

</script>
```

※ 수정 전 코드는 다음 페이지를 참조하십시오.

 https://developers.google.com/analytics/devguides/collection/analyticsjs/creating-trackers#the_create_method

트래커 이름 변경

트래커 이름을 임의의 이름(예: optimizeTracker)으로 변경합니다.

이름을 필수로 변경해야 하는 것은 아니지만, 트래커 이름이 겹침으로써 측정에 오류가 발생하는 경우가 있습니다. 만약을 위해 다음 그림의 빨간색 문자 부분과 같이 변경해 둘 것을 권장합니다.

수정된 최적화 도구 스니펫

```
<HTML>
<HEAD>
```

```
<!-- Anti-flicker snippet -->
<style>.async-hide { opacity: 0 !important} </style>
<script>(function(a,s,y,n,c,h,i,d,e){s.className+=' '+y;h.start=1*new Date;
h.end=i=function(){s.className=s.className.replace(RegExp(' ?'+y),'')};
(a[n]=a[n]||[]).hide=h;setTimeout(function(){i();h.end=null},c);h.timeout=c;
})(window,document.documentElement,'async-hide','dataLayer',4000,
{'OPT-XXXXX':true});</script>
<!-- Modified Analytics code with Optimize plugin -->
    <script>
    (function(i,s,o,g,r,a,m){i['GoogleAnalyticsObject']=r;i[r]=i[r]||function(){
    (i[r].q=i[r].q||[]).push(arguments)},i[r].l=1*new Date();a=s.createElement(o),
    m=s.getElementsByTagName(o)[0];a.async=1;a.src=g;m.parentNode.insertBefore(a,m)
    })(window,document,'script','https://www.google-analytics.com/analytics.js','ga');

  ga('create', 'UA-XXXXX-1', 'auto', 'optimizeTracker', {'allowLinker', true});  // Update tracker
settings
ga('optimizeTracker.require', 'OPT-XXXXX');
// Add this line

  // Remove pageview call

</script>
```

수정을 완료했다면 수정된 최적화 도구 스니펫을 다음 권장 위치에 설치합니다.

- (필수) 구글 태그 관리자의 코드 스니펫 이전

- 〈head〉 태그 내부

- 〈meta charset〉 태그 또는 구글 최적화 도구의 타깃팅에서 사용하는 자바스크립트 코드 이후

- 구글 최적화 도구의 타깃팅에서 사용하지 않는 자바스크립트 코드 이전

※ 자세한 내용은 다음 페이지를 참조하십시오.

https://support.google.com/optimize/answer/7359264#tagging-best-practices

❯❯ 케이스④ 구글 태그 관리자를 이용하는 경우(비권장)

케이스③ 앞에서 설명한 것처럼 최적화 도구 스니펫은 구글 태그 관리자에서 송출할 수도 있습니다.

먼저, 다음 그림과 같이 태그 유형 'Google Optimize' 태그를 만듭니다.

'Google Optimize' 태그 만들기

[컨테이너 ID 최적화]❶에는 구글 최적화 도구의 컨테이너 ID를 입력합니다.

[구글 애널리틱스 설정]❷에는 '구글 애널리틱스 – 유니버설 애널리틱스'(추적 유형: 페이지뷰)를 설정합니다.

트리거 설정은 필요 없습니다.

최적화 도구 스니펫 송출용 태그를 만들었다면, '구글 애널리틱스 – 유니버설 애널리틱스'(추적 유형: 페이지뷰) 태그의 '태그 시퀀싱' 설정을 다음 그림과 같이 변경합니다.

'태그 시퀀싱' 설정하기

설정 변경을 마쳤다면 미리보기 모드에서 'Google Optimize' 태그가 활성화되는지 확인한 후, '버전 게시 및 만들기'를 실행합니다.

구글 태그 관리자 설정을 공개했다면 마지막으로 '깜빡임 방지 스니펫'을 웹 페이지에 설치합니다.

먼저 다음 URL의 도움말 페이지 '구글 태그 관리자를 통해 최적화 도구 게재'를 표시합니다.

https://support.google.com/optimize/answer/6314801

계속해서, 도움말 페이지 내에 기재된 다음 코드를 복사하고, 'GTM-XXXXXX' 부분을 '구글 태그 관리자의 컨테이너 ID'로 바꿉니다. 웹 페이지의 〈head〉 태그 내의 가능한 위 쪽에(〈meta charset〉 이후) 설치합니다.

깜빡임 방지 스니펫

```
<HTML>
<HEAD>
<!-- Anti-flicker snippet (recommended) -->
<style>.async-hide { opacity: 0 !important} </style>
<script>(function(a,s,y,n,c,h,i,d,e){s.className+=' '+y;h.start=1*new Date;
```

```
h.end=i=function(){s.className=s.className.replace(RegExp(' ?'+y),'')};
(a[n]=a[n]||[]).hide=h;setTimeout(function(){i();h.end=null},c);h.timeout=c;
})(window,document.documentElement,'async-hide','dataLayer',4000,
{GTM-XXXXXX':true});</script>
```

›› 참고: 깜빡임 방지 스니펫에 관해

케이스❶~❹에서는 깜빡임 방지 스니펫이라는 코드를 이용했습니다. 깜빡임 방지 스니펫 설정은 필수는 아니지만, 설치해 두면 다른 패턴의 페이지를 표시하기 전에 오리지널 페이지가 순간적으로 사용자에게 보이는 현상을 방지할 수 있습니다.

타임아웃 변경

깜빡임 방지 스니펫은 구글 최적화 도구 로딩을 완료할 때까지 잠깐 새하얀 화면을 표시함으로써 오리지널 페이지가 보이는 현상을 방지합니다.

한편, 구글 최적화 도구 로딩이 좀처럼 완료되지 않는 경우 흰색 화면이 계속 표시되는 것 역시 문제가 됩니다. 이런 현상이 발생하지 않도록 깜빡임 방지 스니펫에서는 타임아웃을 설정할 수 있습니다. 구체적으로 4초를 넘으면 구글 최적화 도구의 로딩을 멈추고 오리지널 페이지를 표시합니다.

타임아웃 시간(4초)은 필요에 따라 변경할 수 있습니다. 예를 들어, 4초(=4,000밀리초)에서 2초(=2,000밀리초)로 변경하려면 깜빡임 방지 스니펫의 '4000'이라는 부분을 다음의 빨강색 부분과 같이 '2000'으로 변경합니다.

타임아웃 변경

```
<HTML>
<HEAD>
<!-- Anti-flicker snippet (recommended)  -->
<style>.async-hide { opacity: 0 !important } </style>
<script>(function(a,s,y,n,c,h,i,d,e){s.className+=' '+y;h.start=1*new Date;
h.end=i=function(){s.className=s.className.replace(RegExp(' ?'+y),'')};
(a[n]=a[n]||[]).hide=h;setTimeout(function(){i();h.end=null},c);h.timeout=c;
})(window,document.documentElement,'async-hide','dataLayer',2000,
{'OPT_CONTAINER_ID':true});</script>
```

'async-hide' 클래스 이름 변경

깜빡임 방지 스니펫에는 'async-hide' 클래스에 css를 적용하는 부분이 들어 있습니다. 따라서 깜빡임 방지 스니펫 설치 대상 페이지에서 'async-hide'라는 클래스를 이미 사용하고 있는 경우, 예기치 않은 동작이 발생할 우려가 있습니다.

'async-hide' 클래스를 이미 사용하고 있다면 깜빡임 방지 스니펫의 'async-hide' 클래스 이름을 다음 코드의 빨간색 부분과 같이 변경합니다.

'async-hide' 클래스 이름 변경

```
<!-- Anti-flicker snippet (recommended)  -->
<style>.optimize-loading { opacity: 0 !important} </style>
<script>(function(a,s,y,n,c,h,i,d,e){s.className+=' '+y;h.start=1*new Date;
h.end=i=function(){s.className=s.className.replace(RegExp(' ?'+y),'')};
(a[n]=a[n]||[]).hide=h;setTimeout(function(){i();h.end=null},c);h.timeout=c;
})(window,document.documentElement,'optimize-loading','dataLayer',4000,
{'OPT_CONTAINER_ID':true});</script>
```

▎환경 만들기

테스트를 실시할 페이지에 최적화 도구 스니펫과 깜빡임 방지 스니펫을 설정했다면 환경을 만듭니다.

구글 최적화 도구 환경은 다음 그림의 [시작하기]를 클릭해서 만들 수 있습니다.

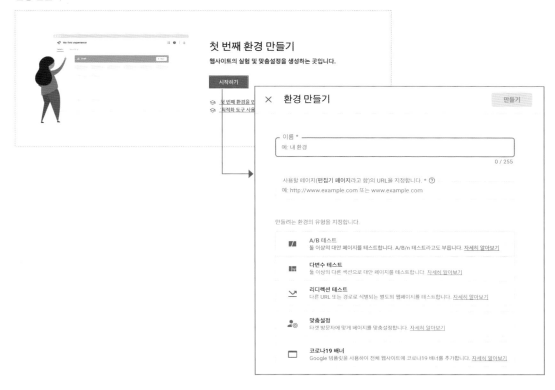

다음 항목을 입력 및 선택한 뒤 '만들기'를 클릭하면 '만들려는 환경 유형'에 해당하는 화면으로 이동합니다.

- 환경 이름
- 사용할 페이지
- 만들려는 환경의 유형

A/B 테스트 대안 만들기

환경 유형 'A/B 테스트'에서는 구글 최적화 도구에 탑재된 '비주얼 편집기'를 사용해 다른 대안 웹 페이지를 만들 수 있습니다. 간단한 변경인 경우에는 코딩을 하지 않아도 되기 때문에 HTML이나 CSS에 관한 지식이 없는 마케팅 담당자도 대안을 만들 수 있습니다.

단, 웹 페이지 전체 디자인을 크게 변경해야 하는 경우에는 비주얼 편집기에서 작업하면 매우 손이 많이 가기 때문에 뒤에서 설명할 '리디렉션 테스트'를 사용하는 것을 권장합니다.

그럼 다음과 같이 A/B 테스트 대안을 만듭니다. 먼저 환경을 만듭니다. [**A/B 테스트**]❶를 선택하고 [**만들기**]❷를 클릭합니다.

또한 비주얼 편집기를 사용하기 위해서는 뒤에서 설명할 구글 크롬 확장 기능을 설치해야 합니다. 그러므로 브라우저는 구글 크롬을 사용합니다.

환경 만들기

다음으로 테스트용 대안을 만듭니다. '만들기'를 클릭하면 A/B 테스트 만들기 화면이 표시됩니다. 먼저 [**대안 추가**]❶를 클릭합니다.

'대안 추가'를 클릭하면 다음과 같은 대화 상자가 표시됩니다. [**대안 이름**]❷을 클릭하고 [**완료**]를 클릭합니다.

대안 추가하기

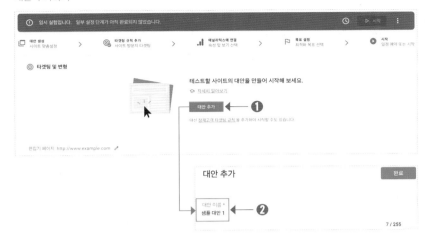

'완료'를 클릭하면 다음과 같은 화면이 표시됩니다. [수정]에서 비주얼 편집기를 열고, 다른 대안의 웹 페이지를 만듭니다.

※ 최초로 비주얼 편집기를 사용하는 경우에는 구글 크롬의 '최적화 도구 확장 기능'을 설치해야 합니다. 대화 상자에 따라 해당 기능을 설치해 주십시오.

비주얼 편집기 실행하기

비주얼 편집기를 실행하면 다음과 같은 화면이 표시됩니다.

비주얼 편집기 화면

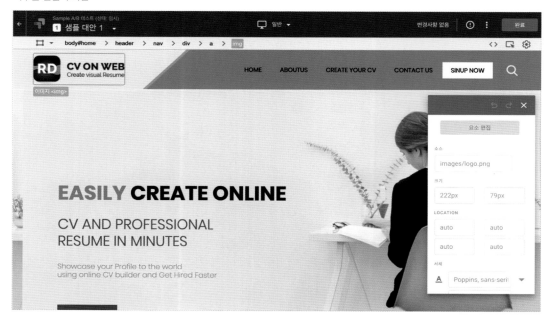

비주얼 편집기에서는 드래그 앤드 드롭 등 직관적인 조작으로 페이지를 수정할 수 있으며 HTML, CSS, JavaScript에 관한 지식이 있는 사용자라면 소스 코드를 직접 수정할 수도 있습니다. 이 책에서는 튜토리얼로 '이미지 교체'와 '텍스트 수정'을 수행합니다.

>> 이미지 교체하기

이미지 교체는 교체할 이미지를 선택하고, 패널 위의 '소스' 설정을 수정하는 것만으로 완료할 수 있습니다.

※ 교체할 이미지는 미리 서버에 업로드해야 합니다.

이미지 교체하기

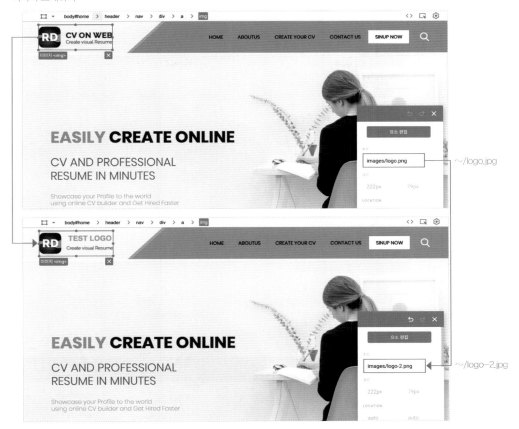

›› 텍스트 수정

텍스트 수정은 수정할 텍스트를 선택하고❶, 마우스 오른쪽 버튼을 클릭한 뒤 [**텍스트 수정**]❷에서 수행할 수 있습니다. 텍스트를 수정했다면 [**완료**]를 클릭합니다.

텍스트 수정하기

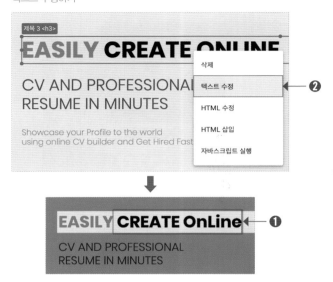

다음 그림 오른쪽 위의 [저장]→[완료]를 클릭하면 다른 대안의 웹 페이지 수정이 완료됩니다.

수정한 웹 페이지 저장하기

'완료'를 클릭하면 A/B 테스트 만들기 화면으로 돌아옵니다. 다음은 '대상 설정 규칙 추가'를 수행합니다.

※ '대상 설정 규칙 추가'에 관해서는 뒤에서 설명합니다.

리디렉션 테스트 대안 만들기

'A/B 테스트 대안 만들기'의 앞 부분에서 설명한 것처럼(p.361) 웹 페이지 전체 디자인을 크게 변경하고 싶은 경우에는 '리디렉션 테스트'를 권장합니다.

예시로, 다음과 같은 '리디렉션 테스트' 유형의 환경을 선택하고 테스트를 만듭니다. 먼저, 환경을 만듭니다. **[리디렉션 테스트]**를 선택하고 **[만들기]**를 클릭합니다.

환경 만들기

'만들기'를 클릭하면 리디렉션 테스트 만들기 화면이 표시됩니다. 먼저 **[대안 추가]❶**를 클릭해 테스트용 대안을 만듭니다.

'대안 추가'를 클릭하면 다음 그림과 같은 대화 상자가 표시됩니다. **[대안 이름]❷**에 환경 이름을 입력하고 **[리디렉션 도착 페이지]❸**에는 다른 대상으로 사용할 웹 페이지 URL을 입력합니다.

[완료]를 클릭해 대안 만들기를 완료합니다.

대안 만들기

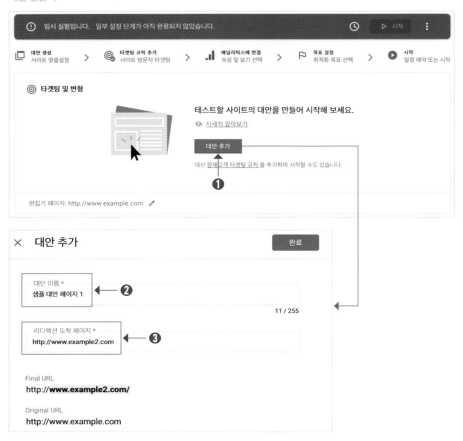

대상 설정 규칙 추가하기

계속해서 '대상 설정 규칙'을 추가합니다. 이후 설정 순서는 A/B 테스트/리디렉션 테스트에서 공통 적용됩니다.

대상 설정 규칙은 '페이지 타겟팅'과 '사용자 타겟팅'으로 나뉘어 있으며, 각각 다음을 지정합니다.

- 페이지 타겟팅: 환경을 실시할 페이지
- 사용자 타겟팅: 환경을 표시할 사용자

페이지 타겟팅 수정은 원칙적으로 필요하지 않습니다. 그러나 대상 사용자를 필터링하고자 하는 경우에는 사용자 타겟팅의 **[맞춤]**에서 조건을 추가합니다.

잠재고객 타겟팅 설정하기

페이지 타겟팅
웹사이트에서 이 실험 환경을 운영할 위치

| 조건 | 🌐 URL 일치 | http://www.example.com | ✏️ 🗑️ |

및   ＋ URL 규칙 추가

사용자 타겟팅
이 실험 환경의 대상은 누구인가요?

위의 타겟팅 페이지를 방문한 모든 사용자   맞춤설정

만들어진 환경의 세부 정보가 표시됩니다. 사용자 타겟팅의 '맞춤설정'을 클릭하면 다음과 같은 사용 가능한 규칙 유형이 표시됩니다.

규칙 유형 선택하기

이번에는 사용 기회가 많은 '기기 카테고리', '지리'를 사용해 '모바일 기기를 사용하는 서울 사용자'를 타 겟팅해 봅니다.

※ 그 외 규칙에 관한 자세한 내용은 다음 페이지를 참조하십시오.

 https://support.google.com/optimize/answer/6283420#rule-types

먼저 '모바일 단말기를 사용하는' 부분은 규칙 유형 '기기 카테고리'에서 다음 그림과 같이 설정할 수 있습 니다. 설정을 완료하고 나면 [추가]를 클릭합니다.

'모바일 기기를 사용하는' 사용자 설정하기

계속해서 '서울' 부분은 사용자 타겟팅의 [규칙 추가]→[지리]에서 다음 그림과 같이 설정할 수 있습니다.

'서울' 사용자 설정하기

앞의 설명에 따라 설정을 수행했다면 사용자 타겟팅 설정은 다음 그림과 같은 상태가 됩니다.

사용자 타겟팅 설정 상태

A/B 테스트의 경우 사용자 타겟팅 아래에 페이지 추가라는 항목이 표시됩니다. 이는 여러 웹 페이지를 오가며 테스트를 수행하기 위한 기능입니다.

페이지 추가

※ 이 기능에 관한 자세한 내용은 다음 페이지를 참조하십시오.

https://support.google.com/optimize/answer/9191670

애널리틱스에 연결하기

계속해서, 만든 환경을 구글 애널리틱스의 보기에 연결합니다. 여기에서 연결한 보기에 테스트 결과가 표시됩니다.

[애널리틱스에 연결]❶을 클릭하면 다음 그림과 같은 대화 상자가 표시됩니다. 환경을 연결할 보기를 선택하고❷ [완료]를 클릭합니다.

환경을 애널리틱스에 연결하기

연결이 완료되면 화면이 다음 그림과 같이 변경됩니다.

연결 완료

판단 기준 목표 설정하기

환경을 구글 애널리틱스에 연결했다면 어떤 대안이 가장 좋은 대안인지 구글 최적화 도구가 판단의 기준으로 삼을 '목표'를 설정합니다.

목표는 '측정과 목표'의 [실험 목표 추가]에서 설정할 수 있습니다.

실험 목표 추가하기

'목록에서 선택'을 클릭하면 다음 중 하나를 목표로 선택할 수 있습니다.

- 연결한 구글 애널리틱스 보기에 설정된 목표

- AdSense 노출※

- AdSense 수익※

- 클릭이 발생한 AdSense 광고

- 세션 시간

- 거래 수※

- 페이지뷰 수

- 수익※

- 이탈수

※ 'AdSense 노출', 'AdSense 수익', '클릭이 발생한 AdSense 광고'는 구글 최적화 도구에서 클릭한 구글 애널리틱스 보기가 구글 애드센스 (Google AdSense)에도 연결된 경우에만 사용할 수 있습니다.

※ '거래 수', '수익'은 구글 최적화 도구에 연결된 구글 애널리틱스의 보기에서 '전자상거래 설정'이 활성화된 경우에만 사용할 수 있습니다.

사용자설정 만들기를 클릭하면 목표 유형 '이벤트'와 '페이지뷰 수' 중 하나를 선택해 구글 최적화 도구 화면상에서 목표를 만들 수 있습니다.

※ '사용자설정 만들기'에 관한 자세한 내용은 다음 페이지를 참조하십시오.

 https://support.google.com/optimize/answer/7018998#custom−objectives

여기에서는 예시로, '목록에서 선택'에서 구글 애널리틱스 보기에서 미리 만들어 둔 '디지털 마케팅에 관한 질문(목표 1 완료 수)'을 선택하고 구글 최적화 도구의 목표를 설정합니다.

목표 선택하기

목표를 선택하면 목표 화면은 다음과 같이 표시됩니다.

목표가 설정된 상태

[추가 목표]→[목표 추가]에서 무료 버전의 경우 2개, 구글 최적화 도구 360의 경우에는 9개까지 '추가 목표'를 추가할 수 있습니다.

추가 목표는 구글 최적화 도구를 활용한 대안의 좋고 나쁨을 평가하기 위한 목적으로 사용되지는 않으나, 설정해 두면 각 목표의 달성 상태를 보고서에서 확인할 수 있습니다.

대안 미리보기

목표를 설정했다면 미리보기 모드에서 동작에 문제가 없는지 확인해 봅니다.

미리보기 모드는 '대안'의 [미리보기]→[웹 미리보기/태블릿 미리보기/모바일 미리보기]에서 활성화할 수 있습니다.

미리보기 활성화하기

예를 들면, 앞 그림의 '샘플 대안 1'의 [미리보기]→[모바일 미리보기]로 미리보기 모드를 활성화하면 만들어 놓은 다른 대안의 웹 페이지가 다음과 같이 표시됩니다.

미리보기 표시

구글 크롬의 [:]→[기타 도구]→[개발자 도구]에서 개발자 도구를 표시하고 다음 그림의 [Toggle device toolbar] 아이콘을 클릭하면, 앞의 그림에서 빨간색 사각형 부분의 조작으로 화면 크기를 변경할 수 있습니다. 동작에 문제가 없는지 세세하게 확인합니다.

구글 크롬의 'Toggle device toolbar' 아이콘

또한 대안을 미리보기 할 때 의도한 내용이 표시되지 않는 경우에는 [디버그]를 클릭해 디버그 모드를 활성화해 봅니다.

디버그 모드 활성화하기

🖥	웹 미리보기
▢	태블릿 미리보기
▯	모바일 미리보기
<	미리보기 공유
🔧	디버그

디버그 모드를 활성화하면 다음 그림과 같은 디버그 콘솔에서 어떤 원인으로 해당 대안이 표시되지 않는지 확인할 수 있습니다.

에러 원인 확인하기

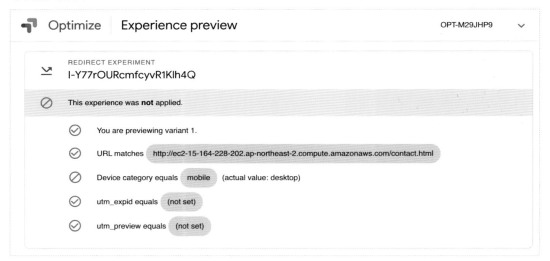

또한 다른 기기나 크롬 이외의 브라우저에서 검증을 하는 경우에는 '미리보기 공유' 기능을 사용합니다. **[미리보기 공유]**를 클릭하면 다음과 같은 미리보기 URL이 만들어 집니다.

미리보기 공유하기

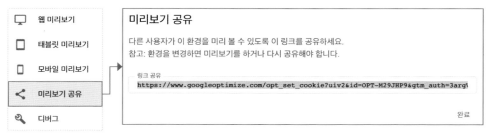

다른 기기나 브라우저에서 미리보기 URL에 접속하면 다음과 같은 화면이 표시됩니다.

다른 기기에서 확인하기

앞 그림에서 '링크 공유' URL에 접속하면 대안을 미리 볼 수 있습니다.

※ 미리보기 모드에서 빠져나오고 싶은 경우에는 '미리보기 해제'를 클릭합니다.

환경 시작하기

미리보기 모드에서 검증을 수행하고 동작에 문제가 없는 것을 확인했다면 환경을 시작하기 전에 '설정' 하위 항목을 확인 및 수정합니다.

설정 확인하기

[설치 확인]❶에서 웹 페이지에 최적화 도구 스니펫이 올바르게 설치됐는지 확인합니다. 올바르게 설치된 경우에는 다음 그림과 같은 대화 상자가 표시됩니다.

설치 확인 결과

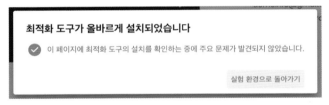

에러나 경고가 표시되는 경우에는 다음 페이지를 참조하십시오.

 https://support.google.com/optimize/answer/7577190/

[이메일 알림]❷을 켜짐으로 설정하면 실험 시작 및 종료 시에 사용하는 구글 계정에 연결된 이메일 계정으로 알림이 송출됩니다.

[트래픽 할당]❸에는 대상 설정 규칙에 해당하는 사용자 중 몇 %의 사용자들에게 실험을 실시할지 설정할 수 있습니다.

[**활성화 이벤트**]❹를 [페이지 로드]에서 [맞춤 이벤트]로 변경하면 페이지 로딩 이외의 임의의 시점에 실험을 실시할 수 있습니다.

※ 자세한 내용은 다음 페이지를 참조하십시오.

   https://support.google.com/optimize/answer/7008840

이번에는 다음 그림과 같이 설정을 변경했습니다.

설정 항목 변경하기

[**설정**] 하위 항목을 수정한 뒤 [**시작**]❶을 클릭하면 '실험을 시작할까요?'라는 대화 상자가 표시됩니다. [**시작**]❷을 클릭해 실험을 시작합니다.

실험 시작하기

또한 [시계] 아이콘을 클릭하면 실험 시작/종료 시간을 설정할 수 있습니다. 필요에 따라 이용합니다.

실험 시작/종료 시간 설정하기

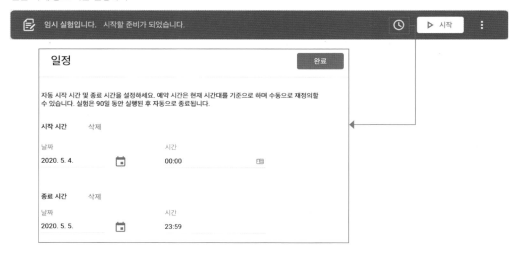

13-7 / 환경 결과 확인하기

▌구글 최적화 도구에서 확인하기

실험 진행 상황과 결과는 구글 최적화 도구 혹은 구글 애널리틱스에서 확인할 수 있습니다.

예를 들면 구글 최적화 도구에서는 다음과 같은 보고서를 확인할 수 있습니다.

구글 최적화 도구의 보고서

	대안 페이지 ↑	**관찰된 데이터**			**최적화 도구 분석**		
		실험 페이지 세션수	실험 전환수	계산된 전환율	가능성 최대	모델링된 전환율	모델링된 개선율
☑	원본	2	2	100.00%	100%	29.7% ～ 93.4%	기준
☑	샘플 대안 1	19	1	5.26%	< 1%	3.0% ～ 28.8%	-96%~-41%

또한 명확한 대안을 찾은 경우에는 다음과 같은 메시지가 표시됩니다.

오리지널 페이지가 우수한 경우

대안 웹 페이지가 우수한 경우

구글 애널리틱스에서 확인하기

구글 애널리틱스에서는 '행동→실험' 보고서에서 구글 최적화 도구에서 실시 중인 테스트 혹은 완료한 테스트 결과를 확인할 수 있습니다.

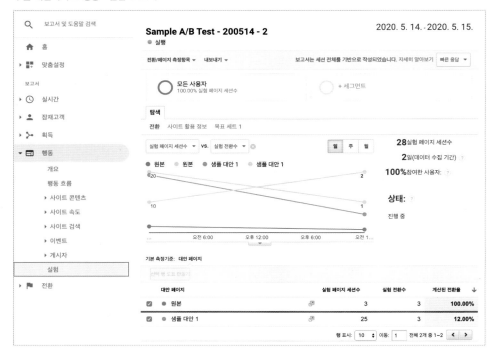

앞 보고서에는 11장에서 소개한 세그먼트를 적용할 수 있으므로 구글 최적화 도구의 화면에서 좀 더 상세한 분석을 수행할 수 있습니다.

또한 구글 최적화 도구에서 실험을 실시하면 다음과 같은 측정기준을 사용할 수 있습니다.

- 실험 이름
- 실험 ID
- 대안
- 대안을 포함한 실험 ID

이 측정기준들은 다양한 방법으로 활용할 수 있습니다. 예를 들어, '대안을 포함한 실험 ID'라는 측정기준을 사용해 맞춤 세그먼트를 만들면 특정 실험의 특정한 대안에 접속한 사용자가 웹사이트상에서 어떤 행동을 했는지 분석할 수도 있습니다.

이같은 세그먼트는 구글 최적화 도구에서 실시 중 혹은 실시 완료한 실험의 상세 화면 내 임의의 대안에 있는 [:]→[**애널리틱스에서 세그먼트 만들기**]에서 만들 수 있습니다.

맞춤 세그먼트 만들기

'애널리틱스에서 세그먼트 만들기'를 클릭하면 다음 그림과 같이 구글 애널리틱스 맞춤 세그먼트 만들기 화면이 표시됩니다.

맞춤 세그먼트 조건 설정하기

※ 'ZnFDI89vRJiVPsw:1'에서 'ZnFDI89vRJiVPsw'부분은 실험 ID, '1' 부분은 대안 식별자입니다. 대안 식별자는 오리지널이 '0', 첫 번째 대안은 '1', 두 번째 대안은 '2'와 같이 증가합니다.

필요에 따라 '세그먼트 이름'을 변경하고 [저장]을 클릭하면 세그먼트 만들기가 완료됩니다. 여러 보고서에 적용해 데이터를 추출해 보기 바랍니다.

마케팅 성공률을 높여주는 **구글 애널리틱스**

Chapter

14

구글 광고를 활용해 구글 애널리틱스
데이터를 광고 송출에 활용하기

구글 광고(Google Ads)는 구글이 제공하는 광고주용 온라인 광고 송출 플랫폼입니다. 구글 광고와 구글 애널리틱스를 연동하면 광고 송출 상태 등을 보고서로 분석 확인할 수 있습니다. 이 장에서는 광고 송출을 수행할 때 효과적인 기능에 관해 소개합니다.

구글 광고는 구글이 제공하는 광고주용 온라인 광고 송출 플랫폼입니다. 구글 광고에서는 주로 '구글 검색', '유튜브 동영상' 혹은 '구글 디스플레이 네트워크'에 광고를 송출할 수 있습니다.

구글 광고

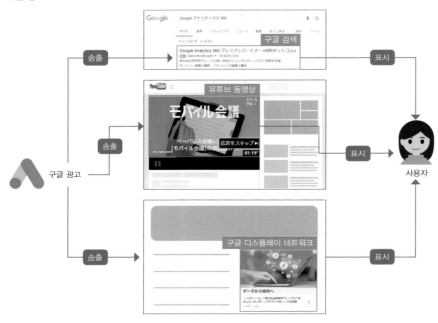

그중에서도 구글 검색의 검색 결과 상단에 표시 가능한 검색 연동형 광고는 상품 구매 검토 과정에서 접촉할 기회가 늘어나고 있습니다. 또한 유튜브에 송출하는 동영상 광고는 TV CM만으로는 도달하기 어려운, TV를 거의 보지 않는 계층에서 효과를 발휘합니다.

구글 광고의 가장 큰 특징은 구글이 수집하는 '광고 개인정보'를 사용해 타깃팅을 수행할 수 있다는 점입니다. 이 잠재고객 데이터는 구글 계정 정보나 브라우저 행동 이력(구글 검색으로 사용한 키워드나 방문한 웹사이트 등)으로부터 추정한 성별/연령/취미 경향 등의 정보를 포함하고 있습니다.

'https://adssettings.google.com/authenticated'에 접속하면 자신(사용하는 브라우저)이 어떤 잠재고객으로 추정되는지 알 수 있습니다.

※ 브라우저를 여러 사람이 공유한 경우(예: 가정에서 PC를 함께 사용하는 경우)에는 추정 결과에 오차가 발생할 수 있습니다.

 https://adssettings.google.com/authenticated

사용하는 브라우저의 광고 개인정보 확인하기

구글 광고는 다음 그림과 같은 계층으로 구성되어 있습니다.

구글 광고 구성

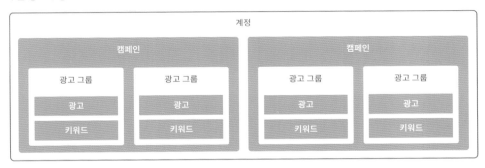

각 계층의 역할에 관한 자세한 내용은 다음 페이지를 참조하십시오.

https://support.google.com/google-ads/answer/1704396

14-2 / 구글 애널리틱스와 구글 광고 연결하기

구글 광고 계정은 'https://ads.google.com/intl/ko_KR/home/'에서 만들 수 있습니다.

구글 광고 이용 시작하기

계정 만들기 및 초기 설정은 다음 페이지를 참조해서 진행합니다.

https://support.google.com/google-ads/answer/6366720

구글 광고 초기 설정을 완료했다면 구글 애널리틱스와 연결합니다. 구글 애널리틱스와 구글 광고를 연결하면 얻을 수 있는 장점은 다음과 같습니다.

- '획득→구글 광고' 하위 보고서에서 구글 광고의 데이터와 구글 애널리틱스의 데이터를 조합해 분석 가능

- 구글 애널리틱스의 '목표'나 '거래' 데이터를 구글 광고로 가져오기 가능

- 구글 애널리틱스의 데이터를 기반으로 리마케팅 광고 송출 가능

첫 번째 항목에 관해서는 '칼럼: 구글 광고의 자동 태그 설정 활성화하기'를 참조하십시오(p.262). 이 장에서는 나머지 2개 항목에 관해 설명합니다.

구글 애널리틱스와 구글 광고를 연결하기 위해서는 사용하는 구글 계정이 구글 애널리틱스의 속성 수정 권한과 구글 광고의 계정 관리자 권한을 가지고 있어야 합니다. 먼저 각 권한을 가지고 있는지 확인하고, 권한을 가지고 있지 않은 경우에는 두 권한을 모두 가진 사용자에게 연결을 의뢰합니다.

구글 광고는 구글 애널리틱스의 [관리]→[(속성) Google Ads 연결]❶ 메뉴를 통해 연결할 수 있습니다.

'Google Ads 연결'을 클릭하면 사용하는 구글 계정이 권한을 갖고 있는 구글 광고의 계정 목록이 표시됩니다. 연결할 계정을 선택하고 [계속]을 클릭합니다❷.

구글 광고와 구글 애널리틱스 연결하기

'계속'을 클릭하면 '링크 구성' 화면이 표시됩니다. 연결 그룹 제목(임의)을 입력하고❶, 연결 대상보기를 선택한 뒤❷ [계정 연결]을 클릭합니다.

※ 상세한 설정은 다음 그림과 같이 표준 설정을 그대로 유지합니다.

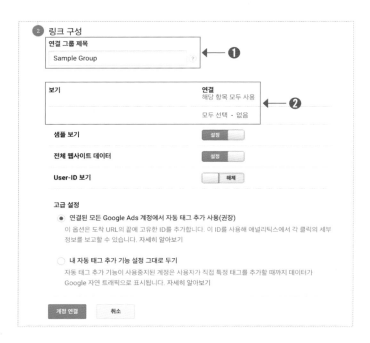

'계정 연결'을 클릭하면 구글 애널리틱스와 구글 광고의 연결이 완료됩니다.

14-3 / 목표 및 거래 데이터 가져오기

구글 애널리틱스와 구글 광고를 연결하면 구글 애널리틱스에서 측정한 '목표'나 '거래' 데이터를 구글 광고로 가져올 수 있습니다.

구글 애널리틱스의 데이터를 구글 광고로 가져오면 구글 애널리틱스에서 설정한 목표나 거래의 최대화를 입찰 전략으로 하는 광고 송출이 가능해지므로 필요에 따라 설정해 둡니다.

목표 및 거래 데이터 가져오기는 구글 광고의 **[도구]→[전환]❶**에서 **[+] 버튼❷**을 클릭해 수행합니다.

목표 및 거래 데이터 가져오기

전환 유형은 [가져오기]에서 [구글 애널리틱스]를 선택한 뒤 [계속]을 클릭합니다.

전환 유형 선택하기

'계속'을 클릭하면 가져올 수 있는 목표와 거래 목록이 표시됩니다. 가져올 대상을 선택한 뒤, [가져오기
및 계속]를 클릭합니다.

가져올 목표와 거래 선택하기

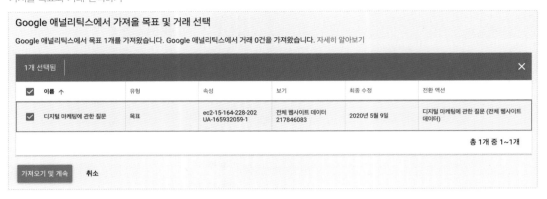

마지막으로 다음 그림과 같은 메시지가 표시됩니다. **[완료]**를 클릭하면 목표와 거래 데이터 가져오기를 완료합니다.

가져오기 완료

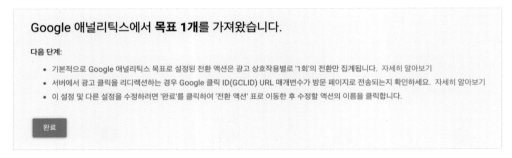

예를 들면 다음 그림처럼 입찰 전략을 '전환수 최대화'로 설정하면 가져온 목표와 거래 데이터가 전환으로 적용됩니다.

입찰 전략을 '전환수 최대화'로 설정

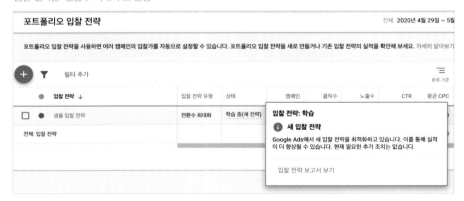

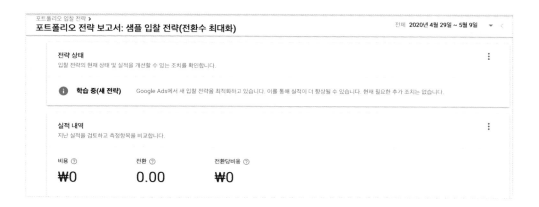

리마케팅이란

리마케팅(리타깃팅)이란 과거 광고주의 웹사이트에 접속한 경험이 있는 사용자만을 대상으로 광고를 송출하는 기법입니다. 이 방법은 온라인 광고를 대표하는 방법의 하나입니다.

리마케팅은 다음 2가지 방법으로 수행할 수 있습니다.

≫ ① 구글 광고의 리마케팅 태그를 웹 페이지에 설치하기

구체적인 순서는 이 책에서는 설명하지 않지만, 구글 광고의 [도구]→[잠재고객 관리자]에서 발행한 다음과 같은 태그를 웹 페이지에 설치합니다.

리마케팅 태그

```
<!-- Global site tag (gtag.js) - Google Ads: 000000000 -->
<script async src="https://www.googletagmanager.com/gtag/js?id=AW-000000000"></script>
<script>
  window.dataLayer = window.dataLayer || [];
  function gtag(){dataLayer.push(arguments);}
  gtag('js', new Date());
  gtag('config', 'AW-000000000');
</script>
```

웹 페이지에 리마케팅 태그를 설치하면 그 태그에 접속한 사용자 목록이 구글 광고에 축적되며, 축적된 사용자를 대상으로 리마케팅 광고를 송출할 수 있습니다.

또한 구글 태그 관리자를 사용하는 경우에는 다음 그림과 같은 태그 템플릿을 사용해 태그를 설치할 수 있습니다.

리마케팅용 태그 설정

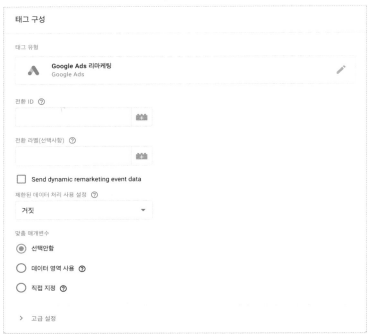

>> ② 구글 애널리틱스의 '잠재고객'을 구글 광고에 연동하기

[관리]→[(속성) 사용자 정의]→[잠재고객]→[+새 잠재고객]에서 다음 그림과 같이 조건을 정의해서 '잠재고객'(리마케팅 사용자 목록)을 만듭니다.

이렇게 하면, 웹사이트에 접속해 조건을 만족한 사용자가 잠재고객에 축적되고, 축적된 사용자를 대상으로 리마케팅 광고가 송출됩니다.

방법①을 사용하면 웹 페이지에 새로운 태그를 다시 설치해야 하며 관리도 복잡해집니다. 한편 방법②를 사용하면 구글 애널리틱스에서 측정된 데이터를 사용할 수 있기 때문에 웹 페이지에 새로운 태그를 설치할 필요가 없습니다.

또한 11장에서 소개한 세그먼트와 마찬가지로 '특정한 페이지에 방문한 사용자'나 '특정한 캠페인으로부터 접속한 사용자' 등 다양한 조건으로 잠재조객을 작성해 구글 광고와 연동해 리마케팅 광고를 송출할 수 있습니다. 따라서 구글 애널리틱스를 이용하는 경우에는 방법②를 권장합니다.

구글 애널리틱스에서 잠재고객 만들기

이 책에서는 구글 애널리틱스에서 측정된 모든 사용자를 대상으로 하는 잠재고객 '모든 사용자'와 각 사용자 중 임의의 조건을 만족하는 사용자만을 대상으로 하는 잠재고객을 만드는 방법을 설명합니다.

›› 잠재고객 '모든 사용자' 만들기

구글 애널리틱스에서 잠재고객을 만드는 경우에는 먼저 다음 광고 기능에 관한 정책 요구사항을 확인 및 준수해 주십시오.

https://support.google.com/analytics/answer/2700409

계속해서 [관리]→[(속성) 추적 정보]→[데이터 수집]❶에서 [Google 신호 데이터를 위한 데이터 수집] ❷을 '설정'으로 변경합니다.

'리마케팅' 설정하기

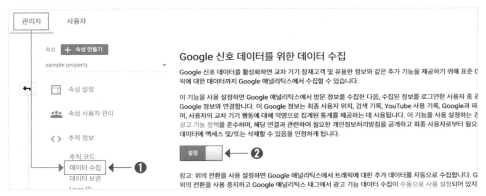

계속해서 [관리]→[(속성) 잠재고객 정의]→[잠재고객]을 클릭합니다.

처음으로 '잠재고객'을 클릭하면 다음 그림과 같은 화면이 표시됩니다. 화면 안내에 따라 잠재고객 '모든 사용자'를 만듭니다.

잠재고객 '모든 사용자' 만들기

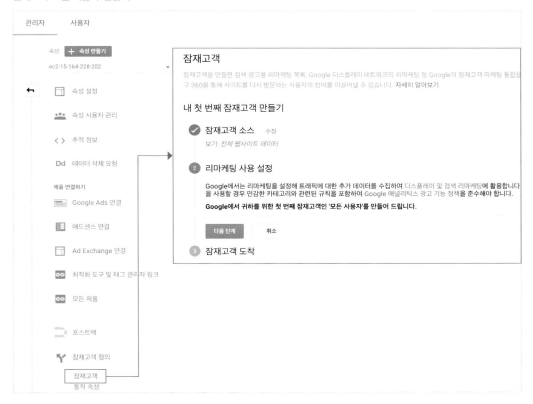

⟩⟩ 임의의 잠재고객 만들기

임의의 잠재고객은 [관리]→[(속성) 잠재고객 정의]→[잠재고객]의 [+새 잠재고객]을 클릭해서 만듭니다.

잠재고객 추가하기

'+새 잠재고객'을 클릭하면 다음 그림과 같은 잠재고객 만들기 화면이 표시됩니다.

잠재고객

잠재고객을 만들면 검색 광고용 리마케팅 목록, Google 디스플레이 네트워크의 리마케팅 등 Google의 잠재고객 마케팅 통합을 통해 사용자의 참여를 유도하거나 Google
구 360을 통해 사이트를 다시 방문하는 사용자의 참여를 이끌어낼 수 있습니다. **자세히 알아보기**

✓ **잠재고객 소스** 수정

보기: 전체 웹사이트 데이터

2 **잠재고객 지정**

| 새로 만들기 | 세그먼트 가져오기 |

추천 잠재고객

⊙ 스마트 목록 ?

모든 사용자

신규 사용자 ?

재사용자 ?

내 사이트의 특정 섹션을 방문한 사용자(예: /index.html, 셔츠, /cart/) ?

전환 목표에 도달한 사용자 ?

거래를 완료한 사용자 ?

잠재고객 이름 ?

[   ]

| 다음 단계 | 취소 |

3 **잠재고객 도착**

다음 3가지 항목을 설정하면 잠재고객 만들기가 완료됩니다.

- 잠재고객 소스

- 잠재고객 지정

- 잠재고객 도착

'잠재고객 소스'에서는 잠재고객 데이터의 기본이 될 보기를 선택할 수 있습니다. 원칙적으로는 '기본'으로 둬도 관계없지만, 만들 잠재고객의 내용에 따라 선택할 보기를 변경합니다.

잠재고객 소스 선택하기

계속해서 '잠재고객 지정'에서는 잠재고객 데이터를 수집할 조건을 지정합니다. 조건은 '측정기준'과 '측정항목'을 조합해 만들 수 있습니다.

데이터를 수집할 조건 지정하기

앞 그림의 ❶에서 조건을 지정하고 [**잠재고객**]❷에는 임의의 '잠재고객 이름'을 입력합니다. ❶에는 '추천 잠재고객'이 표시됩니다. 임의의 조건에 따라 잠재고객을 만들고자 하는 경우에는 [**새로 만들기**]를 클릭합니다.

'새로 만들기'를 클릭하면 다음 그림과 같은 화면이 표시됩니다.

잠재고객 새로 만들기 화면

설정 방법은 11장에서 설명한 세그먼트 설정 방법과 거의 같습니다. 예를 들면, 필자는 다음과 같은 조건으로 잠재고객을 만드는 경우가 많습니다. 각각 '캠페인 페이지나 상품 카테고리 페이지 등 특정한 페이지에 방문한 사용자', '특정 캠페인으로부터 접속한 사용자'라는 조건을 사용합니다.

캠페인 페이지나 상품 카테고리 페이지 등 특정한 페이지를 방문한 사용자

특정 캠페인으로부터 접근한 사용자

조건을 지정하면 다음 그림과 같이 됩니다.

[가입 기간]에는 조건을 만족한 사용자를 잠재고객으로 저장할 '가입 기간'을 '1~540일' 사이에서 자유롭게 설정할 수 있습니다.

저장할 가입 기간 설정하기

가입 기간은 일반적으로 캠페인 기간이나 내용, 사용자가 대상 상품의 구입 혹은 신청 검토에 사용한 평균 시간에 기반해 설정하지만, 가입 기간을 나누어(7일, 30일, 60일, 90일, 180일, 360일, 540일 등) 같은 조건으로 잠재고객을 만들어 구글 광고에서 광고를 송출하면서 적절한 가입 기간을 모색하는 경우도 있습니다.

'잠재고객 이름'은 임의의 값을 입력해도 문제가 없지만, '/special/googleanalytics360suite/를 방문한 사용자(30일)'와 같이 잠재고객의 '조건과 가입 기간'을 함께 입력해 두면 나중에 구글 광고에서 이용할 때 쉽게 알 수 있습니다.

마지막으로 '잠재고객 도착'을 설정합니다. [+대상 추가]를 클릭하면 구글 애널리틱스에 연결된 구글 광고 계정 목록이 표시됩니다. 잠재고객을 연동할 구글 광고 계정을 선택합니다.

잠재고객 도착 설정하기

마지막으로 [게시]를 클릭하면 잠재고객 만들기가 완료됩니다.

잠재고객 만들기 완료

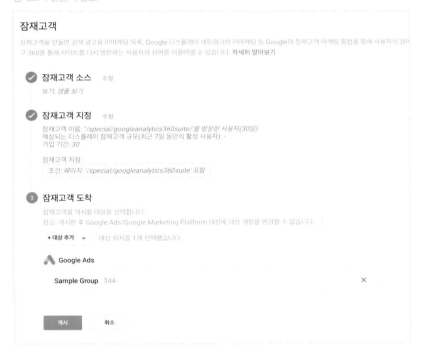

구글 광고로 리마케팅 광고 송출하기

잠재고객을 만들었다면 구글 광고(https://ads.google.com)에 접속해서 리마케팅 광고 송출을 설정합니다.

>> 잠재고객 목록 만들기

구글 애널리틱스에서 구글 광고에 연동한 잠재고객은 구글 광고의 **[도구 및 설정]→[공유 라이브러리]→[잠재고객 관리자]**에 '잠재고객 목록'으로 표시됩니다.

잠재고객 목록

잠재고객 목록	리마케팅		맞춤 잠재고객					

➕ 🔽 필터 추가			사용 설정된 잠재고객 ▼	🔍 검색	☰ 분류 기준	▥ 열	⬇ 다운로드	⤢ 전체화면

☐ 잠재고객 이름 ↑	유형	가입 상태	크기: 검색	크기: YouTube	크기: 디스플레이	크기: Gmail 캠페인
사용하지 않음						
☐ '/special/googleanalytics360suite/'을 방문한 사용자(30일) 페이지: '/special/googleanalytics360suite/' 포함	웹사이트 방문자	열기	0	0	0	0
☐ 'GoogleAnalytics360_LP_G_S'로부터 접속한 사용자(30일) 캠페인: 'GoogleAnalytics360_LP_G_S'	웹사이트 방문자	열기	0	0	0	0
☐ 모든 방문자(Google Analytics) 리마케팅 태그가 포함된 페이지 방문자	웹사이트 방문자 자동으로 생성됨	배제	0	0	0	0
☐ 모든 방문자(Google Analytics) 리마케팅 태그가 포함된 페이지 방문자	웹사이트 방문자 자동으로 생성됨	열기	6	6	8	1
☐ 임의의 잠재고객	통합된 목록	열기	1,000 미만	1,000 미만	1,000 미만	1,000 미만
☐ AdWords optimized list Combined audience based on available data sources	통합된 목록 자동으로 생성됨	열기	1,000 미만	1,000 미만	1,000 미만	1,000 미만

총 6개 중 1~6개

연동한 목록을 그대로 사용하는 것도 가능하지만, 여러 잠재고객 목록을 AND/OR/NOT 조건으로 조합해 새로운 잠재고객 목록을 만들 수도 있습니다.

이와 같은 잠재고객 목록을 만드는 경우에는 [+] 버튼→[맞춤 조합]을 클릭합니다.

새로운 잠재고객 만들기

[잠재고객 이름]❶에는 임의의 잠재고객 이름을 입력하고, 구글 애널리틱스에서 만든 잠재고객을 조합할 조건을 입력합니다❷.

잠재고객 목록 설정하기

다음 3가지 조건 중 하나를 선택할 수 있습니다. 설정할 내용에 맞춰 적절하게 선택합니다.

- 이 잠재고객 모두(AND)

- 이 잠재고객 중 하나(OR)

- 선택한 잠재고객 이외

예를 들면, '모든 사용자'에서 '/special/googleanalytics360suite/를 방문한 사용자(30일)'와 'GoogleAnalytics360_LP_G_S로부터 접속한 사용자(30일)'를 제외한 잠재고객 목록을 만들고자 하는 경우에는 다음 그림과 같이 설정하고 **[잠재고객 만들기]**를 클릭합니다.

잠재고객 설정 예시

›› 대상 설정에 잠재고객 목록 추가하기

리마케팅 광고는 광고 대상 설정에 잠재고객 목록을 추가함으로써 송출할 수 있습니다.

리마케팅 광고 대상이 되는 잠재고객 목록은 **광고 그룹→[잠재고객]→[잠재고객]**에서 추가할 수 있습니다.

잠재고객 목록 추가하기

[연필 아이콘] 또는 [+ 잠재고객 추가]를 클릭하고 잠재고객을 추가합니다.

잠재고객 추가 및 설정하기

[**타겟팅**]에 체크한 뒤 추가할 잠재고객 목록의 체크박스에 체크합니다. 잠재고객 선택을 마쳤다면 [**저장**]을 클릭합니다.

또한 앞에서 만든 잠재고객 목록에 포함된 사용자를 광고 송출 대상에서 제외할 수도 있습니다.

리마케팅 광고에서 제외할 잠재고객을 [**광고 그룹**]→[**잠재고객**]→[**제외 게재위치 및 카테고리**]에서 설정할 수 있습니다.

제외 잠재고객 설정하기

[**잠재고객**]→[**제외 게재위치 및 카테고리**]에서 [+] 또는 [+ **잠재고객 제외**]를 클릭해서 타깃팅에서 제외할 잠재고객을 적절하게 설정합니다.

제외

잠재고객 제외

광고를 보지 않도록 사용자를 정의하는 잠재고객 제외

다음 위치에서 제외:
캠페인 ▼   Sample Search

| 검색 | 찾아보기 | 선택한 항목 1개 |

🔍 '이벤트 티켓'을(를) 사용해 보세요.

웹사이트 방문자

☑ 최근 선택한 잠재고객(5)

'/special/googleanalytics360suite/'을 방문한 사용자(30일)   ✕

☑ 웹사이트 방문자
'/special/googleanalytics360suite/'을 방문한 사용자(30일)

☐ 구매 의도 잠재고객
호스팅 데이터 및 클라우드 스토리지

☐ 구매 의도 잠재고객
웹 서비스

☐ 구매 의도 잠재고객
웹호스팅

☐ 구매 의도 잠재고객
비즈니스 서비스

사용한 잠재고객 리스트에 축적된 사용자 수가 적고, 리마케팅 광고를 송출해도 광고 표시 횟수가 늘어나지 않는 경우가 있습니다. 이런 경우에는 잠재고객 목록에 포함된 사용자와 비슷한 사용자들로 범위를 늘려서 광고를 송출해 봅니다.

비슷한 사용자들로 범위를 늘려 광고를 송출하고 싶은 경우에는 '비슷한 사용자 목록'을 사용합니다. 비슷한 사용자 목록은 과거에 만든 잠재고객 목록을 기초로 자동으로 만들어집니다. 비슷한 사용자 목록을 활용할 수 있는 상태가 되면 '**~와 비슷한**'과 같은 목록을 선택할 수 있게 되므로 필요에 따라 활용합니다.

※ 기반이 되는 잠재고객 목록에 포함된 사용자가 너무 적은(~500명 전후) 경우, 비슷한 사용자 목록이 만들어지지 않는 경우도 있습니다.

Case Study

Chapter

15

CASE STUDY ①
전환 개선하기

EC사이트 등을 분석하고 개선하는 경우에는 유입 소스로부터 전환에 이르기까지의 흐름(전환 흐름)을 파악하고, 어떤 지점이 병목인지 이해하는 것이 매우 중요합니다. 이 장에서는 전환 흐름을 시각화해서 개선점을 찾아나가는 방법을 소개합니다.

7장에서 설명한 것처럼 웹사이트는 다양한 목적에 따라 운영되며, 각각의 목적에 맞는 '전환'이 존재합니다. 웹사이트를 운영하는 경우, 이 전환 획득 상황을 분석하고 개선하는 일이 많이 있습니다.

전환은 사용자가 '❶웹사이트에 접속해서', '❷전환이라고 정의된 행동'을 함으로써 달성됩니다.

전환 달성까지의 흐름

❶에서 ❷에 이르기까지의 흐름을 전환 흐름이라고 부릅니다. 전환 분석 및 개선을 위해서는 전환 흐름 상에서 어떤 지점이 병목(전환 방해 요인)인지 확인하는 것이 중요합니다.

하지만 전환 흐름은 사용자의 수만큼 존재하므로 모든 흐름을 자세히 분석해서 대책을 수립하는 것은 불가능합니다. 따라서 분석 및 대책 수립 대상을 어느 정도 필터링한 다음 PDCA[1] 사이클을 수행하는 것을 권장합니다.

이 장에서는 '전환 흐름' 중 반드시 확인해야 할 통과 포인트를 정리하고 형태를 갖춰 시각화하는(=전환 분석 프레임워크를 구현하는) 방법을 소개합니다.

반드시 확인해야 할 마이크로 전환

'유입' 부분 이외의 '반드시 확인해야 할 통과 포인트'를 마이크로 전환이라고 부르며, EC사이트에서는 '장바구니에 제품 추가', 신청 접수 사이트라면 '입력 화면 표시' 등이 이에 해당합니다.

---

1   (옮긴이) PDCA(Plan–Do–Check–Act)는 사업 활동에서 생산 및 품질 등을 관리하는 방법으로, P(Plan, 계획)/D(Do, 실행)/C(Check, 확인)/A(Act, 개선)의 4단계를 반복하며 업무를 지속해서 개선합니다(https://ko.wikipedia.org/wiki/PDCA).

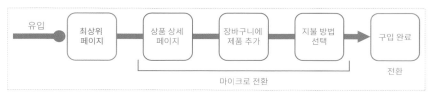

마이크로 전환

웹사이트 종류에 따라 여러 전환 흐름을 고려할 수 있어 마이크로 전환 설정이 어려운 경우가 있습니다.

이런 경우에도 임시로라도 구글 애널리틱스의 '목표'를 설정해 둘 것을 권장합니다. 왜냐하면 '목표'를 설정한 뒤 측정을 시작하기 때문에 목표를 뒤에 설정하면 효과를 검증하는 데 시간이 걸릴 수 있기 때문입니다.

대시보드를 사용한 데이터 시각화

앞의 설정을 마쳤다면 실제 측정된 데이터를 확인하면서 데이터를 쉽게 시각화한 대시보드를 만듭니다.

대시보드는 '목표' 설정과 동시에 만들 수도 있지만, 예상했던 전환 흐름과 실제 전환 흐름 사이에는 괴리가 있으므로 대시보드를 다시 만들게 됩니다. 그러므로 대시보드는 먼저 일정한 샘플을 축적/확인한 후 만들 것을 권장합니다.

지금까지의 흐름을 종합하면 전환 분석을 위한 프레임워크 구현은 다음 단계로 진행합니다.

❶ 웹사이트 목표(전환 포인트) 결정하기

❷ 마이크로 전환 포인트 정리하기

❸ 구글 애널리틱스에서 '목표' 설정하기

❹ 전환 병목을 시각화하기 위한 대시보드 만들기

이 장에서는 위 단계 중에서 '❷ 마이크로 전환 포인트 정리하기' 및 '❹ 전환 병목을 시각화하기 위한 대시보드 만들기'에 관해 설명합니다. '❸ 구글 애널리틱스에서 "목표" 설정하기'와 관련된 내용은 7장을 참조하십시오.

마이크로 전환 포인트는 웹사이트의 종료나 구성에 따라 달라집니다. 여기에서는 마이크로 전환 포인트를 정리할 때의 접근 방식에 관해 설명합니다.

EC사이트의 경우에는 8장에서 소개한 향상된 전자상거래 접점에 대해 마이크로 전환 포인트를 정리하면 좋을 것입니다.

한편, 브랜드 사이트와 같이 무수히 많은 전환 흐름을 고려할 수 있기 때문에 마이크로 전환 포인트를 정리하기 어려운 경우가 있습니다. 이런 경우에는 사용자가 웹사이트 내에서 어떤 행동을 하는지(실적 기준으로) 대략적으로 판단하기 위해 구글 애널리틱스의 '행동→행동 흐름' 보고서를 확인합니다.

'행동 흐름' 보고서는 사용자가 웹사이트에 접속한 시점부터 이탈할 때까지의 일련의 행동을 시각화해주는 보고서입니다.

기본적으로는 구글 애널리틱스가 자동으로 그룹화한 웹 페이지 그룹 단위로 데이터가 표시되지만, 웹사이트 구조에 따라서 해당 정보만으로는 시사점을 얻기 어려운 경우가 있습니다. 이런 경우에는 '콘텐츠 그룹'을 설정할 수 있습니다.

행동 흐름 보고서

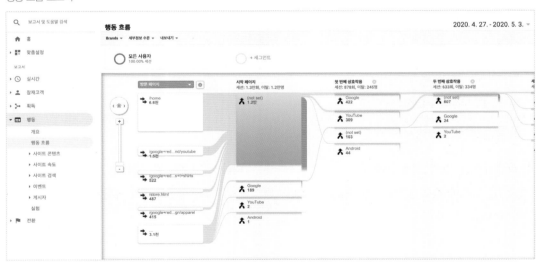

콘텐츠 그룹

콘텐츠 그룹은 웹사이트상의 콘텐츠를 측정기준 '페이지' 혹은 '페이지 제목' 등의 정보로 그룹화하는 기능입니다. 콘텐츠 그룹을 사용하면 디렉터리가 다른 여러 페이지를 한 단위로 묶어 간단하게 평가할 수 있습니다.

예를 들어, '/android'를 포함한 페이지와 '/android.html'로 끝나는 페이지를 'Android'라는 하나의 콘텐츠 그룹으로 묶으면 다음 그림과 같이 함께 확인할 수 있습니다.

콘텐츠 그룹으로 페이지를 묶어 평가하기

또한 콘텐츠 그룹을 만들면 '행동 흐름' 보고서에서 사용자의 움직임을 콘텐츠 그룹 단위로 확인할 수 있습니다.

각자 지정한 페이지 그룹 단위로 데이터를 표시할 수 있기 때문에 기본으로 제공되는 상태보다 큰 단위의 흐름을 쉽게 확인할 수 있습니다.

콘텐츠 그룹 만들기

구글 애널리틱스의 [관리자]→[(보기) 콘텐츠 분류]❶의 [+새 콘텐츠 그룹]❷을 클릭해 콘텐츠 그룹을 만듭니다.

콘텐츠 그룹 만들기

'+새 콘텐츠 그룹'을 클릭하면 다음 그림과 같은 콘텐츠 그룹 설정 화면이 표시됩니다.

콘텐츠 그룹 설정 화면

콘텐츠 그룹 설정

이름

그룹 구성
콘텐츠 분류는 사이트 또는 앱 콘텐츠의 논리적 모음을 만들어 이를 보고서의 기본 측정기준으로 사용합니다. 아래 방법 중 하나 이상을 사용하여 콘텐츠를 분류합니다.
자세히 알아보기

추적 코드별로 그룹화

+ 추적 코드 설정

추출을 사용하는 그룹

+ 추출 추가

규칙 정의를 사용하는 그룹

+ 규칙 세트 만들기

채널 그룹에서 정규 표현식이 작동하는 원리 알아보기
규칙을 끌어와 적용할 순서를 지정합니다.

저장 취소

콘텐츠를 그룹화하는 방법 중 이 책에서는 자주 사용하는 '규칙 정의 만들기', '추적 코드별 그룹화'에 관해 설명합니다.

›› 규칙 정의 만들기

측정기준 '페이지'나 '페이지 제목' 이름 규칙 등에 규칙성을 가진 콘텐츠를 동일 콘텐츠 그룹으로 측정하고자 하는 경우에는 '규칙 정의를 사용하는 그룹'을 사용합니다.

예를 들면, 다음 그림과 같이 설정하면 측정기준 '페이지'에 '/android/'를 포함하는 페이지와 '/android.html'로 끝나는 페이지를 'Android'라는 콘텐츠 그룹으로 분류할 수 있습니다.

규칙 정의 만들기

규칙 정의를 사용하는 그룹

1.　Android

규칙 정의

페이지 ▼	다음을 포함: ▼	/android/	— OR AND
OR			
페이지 ▼	다음과 정확하게 일치... ▼	/android.html	— OR AND

완료　취소

》》 추적 코드 활성화

'추적 코드별로 그룹화'는 주로 측정기준 '페이지'나 '페이지 제목'의 이름 규칙이 각각인 콘텐츠를 같은 콘텐츠 그룹으로 측정하고자 하는 경우에 사용합니다.

[색인 선택]에서 콘텐츠 그룹의 색인을 결정하고 [완료]를 클릭합니다.

추적 코드 활성화하기

```
추적 코드별로 그룹화

1.  추적 코드 설정

    사용
    ［　사용　］

    색인 선택
    ［ 1 ▼ ］  색인 번호(1-5)를 선택합니다.

    자바스크립트 추적 코드를 수정하고 다음 스니펫 중 하나를 포함합니다. 자세히 알아보기

    범용 사이트 태그 추적 코드(gtag.js):
    gtag('set', {'content_group1': 'My Group Name'});

    유니버설 애널리틱스 추적 코드(analytics.js):
    ga('set', 'contentGroup1', 'My Group Name');

    기본 애널리틱스 추적 코드(ga.js):
    _gaq.push(['_setPageGroup', 1, 'My Group Name']);

    완료  취소
```

이 책에서처럼 구글 태그 관리자를 사용하는 경우에는 웹 페이지 수정과 구글 태그 관리자 설정 변경을 모두 수행해야 합니다.

웹 페이지 수정

예를 들어 브랜드별로 콘텐츠 그룹을 만들 경우에는 각 웹 페이지에 다음과 같은 '데이터 영역 변수'에 값을 저장하는 코드를 출력합니다.

'데이터 영역 변수'에 값을 저장하는 코드

```
<script>
  window.dataLayer = window.dataLayer || [];
  dataLayer.push({'contentGroupBrand': 'Android'});
</script>
```

구글 태그 관리자 설정 변경

구글 태그 관리자에는 각 웹 페이지에 출력된 값을 얻어 페이지뷰나 이벤트에 추가해 구글 애널리틱스의 서버에 송출하는 설정을 추가합니다.

먼저 다음 그림과 같은 변수를 만듭니다.

※ '데이터 영역 변수 이름'은 각 웹 페이지에서 '데이터 영역 변수'에 저장한 변수 이름과 맞춥니다.

데이터 영역 변수 만들기

계속해서 콘텐츠 그룹을 만들어 둔 보기로 히트를 송출하는 태그에 설정된 '구글 애널리틱스 설정' 변수에 다음 그림과 같은 설정을 추가합니다.

※ 색인에는 '추적 코드 활성화'의 '색인 선택'에서 지정한 값을 입력합니다.

'구글 애널리틱스 설정' 변수에 설정 추가하기

설정을 완료했다면 미리보기 모드에서 검증을 수행한 후 게시합니다.

›› 콘텐츠 그룹 저장하기

그룹화할 방법을 결정했다면 [**이름**]❶을 입력하고 [**저장**]을 클릭합니다. 다음 그림은 '추적 코드 활성화' ❷와 '규칙 세트 만들기'❸를 마친 예시입니다.

콘텐츠 그룹 저장하기

또한 '추적 코드별로 그룹화'와 '규칙 정의를 사용하는 그룹' 등 여러 방법을 조합해 사용할 수도 있습니다.

15-3 / 전환 병목 시각화를 위한 대시보드 만들기

마이크로 전환 포인트를 정리했다면 '목표'를 설정하고 경과를 관찰한 뒤 전환 병목을 시각화할 대시보드를 만듭니다.

7장에서 소개한 '목표 흐름' 보고서 역시 병목을 시각화하는 효과적인 방법의 하나입니다. 여기에서는 구글 데이터 스튜디오에서 다음 그림과 같은 흐름 보고서를 만드는 방법을 소개합니다.

흐름 보고서

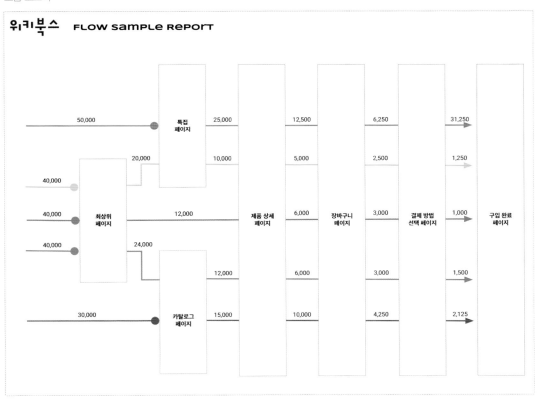

이와 같은 흐름 보고서를 만들면 '목표 흐름' 보고서보다 유연한 형태로 데이터를 확인할 수 있습니다.

흐름 보고서를 만들 때는 다음 그림과 같이 '유입→방문 페이지(LP)→마이크로 전환 포인트→전환'의 흐름으로, 세션 수가 어떻게 변화하는지 확인할 수 있게 합니다.

흐름 보고서로 세션 수의 변화를 확인할 수 있게 설정

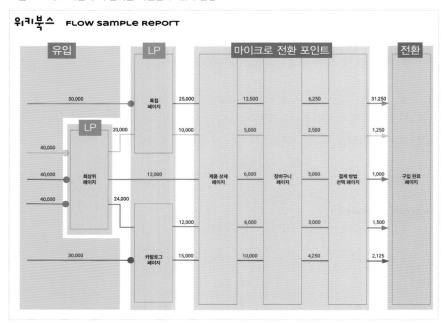

흐름 보고서 만들기

먼저 구글 데이터 스튜디오에 접속해 12장을 참고해 다음 그림과 같은 흐름 보고서 기반을 만듭니다.

※ 다음 그림의 빨강색 음영 부분은 사전에 파워포인트 등에서 만들어 이미지화한 것을 배치하거나 컴포넌트 '꺾은 선'과 '사각형' 등을 조합해서 만들어 주십시오.

흐름 보고서 기반 만들기

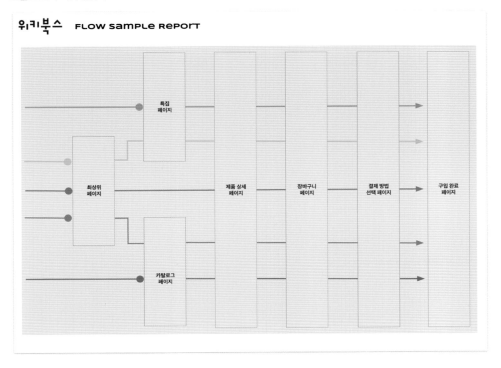

계속해서 [차트 추가]→[스코어카드]에서 스코어카드 하나를 보고서에 추가합니다.

※ '측정항목'이 '세션'이 아닌 경우에는 '세션'으로 변경합니다. 변경 방법은 12장을 참조하십시오(p.318).

스코어카드 추가하기

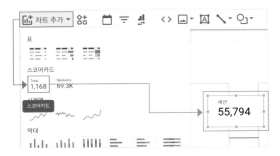

스코어카드를 추가했다면 스타일을 설정합니다. '스타일' 탭에서 [측정항목 이름 숨기기]를 설정해서 측정항목 이름을 숨깁니다. 글자 크기나 색 등 다른 스타일은 임의로 설정을 변경합니다.

스타일 설정하기

스타일 수정을 완료했다면 다음 그림과 같이 스코어카드를 경로에 맞춰 복제합니다.

스코어카드 복제하기

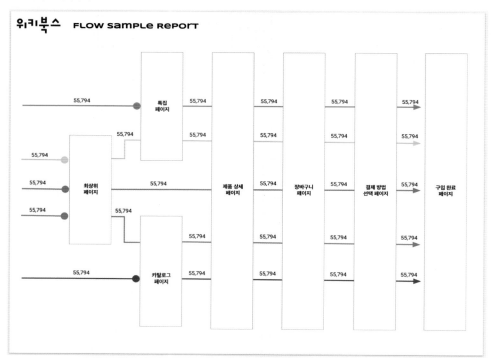

스코어카드에 필터 및 세그먼트 적용하기

모든 위치에 스코어카드 배치를 완료했다면 다음으로 각 포인트(통과점)에 실적값을 추출하기 위한 스코어카드에 필터 및 세그먼트를 적용합니다.

'유입' 부분과 '방문 페이지(LP) 이후의 경로' 부분의 수치 표현 방식이 다르므로 이에 관해 설명합니다.

›› '유입' 부분

먼저 '특집 페이지'로의 유입에 해당하는 부분의 스코어카드를 수정합니다.

다음 그림과 같이, 가장 왼쪽 위 스코어카드를 선택하고 '데이터' 탭에서 **[필터 추가]**를 클릭합니다.

스코어카드에 필터 추가하기

계속해서 다음 그림과 같이 '방문 페이지'를 추출(제한)하는 필터를 만듭니다. **[저장]**을 클릭하면 선택한 스코어카드에 필터가 적용됩니다.

나머지 '유입' 부분에도 같은 방식으로 스코어카드에 필터를 적용합니다.

'방문 페이지'를 추출(제한)하는 필터

›› '방문 페이지 이후 경로' 부분

'이후의 웹사이트 내 이동' 부분의 데이터를 추출하기 위해서는 먼저 구글 애널리틱스의 **[+세그먼트 추가]**→**[+새 세그먼트]**에서 맞춤 세그먼트를 만들어야 합니다.

예를 들면 최초 '특집 페이지(/special/)'에 접속한 뒤, 그 후 '상품 상세 페이지(details/)'로 이동한 세션을 필터링하는 맞춤 세그먼트는 다음 그림과 같이 만듭니다.

맞춤 세그먼트 만들기 예❶

또한 '특집 페이지(/special/)'에 방문한 뒤, 그 후 '상품 상세 페이지(/details/)'를 표시하고, '장바구니에 상품을 추가(이벤트 액션: add to cart)'한 세션을 추출하는 맞춤 세그먼트는 다음 그림과 같이 만듭니다.

맞춤 세그먼트 만들기 예❷

그다음, 흐름 보고서에 표시할 숫자에 해당하는 맞춤 세그먼트를 비슷한 방법으로 만듭니다. 맞춤 세그먼트를 모두 만들었다면 구글 데이터 스튜디오로 돌아옵니다.

>> 세그먼트 추가하기

구글 데이터 스튜디오로 돌아왔다면 '방문 페이지 이후 경로' 부분의 스코어카드를 선택하고❶, '데이터' 탭에서 [세그먼트 추가]❷를 클릭합니다.

세그먼트 추가하기

계속해서 선택한 스코어카드에 대응하는 맞춤 세그먼트를 선택하고, [보고서 추가]를 클릭합니다.

이후 같은 방법으로 세그먼트를 반복해서 추가합니다.

보고서에 맞춤 세그먼트 추가하기

여기까지의 과정을 마치면 다음 그림과 같은 대시보드가 완성됩니다.

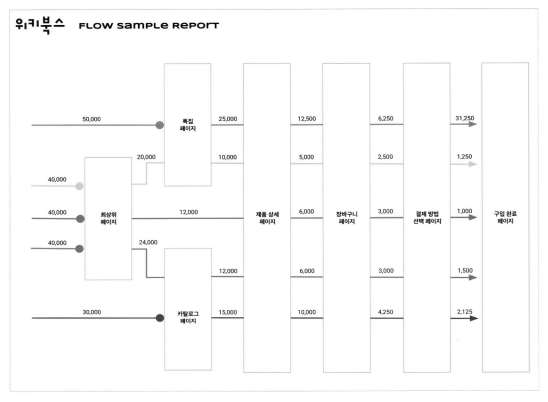

대시보드를 완성했다면, 정기적으로 모니터링을 하면서 상황을 파악하고 문제가 발생하면 대책을 강구하는 PDCA 사이클 단계에 들어갑니다. 개선 가능한지, 가능한 경우 어떻게 대응하는 것이 좋은지 알 수 있다면 웹사이트의 목적을 달성하는 데 한층 가까워질 것입니다.

15-4 / 대시보드를 기반으로 병목에 대처하기

다음으로 병목이 발생한 경우 대처하는 방법을 예를 들어 설명합니다.

▌유입 수 감소 분석하기

다음 그림의 빨간색 부분이 감소하는 경우, 어떤 소스가 감소의 원인이 되는지를 '획득→모든 트래픽→채널' 보고서에서 확인합니다.

유입 수 감소 분석하기

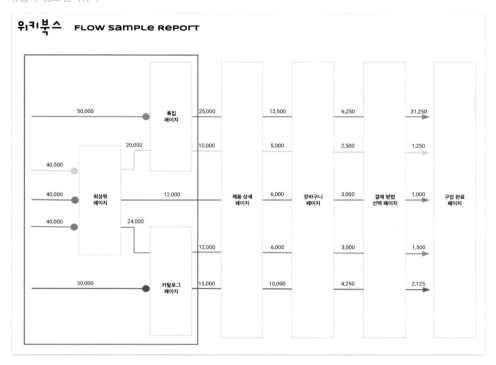

먼저, 채널 보고서 조회 기간을 '전년' 혹은 '전월' 등으로 선택합니다.

'획득→전체 트래픽→채널' 보고서에서 기간 비교 표시하기

	Default Channel Grouping	획득			동작			전환 전자상거래
		사용자 ? ↓	신규 방문자 ?	세션 ?	이탈률 ?	세션당 페이지수 ?	평균 세션 시간 ?	전자상거래 전환율 ?
		14.83% ⬇ 44,542 대 52,298	**9.41%** ⬇ 42,753 대 47,194	**15.71%** ⬇ 58,015 대 68,829	**15.76%** ⬇ 49.21% 대 42.51%	**9.88%** ⬇ 4.01 대 4.45	**5.38%** ⬇ 00:02:48 대 00:02:58	**25.21%** ⬇ 0.10% 대 0.13%
☐ 1.	Organic Search							
	2020. 4. 1 - 2020. 4. 30	**26,813** (57.10%)	25,136 (58.79%)	32,985 (56.86%)	54.59%	3.50	00:02:22	0.10%
	2019. 4. 1 - 2019. 4. 30	**30,355** (55.61%)	27,306 (57.86%)	37,247 (54.12%)	48.61%	3.88	00:02:28	0.16%
	변경율(%)	-11.67%	-7.95%	-11.44%	12.31%	-9.86%	-4.32%	-34.93%

예를 들어, 전년(월)과 비교해 'Organic Search'로부터의 유입이 감소하고 있다면 SEO(검색 엔진 최적화, Search Engine Optimization)에 관해 검토하는 것이 좋을 것입니다.

※ SEO에 관한 내용은 16장에서 자세히 소개합니다.

또한 'Referral'로부터의 유입이 감소하고 있다면 먼저 다음 그림과 같은 설정의 맞춤 보고서를 만듭니다.

맞춤 보고서 만들기

맞춤 보고서를 확인하면 구체적으로 어떤 URL로부터 어떤 URL로 유입이 감소하고 있는지 다음 그림과 같이 파악할 수 있습니다.

전체 추천자	방문 페이지	사용자 ↓	세션	이탈률	세션당 페이지 지수	평균 세션 시간	전자상 거래 전 환율	거래수	수익
1. mall.googleplex.com/	/home								
2020. 4. 1 - 2020. 4. 30		1,717 (22.61%)	2,122 (24.96%)	10.60%	9.61	00:06:40	0.00%	0 (0.00%)	US$0.00 (0.00%)
2019. 4. 1 - 2019. 4. 30		3,940 (45.39%)	5,170 (49.88%)	8.28%	8.08	00:05:07	0.00%	0 (0.00%)	US$0.00 (0.00%)
변경율(%)		-56.42%	-58.96%	28.08%	18.91%	30.48%	0.00%	0.00%	0.00%
2. analytics.google.com/analytics/app/	/home								
2020. 4. 1 - 2020. 4. 30		1,406 (18.52%)	1,550 (18.23%)	59.81%	2.46	00:02:35	0.00%	0 (0.00%)	US$0.00 (0.00%)
2019. 4. 1 - 2019. 4. 30		1,001 (11.53%)	1,088 (10.50%)	57.54%	2.58	00:02:27	0.00%	0 (0.00%)	US$0.00 (0.00%)
변경율(%)		40.46%	42.46%	3.94%	-4.47%	5.45%	0.00%	0.00%	0.00%
3. google.com/url	/home								
2020. 4. 1 - 2020. 4. 30		1,046 (13.78%)	1,150 (13.53%)	22.61%	6.64	00:04:10	0.00%	0 (0.00%)	US$0.00 (0.00%)
2019. 4. 1 - 2019. 4. 30		273 (3.15%)	301 (2.90%)	17.94%	6.92	00:05:23	0.00%	0 (0.00%)	US$0.00 (0.00%)
변경율(%)		283.15%	282.06%	26.02%	-4.15%	-22.35%	0.00%	0.00%	0.00%
4. analytics.google.com/analytics/app/	/google+re design/sho p+by+bran d/youtube								
2020. 4. 1 - 2020. 4. 30		425 (5.60%)	460 (5.41%)	43.48%	2.92	00:03:38	0.00%	0 (0.00%)	US$0.00 (0.00%)

제삼자가 운영하는 웹사이트가 원인인 경우에는 대응이 어려울 수 있지만, 변경 가능한 웹사이트가 원인인 경우에는 동선을 다시 검토해 보는 것이 좋습니다.

그 외 채널에 관해서는 케이스에 따라 다르지만, 'Paid Search', 'Display', 'Affiliates' 등 웹 광고로부터의 유입이 감소하는 경우에는 광고 크리에이티브 개선 등을 검토할 것을 권장합니다.

▍웹사이트 내 문제 파악하기

계속해서 특정 마이크로 전환 포인트에 도달하는 경로에서 세션 수가 급격하게 떨어지는 경우에 관해 생각해 봅시다.

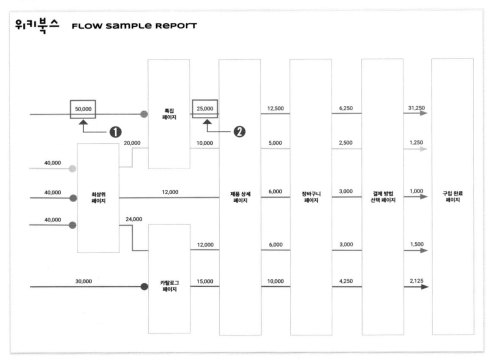

앞 그림에서 ❷부분의 퍼포먼스가 좋지 않다는 상황을 가정한 상태에서 분석하는 예시를 들어 설명합니다.

먼저, 구글 애널리틱스의 보고서를 엽니다. 여기에서 여는 보고서는 어떤 측정항목을 기준으로 분석하는지에 따라 달라지지만, 먼저 '잠재고객→모바일→개요'를 열어 봅니다.

'잠재고객→모바일→개요' 보고서

계속해서 앞에서 설명한 그림 내❷ 부분의 스코어카드에 적용한 세그먼트를 [+세그먼트 추가]에서 보고 서에 적용합니다.

※ '모든 사용자' 세그먼트는 삭제합니다.

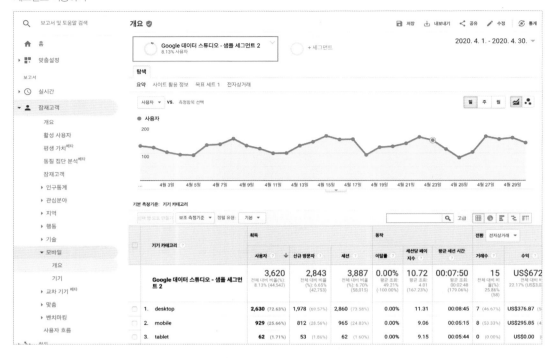

현재 흐름 보고서에는 이에 해당하는 세그먼트를 만들지 않았으므로 다음 그림과 같이 맞춤 세그먼트를 새롭게 만듭니다.

'특집 페이지에 방문한 세션'을 추출하기 위한 세그먼트

맞춤 세그먼트를 만들어서 적용하면❶ 다음 그림과 같이 '기기 카테고리'별 유입과 경로 부분의 경로 (p.432 그림의 ❶과 ❷)의 숫자를 비교할 수 있습니다❷. 유입에 비해 경로의 숫자가 급격하게 떨어지는 기기 카테고리가 없는지 확인해 봅니다.

기기 카테고리별 비교 가능

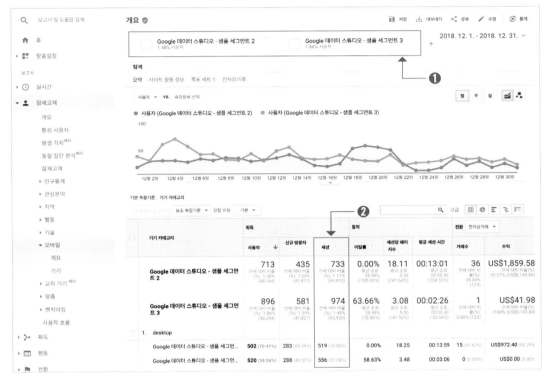

또한 이 상태에서 다른 보고서를 열어 축을 바꿔 분석할 수 있습니다. 예를 들어, '잠재고객→지역→위치' 보고서를 열고 '국가: South Korea'를 클릭하면 '지역'(시군구)별 상태를 확인할 수 있습니다.

지역	획득			동작			전환 전자상거래		
	사용자	신규 방문자	세션	이탈률	세션당 페이지 수	평균 세션 시간	거래수	수익	전자상거래 전환율
Google 데이터 스튜디오 - 샘플 세그먼트 2	3 전체 대비 비율(%): 0.01% (48,244)	3 전체 대비 비율(%): 0.01% (41,827)	3 전체 대비 비율(%): 0.00% (65,920)	0.00% 평균 조회: 35.59% (-100.00%)	19.00 평균 조회: 5.30 (258.52%)	00:18:30 평균 조회: 00:03:40 (404.18%)	0 전체 대비 비율(%): 0.00% (125)	US$0.00 전체 대비 비율(%): 0.00% (US$6,143.84)	0.00% 평균 조회: 0.19% (-100.00%)
Google 데이터 스튜디오 - 샘플 세그먼트 3	9 전체 대비 비율(%): 0.02% (48,244)	6 전체 대비 비율(%): 0.01% (41,827)	9 전체 대비 비율(%): 0.01% (65,920)	66.67% 평균 조회: 35.59% (87.33%)	1.56 평균 조회: 5.30 (-70.65%)	00:00:23 평균 조회: 00:03:40 (-89.76%)	0 전체 대비 비율(%): 0.00% (125)	US$0.00 전체 대비 비율(%): 0.00% (US$6,143.84)	0.00% 평균 조회: 0.19% (-100.00%)
1. Seoul									
Google 데이터 스튜디오 - 샘플 세그먼...	2 (66.67%)	2 (66.67%)	2 (66.67%)	0.00%	21.00	00:24:57	0 (0.00%)	US$0.00 (0.00%)	0.00%
Google 데이터 스튜디오 - 샘플 세그먼...	4 (44.44%)	1 (16.67%)	4 (44.44%)	50.00%	1.50	00:00:29	0 (0.00%)	US$0.00 (0.00%)	0.00%
2. Gangwon-do									
Google 데이터 스튜디오 - 샘플 세그먼...	1 (33.33%)	1 (33.33%)	1 (33.33%)	0.00%	15.00	00:05:38	0 (0.00%)	US$0.00 (0.00%)	0.00%
Google 데이터 스튜디오 - 샘플 세그먼...	0 (0.00%)	0 (0.00%)	0 (0.00%)	0.00%	0.00	00:00:00	0 (0.00%)	US$0.00 (0.00%)	0.00%
3. Daegu									
Google 데이터 스튜디오 - 샘플 세그먼...	0 (0.00%)	0 (0.00%)	0 (0.00%)	0.00%	0.00	00:00:00	0 (0.00%)	US$0.00 (0.00%)	0.00%
Google 데이터 스튜디오 - 샘플 세그먼...	1 (11.11%)	1 (16.67%)	1 (11.11%)	0.00%	4.00	00:01:26	0 (0.00%)	US$0.00 (0.00%)	0.00%
4. Incheon									
Google 데이터 스튜디오 - 샘플 세그먼...	0 (0.00%)	0 (0.00%)	0 (0.00%)	0.00%	0.00	00:00:00	0 (0.00%)	US$0.00 (0.00%)	0.00%
Google 데이터 스튜디오 - 샘플 세그먼...	1 (11.11%)	1 (16.67%)	1 (11.11%)	100.00%	1.00	00:00:00	0 (0.00%)	US$0.00 (0.00%)	0.00%
5. Gyeonggi-do									

이상과 같이 분석을 수행해 원인을 찾았다면 해결책을 검토합니다.

예를 들어, '기기 카테고리: mobile'이 문제의 원인인 경우에는 13장에서 소개한 것처럼 구글 최적화 도구에서 '모바일 기기를 사용하는' 사용자를 대상으로 A/B 테스트를 실시함으로써 최적의 UI를 모색해볼 수 있습니다.

또한 '문의 양식'이나 '고객 정보 입력 양식'과 같은 신청 화면의 성능이 좋지 않은 경우에는 입력 폼의 항목이나 설명에 문제는 없는지 확인/검증하는 것도 권장합니다.

어떤 항목에서 사용자가 이탈하는지 구글 애널리틱스를 이용해 간단히 검증하는 방법으로 다음 2가지를 생각해볼 수 있습니다.

- 폼 화면의 스크롤 비율 측정하기
- 각 입력 항목이 클릭된 횟수나 입력 오류가 발생한 횟수 측정하기

첫 번째 방법에 관해서는 6장 '웹 페이지의 스크롤 측정하기'를 참조하십시오(p.156).

두 번째 방법에 관해서는 6장 '웹 페이지에서 '데이터 영역 변수'에 저장된 이벤트 측정하기'를 참조하십시오(p.162).

또한 이 책에서 자세히 설명하지는 않지만, EFO(Entry Form Optimization, 입력폼 최적화) 도구 도입이나 휴리스틱 분석을 통해 좀 더 자세한 검증을 할 수 있으므로 필요에 따라 검토해 보기 바랍니다.

Column

콘텐츠 그룹을 이용해 풍선형 차트 만들기

풍선형 차트 만들기

콘텐츠 그룹을 사용해서 다음 그림과 같은 '풍선형 차트'를 만들면 어떤 콘텐츠가 전환에 기여하는지(또는 전환을 방해하는지) 파악할 수 있습니다.

풍선형 차트

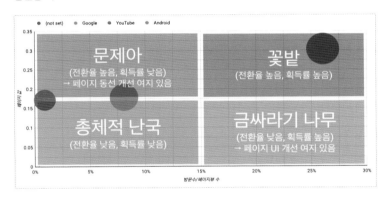

측정기준에는 '콘텐츠 그룹', 측정항목에는 주로 '페이지별 방문자 수'(가로축)와 '페이지 가치'(세로축)를 사용합니다.

페이지 가치란

'페이지 가치'는 각 페이지의 전환에 대한 기여도를 의미하는 지표입니다. 사전에 '수익' 없이 '목푯값'을 측정하는 설정을 수행하면 측정할 수 있습니다.

'페이지 가치'는 다음 공식에 따라 계산합니다.

> **{해당 페이지를 경유해 발생한 '수익'과 '총 목푯값'의 합} / {페이지별 순수 페이지 방문 수}**

이 공식을 다음 그림에 적용해 '페이지 A', '페이지 B', '페이지 C'의 '페이지 가치'를 계산해 봅니다.

페이지 가치 계산

예를 들면 '페이지 A'의 '수익'은 '세션 1'에서 100,000원, '목푯값'은 '세션2'에서 40,000원, '페이지 방문 수'는 '세션 1'과 '세션 2' 모두 '2'이므로 다음 공식과 같이 '페이지 가치'는 '70,000원'이 됩니다.

(100,000 + 40,000) / 2 = 70,000

마찬가지로 '페이지 B', '페이지 C'의 가치를 계산하면 다음 표와 같습니다.

페이지 가치

	페이지 A	페이지 B	페이지 C
수익	100,000	100,000	0
목푯값	40,000	40,000	40,000
페이지 방문 수	2	2	1
페이지 가치	70,000	70,000	40,000

앞에서 설명한 내용이 '페이지 가치' 계산 방법입니다. '페이지 가치'는 측정기준 '페이지' 단위뿐만 아니라 콘텐츠 그룹 단위로도 사용할 수 있습니다.

페이지 단위로 봤을 때 그 단위가 너무 세세한 경우에는 다음 그림과 같이 기본 측정기준을 바꿔 콘텐츠 그룹 단위로 보고서를 확인하는 것을 권장합니다.

콘텐츠 단위 그룹 보고서

풍선형 차트 만들기

풍선형 차트는 구글 데이터 스튜디오에서 만듭니다.

구글 애널리틱스의 데이터를 사용해 보고서를 만드는 방법에 관해서는 12장을 참조하십시오. 이 장에서는 풍선형 차트를 만드는 방법만 설명합니다.

먼저 **[차트 추가]**에서 **[풍선형 차트]**를 보고서에 추가합니다.

풍선형 차트 추가

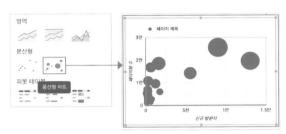

풍선형 차트를 추가했다면, '데이터' 탭에서 다음 그림과 같이 **[측정기준]**, **[측정항목(X축)]**, **[측정항목(Y축)]**, **[풍선 크기]**를 변경합니다.

※ '풍선 크기' 측정항목은 임의로 선택해도 관계없으나, '이탈률' 등을 지정하는 것이 좋습니다.

풍선형 차트 설정

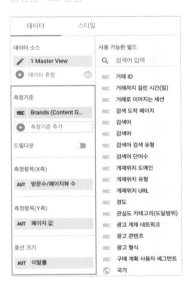

'스타일' 탭은 임의로 설정합니다. '풍선 색' 설정을 변경하면 보고서가 한층 눈에 잘 들어옵니다.

풍선 색 설정하기

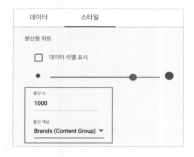

다음과 같은 상태가 되면 풍선형 차트 만들기가 완료된 것입니다.

완성한 풍선형 차트

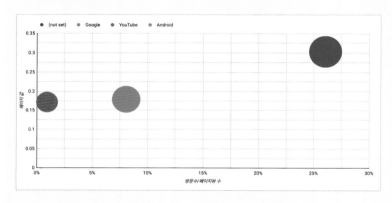

풍선형 차트 기반으로 콘텐츠 분석하기

'콘텐츠 그룹'과 '페이지 가치'의 의미를 조합해 각 영역에 관해 정리하면 다음 그림과 같습니다.

풍선형 차트

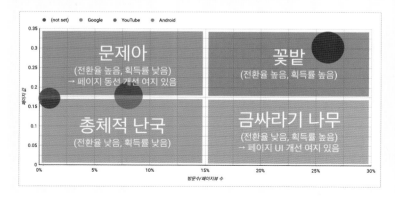

꽃밭

'페이지별 방문 수'가 높고 '페이지 가치'도 높습니다. 계속 주력하는 것이 좋습니다.

금싸라기 나무

'페이지별 방문 수'는 높지만, '페이지 가치'는 낮습니다. 즉, 전환율이 낮아 좋지 않은 콘텐츠입니다.

이런 콘텐츠는 UI를 개선하면 '꽃밭'이 될 가능성이 있으므로 구글 최적화 도구 등을 활용한 실험을 수행할 것을 권장합니다.

문제아

'페이지 가치'는 높지만, '페이지별 방문 수'가 낮습니다. 즉, 획득율이 낮은 콘텐츠입니다.

획득율을 개선하면 '꽃밭'이 될 가능성이 있으므로 해당 페이지로의 동선 수정이나 SEO 대응, 웹 광고의 방문 페이지 등으로 설정하면 좋습니다.

총체적 난국

'페이지 가치', '페이지별 방문 수' 모두 낮습니다. 이런 콘텐츠에는 적극적인 투자를 피하는 것이 좋습니다.

Chapter

16

CASE STUDY ②
SEO 검토하기

서치 콘솔은 구글 검색의 결과 화면에 있는 웹사이트의 게재 상황을 감시, 관리, 개선하기 위한 서비스 입니다. 이 장에서는 서치 콘솔 기능 중 '색인 상태 감시'와 '구글 검색 결과 게재 상황 확인'의 2가지 기능을 설명합니다. 또한 각 기능을 통해 획득한 데이터를 SEO에 활용하기 위한 포인트를 소개합니다.

SEO와 검색 엔진의 구조

이 장에서는 SEO를 '검색 결과에서의 검색 순위를 1위로 만드는 것'이 아니라 '웹사이트를 검색 엔진에 대해 최적 상태로 만드는 것'으로 정의합니다. '자연 검색(Organic Search)'으로부터의 유입이 감소하는 경우에는 이 SEO에 관해 검토하는 것이 좋습니다.

검색 엔진은 다음과 같은 구조로 구성됩니다.

검색 엔진 구성

검색 엔진은 '크롤러(crawler)'라고 부르는 프로그램으로 웹상에 있는 다양한 웹 페이지 데이터를 링크를 기반으로 수집합니다. 이를 '크롤링(crawling)'이라고 부릅니다. 이후 '인덱서(indexer)'라는 프로그램으로 수집한 데이터를 검색 엔진이 처리하기 쉬운 형태로 바꿔 데이터베이스에 저장합니다. 이를 '인덱스(index)'라고 부릅니다. 이 단계까지는 검색 엔진에 관계없이 유사합니다.

그리고 나서 데이터베이스에 저장된 데이터는 검색 엔진 고유의 순위 알고리즘에 따라 점수를 계산합니다. 사용자가 찾는 정보를 막힘없이 찾아낼 수 있게 구글 검색은 인덱싱된 데이터를 다양한 신호를 사용해 점수를 매기지만, 그 구체적인 방식은 공개하지 않고 있습니다.

SEO(검색 엔진 최적화) 초보자 가이드

구글은 서치 콘솔 고객센터 페이지에서 '검색 엔진 최적화(SEO) 초보자 가이드'를 제공합니다.

https://support.google.com/webmasters/answer/7451184

'검색엔진 최적화(SEO) 초보자 가이드'에는 SEO에 대한 대응 방법이 정리돼 있습니다. 가이드의 내용을 요약하면 '사용자에게 있어 양질의 콘텐츠를 만들고, 웹사이트를 검색 엔진에 대해 최적화된 상태로 만드는' 것이 검색 결과 화면에서의 순위 상승에 있어 중요하다고 해석할 수 있습니다.

과거에는 SEO 순위를 올리기 위해 모음 사이트를 만들어 링크를 늘리는 방법을 사용했습니다. 하지만 현재 구글 검색은 '사용자가 찾고 있는 높은 품질의 정보를 검색 결과에 표시하는 것'을 목적으로 만들어 졌기 때문에 과거의 방법처럼 검색 결과의 품질을 떨어뜨리는 웹사이트에 대해서는 검색 결과에 표시하지 않게 페널티를 주는 경우가 있습니다. 따라서 웹사이트 내부 구성에 관한 정책을 검토/구현하는 것이 SEO에 대한 일반적인 대책이 됩니다.

'웹사이트 내부에 관한 정책'이란 사이트 내비게이션, 콘텐츠 내용, HTML 마크업, 사이트 내 링크 등에 대해 검색 엔진이 크롤링하기 쉬운 상태로 만드는 것을 의미합니다.

'검색 엔진 최적화(SEO) 초보자 가이드'는 다양한 대책에 관해 설명하고 있지만, 대표적인 것은 다음 2 가지입니다.

- 각 웹 페이지에 간략하고 이해하기 쉬운 고유의 '페이지 제목'(⟨title⟩ 태그)을 붙인다

- 각 웹 페이지에 간략하고 이해하기 쉬운 고유의 '설명'(⟨meta name="description"⟩ 태그)을 붙인다.

다음 그림과 같이 페이지 제목과 설명은 검색 결과에 표시되는 내용과 연동됩니다.

페이지 제목과 설명은 검색 결과와 연동됨

기타 상세한 정책에 관해서는 '검색 엔진 최적화(SEO) 초보자 가이드'를 확인하십시오.

16-2 / SEO를 위한 서치 콘솔 활용

대부분의 경우, 웹사이트를 공개한 뒤 아무것도 하지 않으면 웹사이트로의 접속 수는 증가하지 않습니다. 구글 광고 등을 활용해 웹사이트의 사용자를 획득하는 것을 목표로 하는 광고 송출을 수행하는 것도 효과적인 방법 중 하나지만, 예산 문제로 이런 대응이 어려운 경우도 있을 것입니다.

최근 많은 사람이 어떤 정보를 찾거나 행동을 결정할 때 구글 검색을 이용합니다. 따라서 사람들이 원하는 정보가 자사 사이트에 있다는 것을 구글 검색의 검색 결과 화면에 알기 쉽게, 더 많은 사용자에게 전달되게 게재할 수 있다면 자연스럽게 웹사이트에서의 사용자 획득으로 이어질 것입니다. 이 시점에서 '서치 콘솔'을 활용할 수 있습니다.

서치 콘솔은 구글 검색의 검색 결과 화면에 표시되는 웹사이트 게재 상황을 감시, 관리, 개선하기 위한 서비스입니다. 서치 콘솔 사용을 시작하는 방법은 10장을 참조하십시오(p.248). 이 장에서는 서치 콘솔의 기능 중에서 인덱스 상황을 감시하고, 구글 검색 결과에서의 게재 상황을 확인하는 2가지 기능을 소개합니다.

인덱스 상태 감시

구글 검색의 검색 결과 화면에 개별 웹 페이지를 게재하기 위해서는 검색 엔진에 웹 페이지를 인덱싱해 둬야 합니다. 서치 콘솔은 이 인덱싱이 적절하게 수행됐는지 확인하는 기능을 제공합니다.

인덱스 상황을 확인하는 경우에는 '색인 생성 범위' 보고서를 엽니다.

'색인 생성 범위' 보고서

다음 그림과 같이 에러가 발생한 행을 클릭하면 어떤 URL에서 해당 에러가 발생했는지 확인할 수 있습니다.

에러 세부 내용 확인하기

에러 메시지 내용에 따라 대응을 마쳤다면 [**수정 결과 확인**]을 클릭하고 대응 결과를 확인합니다. 수정이 적절하게 됐다면 서치 콘솔상에서 에러가 사라집니다.

수정 결과 확인하기

또한 특정한 URL의 인덱스 상황을 확인하고자 하는 경우에는 'URL 검사' 기능을 사용합니다. 다음 그림과 같이 검사 입력창에 확인하고자 하는 URL을 입력해 검사하면 인덱싱 세부 상황을 알 수 있습니다.

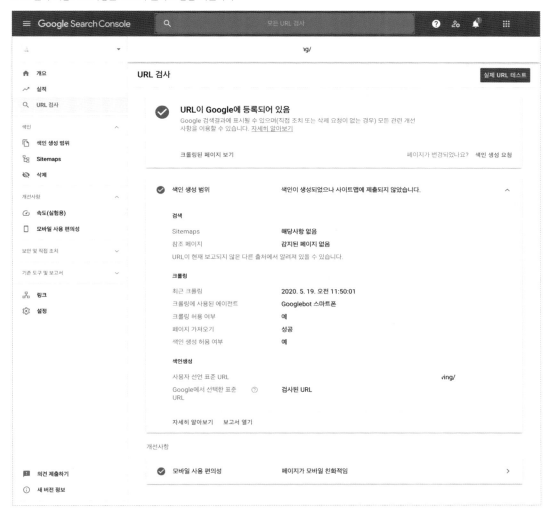

또한 '사이트 맵'에서 웹사이트의 구조나 각 웹 페이지의 최근 변경일을 기록한 XML 형식 파일 ('sitemap.xml')을 송출해 둠으로써 인덱스를 부드럽게 진행할 수 있습니다.

사이트 맵 송출하기

구글 검색 결과에 대한 게재 상황 확인

웹 페이지에 대한 인덱싱이 됐다 하더라도 검색 결과 화면 상위에 표시되지 않으면 사용자 유입으로 이어지지 않습니다. 서치 콘솔의 '실적' 보고서에서는 사용자가 구글 검색에서 어떤 키워드를 입력하고 검색했으며, 어떤 웹사이트가 표시 및 클릭됐는지 확인할 수 있습니다.

'실적' 보고서

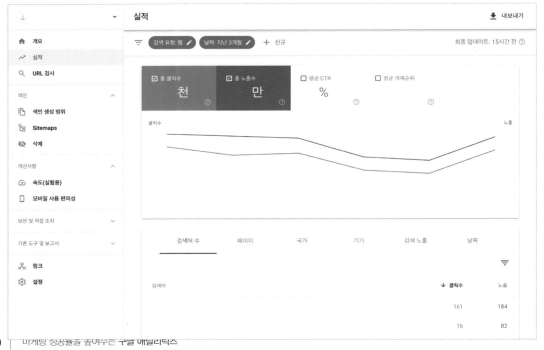

마케팅 성공률을 높여주는 구글 애널리틱스

예를 들어, 신경 쓰이는 '검색어'를 클릭하면 대상 검색 키워드에 관련된 데이터만 필터링할 수 있습니다.

검색 키워드 필터링하기

이 상태에서 '페이지' 탭을 확인하면 필터에 사용한 '검색 키워드'를 구글 검색에 입력 및 검색할 때 자사 사이트의 어떤 페이지가 얼마나 표시 및 클릭됐는지 파악할 수 있습니다.

자사 사이트의 페이지 표시 수와 클릭 수 확인 가능

※ 다음 웹마스터용 공식 블로그에 쓰여진 것처럼 2019년 3월부터 '정규URL'이 표시되므로 해당 내용에 주의하십시오.

 https://webmasters.googleblog.com/2019/02/consolidating-your-website-traffic-on.html (영문)

서치 콘솔의 '실적' 보고서에서 구글 검색 결과의 게재 상황을 표시했다면 '클릭 수', '표시 횟수', 'CTR', '평균 게재 순위' 값을 확인하고, 상황이 좋지 않은 것이 있다면 그 원인을 파악해 대책을 검토합니다.

예를 들어, '표시 횟수'가 감소하는 경우에는 다음과 같은 요인을 고려해볼 수 있습니다.

- 해당 검색 키워드에 대한 사회적 관심이 하락해 절대적인 검색 횟수가 감소함

- 자사 사이트 변경에 의해 웹 페이지가 적절하게 인덱싱되지 않아 검색결과 목록에 표시되기 어려워짐

- 경쟁 사이트가 상위에 게재됨으로써 상대적으로 자사 사이트의 게재 순위가 하락해 사용자의 눈에 띄기 어려워짐

이런 경우에는 먼저 해당 검색 키워드에 관해 구글 트렌드(Google Trends)에서 상황을 확인해 보는 것을 권장합니다. 구글 트렌드는 전 세계 검색 동향을 확인할 수 있는 서비스로 'https://trends.google.co.kr/'을 통해 접속할 수 있습니다.

구글 트렌드

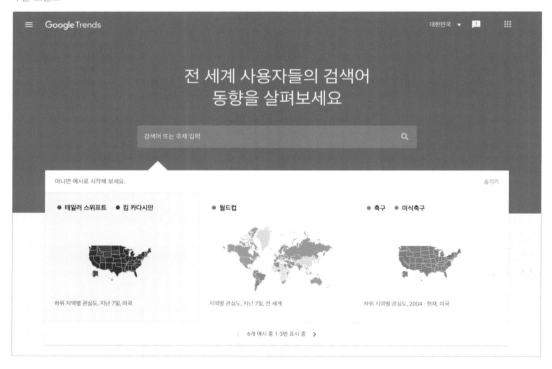

관심 있는 검색 키워드를 검색창에 입력하면 다음 그림과 같이 '시간 흐름에 따른 관심도 변화' 등의 데이터를 확인할 수 있습니다.

검색 키워드의 인기도 확인

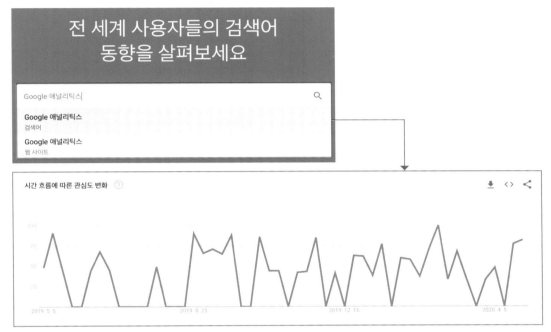

검색 키워드의 인기도가 낮아지는 경우에는 대책을 마련하는 것이 어렵지만, 그렇지 않은 경우라면 서치콘솔이나 경쟁 사이트의 상황을 참고하고 '검색 엔진 최적화(SEO) 초보자 가이드'를 확인한 뒤, 대책을검토하는 것이 좋습니다.

16-4 / 구글 데이터 스튜디오 활용

SEO 대시보드 만들기

서치 콘솔은 편리한 서비스지만, 조작을 잘못하면 웹사이트 인덱스 상황에 영향을 미칠 위험이 있습니다. 따라서 여러 사용자가 접속하는 경우, 각 사용자에게 최소한의 권한만 설정하게 해야 합니다.

또는 다음 중 한 가지 방법을 이용하면 서치 콘솔 권한을 설정하지 않은 사용자도 SEO에 관한 분석을 수행할 수 있습니다.

- ▪ 서치 콘솔을 구글 애널리틱스와 연결하기(10장 참고)
- ▪ 구글 데이터 스튜디오에서 SEO 대시보드 만들기

후자의 방법을 선택하는 경우에는 템플릿을 사용(확인하고자 하는 내용에 따라 다름)하면 좀 더 원활하게 작업을 진행할 수 있습니다.

서치 콘솔 템플릿은 다음 그림의 빨간 사각형 부분 '서치 콘솔 리포트(Search Console Report)'에서 사용할 수 있습니다. SEO 대시보드를 만듭니다.

서치 콘솔 템플릿

사용할 템플릿을 클릭하면 다음 그림과 같은 화면(SEO 대시보드 템플릿)이 표시됩니다. **[템플릿 사용]**을 클릭합니다.

SEO 대시보드 템플릿

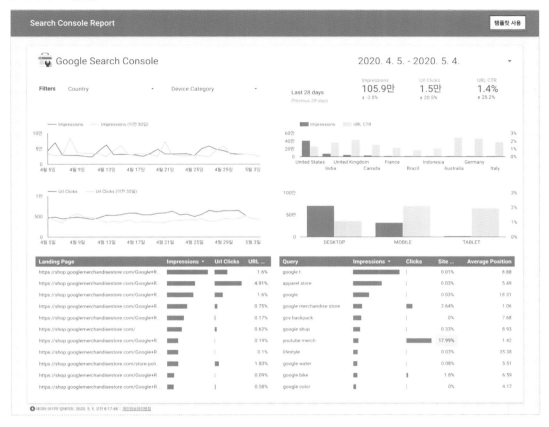

'템플릿 사용'을 클릭하면 다음 그림과 같은 대화 상자가 표시됩니다.

[새로운 데이터 소스]의 [[Sample] Search Console Data(URL)]❶을 선택하고, [새 데이터 소스 만들기]❷를 클릭합니다.

데이터 소스 만들기

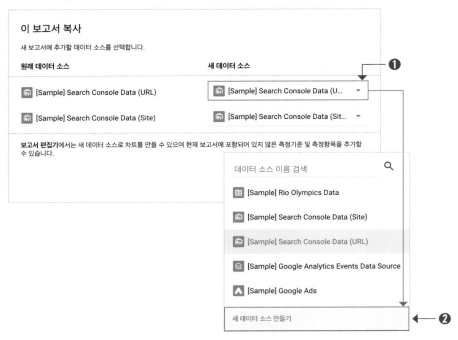

'새 데이터 소스 만들기'를 클릭하면 데이터 소스에 접속하기 위한 여러 커넥터가 표시됩니다. 여기에서는 서치 콘솔의 데이터를 사용해 보고서를 생성할 것이므로 [Search Console]을 선택합니다.

커넥터 선택

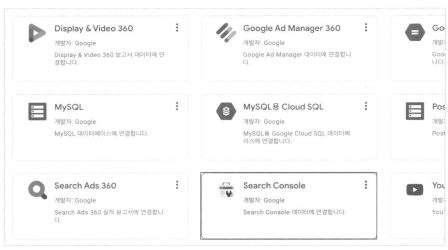

'서치 콘솔'을 선택합니다.

데이터 소스로 사용 가능한 서치 콘솔 사이트 목록이 표시됩니다. 원하는 사이트의 [URL 노출]❶을 선택한 뒤, [연결]❷을 클릭합니다.

데이터 소스로 사용할 사이트 선택하기

'연결'을 클릭하면 보고서에서 사용 가능한 '필드' 목록을 확인할 수 있습니다. 내용을 확인한 뒤 [보고서에 추가]를 클릭합니다.

필드 목록 확인하기

Search Console		데이터 사용자 인증 정보: 소유자	데이터 업데이트: 12시간	커뮤니티 시각화 액세스: 사용 중지	보고서 필드 수정: 사용	취소	보고서에 추가
← 연결 수정 ｜ 이메일로 필터링							➕ 필드 추가
색인	필드 ↓	유형 ↓		기본 집계 ↓	설명 ↓	🔍 필드 검색	
1	Country	🌐 국가		없음			
2	Date	📅 날짜(YYYYMMDD)	▾	없음			
3	Device Category	RBC 텍스트	▾	없음			
4	Google Property	RBC 텍스트	▾	없음			
5	Landing Page	RBC 텍스트	▾	없음			
6	Query	RBC 텍스트	▾	없음			
7	Impressions	123 숫자	▾	자동			
8	Url Clicks	123 숫자	▾	자동			
9	URL CTR	123 비율	▾	자동			

'보고서에 추가'를 클릭하면 이전 대화 상자로 돌아갑니다. [[Sample] Search Console Data(Site)] 항목도 동일한 방식으로 데이터 소스를 변경한 뒤, [보고서 복사]를 클릭합니다.

※ [[Sample] Search Console Data (Site)]의 표는 'URL 노출'이 아닌 '사이트 노출'을 선택합니다.

데이터 소스 변경 후 보고서 복사하기

이 보고서 복사

새 보고서에 추가할 데이터 소스를 선택합니다.

원래 데이터 소스	새 데이터 소스
[Sample] Search Console Data (URL)	Search Console ... ▾
[Sample] Search Console Data (Site)	Search Console .. ▾

보고서 편집기에서는 새 데이터 소스로 차트를 만들 수 있으며 현재 보고서에 포함되어 있지 않은 측정기준 및 측정항목을 추가할 수 있습니다.

취소   보고서 복사

'보고서 복사'를 클릭하면' 선택한 새로운 데이터 소스를 사용해 SEO 대시보드를 만듭니다.

완성된 SEO 대시보드

보고서 이름을 임의의 이름으로 변경하고❶ [보기]❷를 클릭해 대시보드를 확인합니다.

예를 들어, 웹사이트 전체 또는 특정한 웹 페이지의 'Impression'이나 'Url Clicks'가 극단적으로 저하되는 경향이 보이는 경우에는 인덱스 상태에 문제가 발생했을 가능성이 있습니다. 이런 경우에는 서치 콘솔의 '커버리지' 보고서를 확인해 대책을 검토하는 것이 좋습니다.

Chapter

17

CASE STUDY ③
캠페인 랜딩페이지 최적화하기

구글 최적화 도구를 사용하면 방문 페이지의 패턴을 검증할 수 있습니다. 이 장에서는 '캠페인을 경유한 랜딩페이지를 최적화'하고자 하는 경우, 구글 최적화 도구를 설정하는 방법을 설명합니다.

캠페인을 경유한 전환을 최대화하기 위해서는 '어떤 내용의 웹 페이지를 랜딩페이지로 설정하는지'가 매우 중요합니다.

예를 들어, 가족 대상으로 하는 기능성 상품 관련 캠페인을 운영하는 경우 랜딩페이지의 메인 비주얼로 다음 중 어느 쪽을 선택하는지가 대단히 중요합니다.

- 가족들이 모여 상품을 사용하는 비주얼
- 상품 기능을 자랑하는 비주얼

물론 담당자의 경험을 바탕으로 결정하는 것도 한 가지 방법이지만, 구글 최적화 도구로 실험을 수행하고 어느 쪽 대안이 나은지 검증하면 좀 더 확실히 판단할 수 있습니다.

이 장에서는 앞에서 언급한 것처럼 '캠페인을 경유해 인입되는 랜딩페이지를 최적화하고 싶은' 경우, 구글 최적화 도구를 사용해 어떤 설정을 수행하면 좋을지 설명합니다.

※ 구글 최적화 도구의 기본 사용 방법은 13장을 참조하십시오.

검색 연동형 광고 랜딩페이지에서 테스트하기

구글 광고와 구글 최적화 도구의 연결은 기본적으로 가능합니다. 따라서 구글 광고에서 송출하는 검색 연동형 광고의 랜딩페이지를 최적화하고자 한다면 간단하게 설정할 수 있습니다.

※ 이 책의 집필 시점(2019년 8월)에는 디스플레이 광고, 동영상 광고는 지원하지 않습니다.

먼저 구글 최적화 도구가 연결되어 있는 구글 애널리틱스의 속성과 검색 연동형 광고를 운영 중인 구글 광고 계정이 연결되어 있는지 확인합니다.

※ 계정이 연결되지 않은 경우에는 14장을 참조해 두 서비스를 연결하십시오(p.388).

계속해서 구글 최적화 도구의 공유를 활성화합니다. 구글 광고 계정에 로그인한 뒤, **[도구]→[설정]→[연결된 계정]❶**에서 '구글 애널리틱스'의 **[상세보기]❷**를 클릭합니다.

'세부 정보'를 클릭하면 '구글 최적화 도구 공유가 꺼져 있습니다.'라는 화면이 표시됩니다. 토글 버튼을 클릭해 공유를 켭니다❸.

구글 최적화 도구 공유 활성화하기

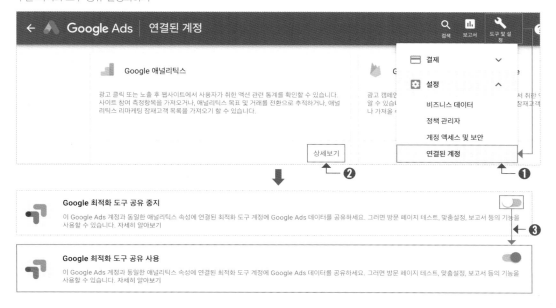

구글 광고와 구글 최적화 도구 공유를 활성화했다면 구글 최적화 도구 실험(환경)을 만듭니다

구글 광고에서 송출하는 광고로부터 유입된 사용자를 대상으로 실시하는 경우에는 실험 유형을 선택하고 '대안 추가'를 클릭한 뒤, '잠재고객 타깃팅'의 [맞춤]→[Google Ads]를 클릭합니다.

규칙 유형 '구글 광고'

구글 최적화 도구에서는 구글 광고의 하위 4계층 설정을 기반으로 타깃팅 조건을 결정할 수 있습니다.

- 계정
- 캠페인
- 광고 그룹
- 키워드

예를 들어, 특정한 캠페인(예: 샘플 캠페인 페이지)으로부터 유입된 사용자를 테스트 대상으로 하는 경우에는 다음 그림과 같은 규칙을 추가합니다.

실험 규칙 만들기

또한 다음 그림과 같이 여러 조건을 '또는'으로 추가할 수도 있습니다

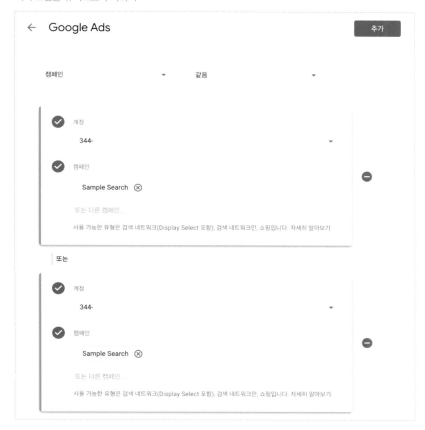

기타 캠페인 랜딩페이지에서 테스트 실행하기

Yahoo!에서 송출하는 광고나 메일 잡지, QR 코드 등의 랜딩페이지를 최적화하고자 하는 경우에는 앞에서 설명한 방법으로 대응할 수 없습니다. 단, 10장에서 설명한 '캠페인 매개변수(utm_~)'(p.250)를 적절하게 부여했다면 유연하게 대응할 수도 있습니다.

예를 들어, 메일 잡지에 포함된 URL에 다음과 같은 캠페인 매개변수를 부여했다고 가정하겠습니다.

```
https://www.example/~?utm_source=mailmagazine&utm_medium=email&utm_campaign=2020200214_valentine_
mailmagazine
```

앞의 랜딩페이지에서 테스트를 실행하고자 하는 경우에는 먼저 **[규칙 추가]→[검색어 매개변수]**를 클릭합니다.

규칙 유형 선택

Google 애널리틱스 잠재고객
Google 애널리틱스에서 생성된 잠재고객을 타겟팅합니다.

최적화 도구 360 필요 ⑦

Google Ads >
Google Ads 계정, 캠페인, 광고그룹 및 키워드를 토대로 타겟팅합니다.

UTM 매개변수 >
UTM 매개변수를 기준으로 방문자를 타겟팅합니다.

기기 카테고리 >
모바일, 태블릿 또는 데스크톱 기기를 사용하는 방문자를 타겟팅합니다.

행동 >
신규 방문자 및 재방문자 또는 특정 리퍼러에서 유입된 방문자를 타겟팅합니다.

지리 >
특정 도시, 대도시, 지역 또는 구/군에서 유입된 방문자를 타겟팅합니다.

기술 >
특정 기기, 브라우저 또는 OS를 사용하는 방문자를 타겟팅합니다.

고급

검색어 매개변수 >
URL의 쿼리 매개변수를 토대로 타겟팅합니다.

데이터 영역 변수 >
데이터 영역에 저장된 키 값을 토대로 타겟팅합니다.

자바스크립트 변수 >
웹페이지의 소스 코드에 있는 자바스크립트 변수를 타겟팅합니다.

제1사 쿠키 >
내 웹사이트의 제1사 쿠키가 있는 사용자를 타겟팅합니다

맞춤 자바스크립트 >
맞춤 자바스크립트에서 반환된 값을 토대로 페이지를 타겟팅합니다.

Optimize 타겟팅 규칙에 대해 자세히 알아보세요.

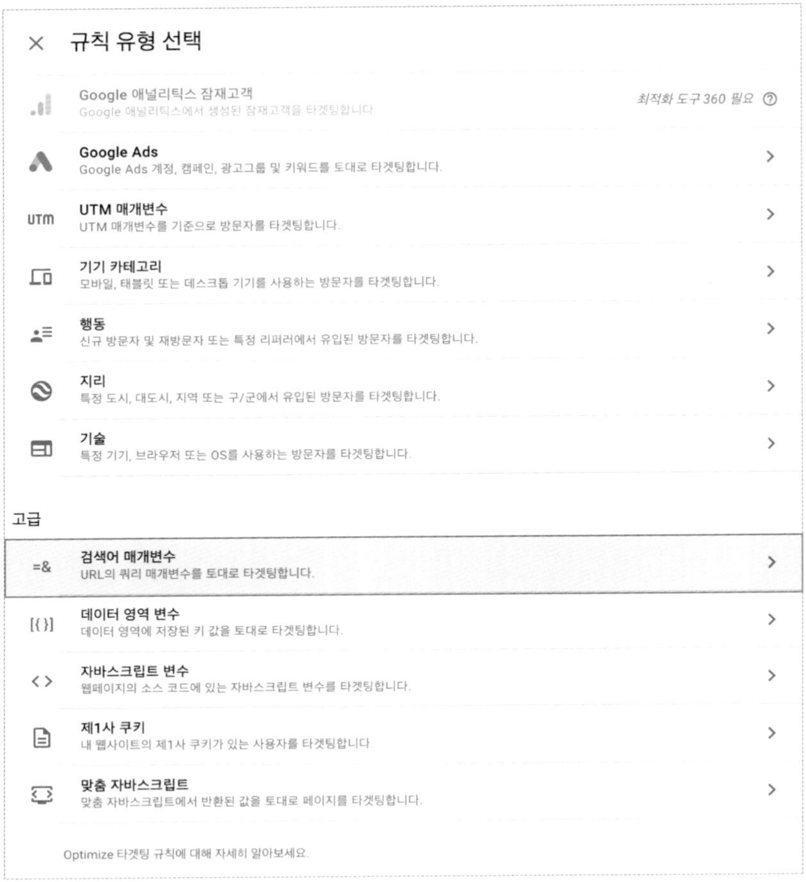

계속해서 **[변수]→[새로 만들기]**에서 다음 그림과 같이 변수 'utm_source'를 만듭니다.

변수 만들기

← 검색어 매개변수 > 새로 만들기

Configure

검색어 키가 지정된 경우 변수 값은 이스케이프가 취소된 첫 검색어 구성요소의 값이 되고, 검색어 구성요소가 없는 경우 정의되지 않습니다. 예를 들어 검색어 키가 'a'이고 URL이 http://example.com/?a=x&b=y'인 경우 변수 값은 'x'가 됩니다.

검색어 키 *

utm_source

기본적으로 *검색어 키* 필드에는 하나의 키만 허용됩니다. 이 체크박스를 선택하면 여러 검색어 키를 우선순위에 따라 쉼표로 구분할 수 있습니다. 이 경우에도 이스케이프 처리되지 않은 검색어 구성요소 중 첫 번째 일치 항목의 값이 변수 값이 되며, 일치하는 검색어 구성요소가 없는 경우 정의되지 않은 첫 번째 일치 항목의 값이 변수 값이 됩니다.

☐ 쉼표로 구분된 여러 검색어 키 지원

URL에 포함된 쿼리 매개변수 키에 값이 없으면 변수 값이 빈 문자열이 되도록 기본 설정됩니다. 이 체크박스를 선택하면 변수 값이 정의되지 않습니다.

☐ 빈 쿼리 매개변수 무시

변수 이름 지정 *

utm_source

변수 만들기

변수 'utm_source'를 만들고 다음과 같은 규칙을 추가합니다.

변수에 규칙 추가하기

또한 'utm_medium=email'과 'utm_campaign=20200214_valentine_magazine'도 조건으로 사용할 것이므로 같은 방법으로 변수를 만들고 다음 그림과 같은 규칙을 추가합니다.

변수와 규칙 추가하기

다음 그림과 같은 상태가 되면 타깃 설정 규칙 추가가 완료됩니다.

대상 설정 규칙

페이지 타겟팅
웹사이트에서 이 실험 환경을 운영할 위치

조건   🌐 URL 일치   ░░░░░░░░░░░░░░░░░░░░░░░░░░░░░   ✏️ 🗑️

및   + URL 규칙 추가

사용자 타겟팅
이 실험 환경의 대상은 누구인가요?

조건   =& utm_source 같음   mailmagazine   ✏️ 🗑️

및   =& utm_medium 같음   email   ✏️ 🗑️

및   =& utm_campaign 같음   20200214_valentine_magazine   ✏️ 🗑️

및   + 규칙 추가

17-2 / 구글 최적화 도구 맞춤설정 기능 활용하기

맞춤설정 사용하기

13장에서 소개한 것처럼 구글 최적화 도구에서는 실험 기능 이외에도 개인화 기능을 제공합니다. 이 기능은 '맞춤설정'이라 부르며, 다음 그림과 같이 특정한 웹 페이지에서 '특정한 사용자에게는 특정한 패턴을 표시하게' 구현할 수 있습니다.

맞춤설정 기능

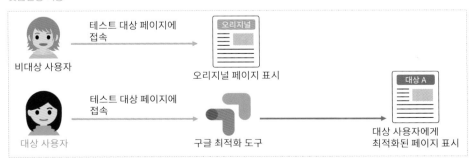

맞춤설정을 사용하고자 하는 경우에는 '환경 만들기'에서 **[맞춤설정]** 환경 유형을 선택해서 환경을 만듭니다.

맞춤설정 사용하기

다음 그림과 같은 화면이 표시됩니다. **[사이트 변경하기]**를 클릭해 비주얼 편집기를 열고 맞춤설정 페이지를 만듭니다.

비주얼 편집기 실행하기

'사이트 변경하기'를 클릭한 후의 작업은 13장에서 설명한 A/B 테스트(p.346)와 거의 비슷하지만, 한 가지 주의할 점이 있습니다. 데이터를 측정해서 보고서에 표시하고자 하는 경우, 반드시 '측정'에서 **연필 아이콘❶**을 클릭해 [이 항목 측정]에 체크해줘야 합니다.

맞춤설정 페이지

A/B 테스트나 리디렉션 테스트와 달리, 해당 항목에 체크하지 않으면 구글 최적화 도구 혹은 구글 애널리틱스에서 해당 데이터가 측정되지 않습니다. 한편, 체크하면 구글 최적화 도구에서 다음과 같은 보고서를 확인할 수 있습니다.

맞춤설정 보고서

또한 사용자에게 개인화 페이지를 표시할 때 구글 애널리틱스에서는 다음과 같은 비 상호작용 이벤트가 측정됩니다.

비 상호작용 이벤트

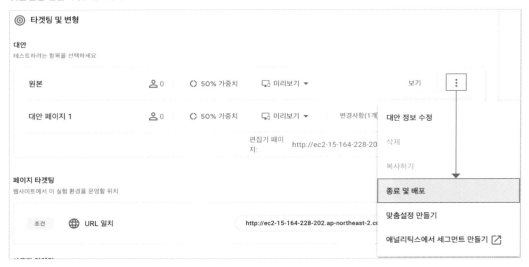

실시 중인 테스트에서 맞춤설정 만들기 및 배포하기

구글 최적화 도구에서 테스트를 실시하는 도중에 임의의 대안에서 맞춤설정을 만들어 웹 페이지에 배포할 수 있습니다.

실시 중인 테스트를 종료한 뒤 맞춤설정을 만들고 배포하고자 하는 경우에는 맞춤설정 소스로 사용하고자 하는 대안의 행에서 [ː]→[**종료 및 배포**]를 클릭합니다.

맞춤설정 만들기 및 배포하기

다음 그림과 같은 대화 상자가 표시됩니다. [**이름**]을 임의로 변경한 뒤 [**계속**]을 클릭하면 맞춤설정 만들기 및 배포가 완료됩니다.

※ 체크 박스는 모두 켜짐으로 설정하는 것을 권장합니다.

이름 변경 후 만들기 및 배포 완료하기

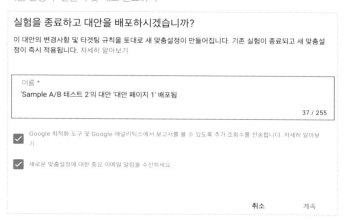

실시 중인 테스트는 남겨둔 상태에서 맞춤설정을 준비해두고자 하는 경우에는 맞춤설정 소스로 사용하고자 하는 대안의 행에서 [⋮]→[**맞춤설정 만들기**]를 클릭합니다.

실시 중인 테스트를 남겨둔 상태로 맞춤설정 준비하기

다음 그림과 같은 대화 상자가 표시됩니다. [**이름**]을 임의로 변경한 뒤 [**계속**]을 클릭하면 맞춤설정이 만들어집니다.

※ 체크 박스는 모두 켜짐으로 설정하는 것을 권장합니다.

이름 변경 후 만들기 완료하기

만들어진 맞춤설정은 원하는 시점에 언제든 실행할 수 있습니다.

Chapter

18

CASE STUDY ④
웹사이트에서 발생하는 문제 검지하기

이 장에서는 구글 애널리틱스를 이용해 웹사이트상에서 발생한 문제를 해소하는 방법으로 '404 페이지로 이동하는 링크 조사하기', '사이트 내 특정 문자열 출현 검지하기', '자바스크립트 오류 검지하기'에 관해 설명합니다.

18-1 / 웹사이트에서 발생하는 문제와 영향

웹사이트에서 뭔가 문제가 발생하면 그 문제는 전환의 방해 요인이 되거나 웹사이트의 사용성을 저하시키는 요인이 될 수 있습니다.

예를 들면 전자상거래 사이트의 상품 상세 페이지에서 품절이 발생한 경우, 다음 그림과 같이 '바구니에 상품 추가' 이후 단계로 사용자를 유입시킬 기회를 놓칠 수 있습니다.

기회 손실

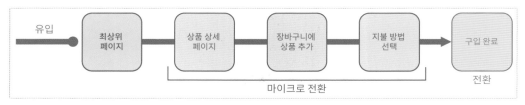

마이크로 전환

앞에서 언급한 문제 중 몇 가지는 구글 애널리틱스와 구글 최적화 도구 설정을 통해 손쉽게 해결할 수 있습니다. 이 장에서는 다음 경우에 관해 소개합니다.

- 404 페이지로 이동하는 링크 조사하기
- 맞춤 알림을 이용해 사이트 내 특정 문자열 출현 검지하기
- 자바스크립트 오류 검지하기

18-2 / 404 페이지로 이동하는 링크 조사하기

404 페이지란 사용자가 존재하지 않는 웹 페이지로 접속하는 경우 표시되는 다음 그림과 같은 에러 페이지입니다.

404 페이지

웹사이트 내부에 404 페이지로 이어지는 데드 링크(dead link)가 대량으로 남아있으면 사용성이 저하되어 전환의 방해 요인이 될 위험이 있습니다. 따라서 이런 링크는 가능한 한 삭제해야 합니다.

구글 애널리틱스에서 404 페이지를 측정하고, 또 사용자가 접속한 페이지가 404 페이지였다는 것을 URL 경로나 〈title〉 태그 등으로부터 판별 가능한 경우, 사용자가 어떤 웹 페이지의 어떤 링크로부터 404 페이지로 이동했는지 조사할 수 있습니다.

예를 들면 Apache 웹서버를 사용하는 사이트에서는 〈title〉 태그(= 측정기준 '페이지 제목')의 '404 Not Found'라는 문구를 사용해 데드 링크를 조사할 수 있습니다.

〈title〉 태그

```
1  <!DOCTYPE HTML PUBLIC "-//IETF//DTD HTML 2.0//EN">
2  <html><head>
3  <title>404 Not Found</title>
4  </head><body>
5  <h1>Not Found</h1>
6  <p>The requested URL was not found on this server.</p>
7  <hr>
8  <address>Apache/2.4.29 (Ubuntu) Server at
9  </body></html>
10
```

이 경우, 먼저 구글 애널리틱스로 다음 그림과 같은 맞춤 보고서를 만듭니다.

다음 그림과 같이 '페이지' 열에서는 404 페이지의 URL을 확인할 수 있습니다. 또한 '이전 페이지 경로' 열에서는 이들 페이지로 이동하는 링크를 포함한 페이지를 확인할 수 있습니다.

보고서에서 페이지 이동 확인하기

여기까지 확인했다면, 실제 '이전 페이지 경로' 열에 있는 페이지에 접속해서 데드 링크를 찾아봅니다.

예를 들어, 구글 크롬에서 'http://www.example.com/about.html'에 접속해서 'https://www.example.com/index.html'로 이동하는 링크를 찾아봅니다.

'/index.html'에 접속했다면 개발자 도구를 표시하고 'Search' 탭에서 '/index.html'을 검색합니다.

링크 검색하기

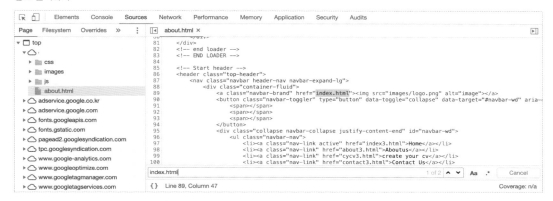

앞 그림과 같이 'Search' 탭에 표시된 결과를 클릭하면 'Sources' 태그 안에 해당 위치가 하이라이트됩니다. 웹사이트 관리자에게 의뢰해서 하이라이트된 부분의 링크 대상 URL을 수정합니다.

18-3 / 맞춤 알림을 이용해 사이트 내 특정 문자열 출현 검지하기

사이트 내에서 표시되는 특정 문자열(예: '404 Not Found', '품절되었습니다.' 등)은 사용자 행동의 결과를 단적으로 표시합니다. 예를 들면, 사용자의 기대나 관심에 부응하는 콘텐츠가 자사 사이트 내에 없을 가능성이 있음을 의미하는 것이며, 콘텐츠 확충 등의 웹사이트 개선을 수행할 때 참고할 수 있습니다.

구글 태그 관리자와 맞춤 알림을 이용해 사이트 내에서 특정한 문자열이 표시됐는지를 구글 애널리틱스에서 측정할 수 있습니다. 예시에서는 "SORRY. WE CAN'T FIND ANY RESULT"라는 문자열이 표시됐는지 확인해 봅니다.

※ 구현 방법은 운영 중인 사이트의 사양에 따라 조금 다를 수 있습니다. 각자 운영하는 웹사이트 사양을 확인하고 설정 내용을 조정하십시오.

특정 문자열이 표시되는 페이지 확인하기(예: 404 Not Found)

앞 그림처럼 'SORRY. WE CAN'T FIND ANY RESULT'가 페이지에 표시됐음을 검지하기 위해 구글 태그 관리자에 다음 설정을 추가합니다.

- 사이트 내 해당 문자열을 얻는 변수

- 해당 문자열을 검지하는 트리거

- 해당 문자열을 측정하는 태그

이후 구글 애널리틱스에서 맞춤 알림을 설정합니다.

각각 구글 크롬을 사용하는 경우의 대응 순서에 관해 설명합니다.

구글 태그 관리자에 설정 추가하기

≫ 사이트 내 해당 문자열을 얻는 변수

다음 그림과 같이 사이트 내 해당 문자열을 얻는 변수를 만듭니다.

사이트 내 해당 문자열을 얻는 변수

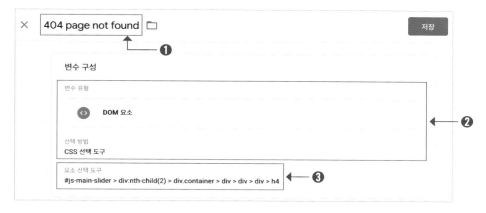

임의의 변수 이름을 입력합니다①.

[**변수 유형**]②에 'DOM 요소', [**선택 방법**]에 'CSS 선택 도구'를 설정합니다②.

[**요소 선택 도구**]③에는 구글 크롬의 개발자 도구의 'Elements' 탭에서 상품 재고 유무가 표시되는 부분에서 마우스 오른쪽 버튼을 클릭한 뒤 [Copy]→[Copy selector]에서 얻은 값을 입력합니다.

>> 해당 문자열을 검지하는 트리거

다음 그림과 같이 사이트 내 해당 문자열을 검지하는 트리거를 만듭니다.

해당 문자열을 검지하는 트리거

임의의 트리거 이름을 입력합니다①.

[**트리거 유형**]❷은 '페이지뷰 – DOM 사용 가능'을 선택합니다.

[**이 트리거는 다음에서 실행됩니다.**]❸에는 앞에서 만든 변수를 이용해 '404 page not found, 포함, SORRY, WE CAN'T FIND ANY RESULT'를 설정합니다. 예시에서는 'Page Hostname' 등을 필터링에 함께 사용하지만, 삭제해도 큰 관계는 없습니다.

〉〉 해당 문자열을 측정하는 태그

다음 그림과 같이 해당 문자열을 측정하는 태그를 만듭니다.

해당 문자열을 측정하는 태그

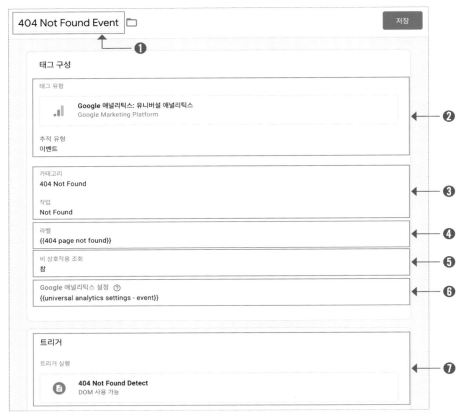

임의의 태그 이름을 입력합니다❶.

[**태그 유형**]❷은 '구글 애널리틱스: 유니버설 애널리틱스'를 선택하고, [**추적 유형**]은 '이벤트'를 선택합니다.

[**카테고리**]와 [**작업**]은 임의로 입력합니다❸.

[**라벨**]❹에는 앞에서 만든 변수 '404 page not found'를 입력합니다.

[**비 상호작용 조회**]❺는 '참'을 선택합니다.

[**구글 애널리틱스 설정**]❻에는 6장에서 만든 'universal analytics settings − event'를 지정합니다.

[**트리거**]❼에는 앞에서 만든 '404 Not Found Detect'를 지정합니다.

태그를 만들었다면 미리보기 모드에서 동작을 검증해 봅니다.

미리보기 모드를 활성화한 뒤, '재고 없음'이 표시되는 페이지를 표시해 봅니다. 동작을 확인하고 문제가 없다면 '버전 게시 및 만들기'를 수행합니다.

▌맞춤 알림 설정하기

다음으로 구글 애널리틱스의 [**관리**]→[**(보기) 맞춤 알림**]❶에서 [**+새 알림**]❷을 클릭한 뒤, 맞춤 알림을 설정합니다.

맞춤 알림 만들기

다음 그림과 같은 화면이 표시됩니다. 각 항목을 다음 그림과 같이 입력합니다.

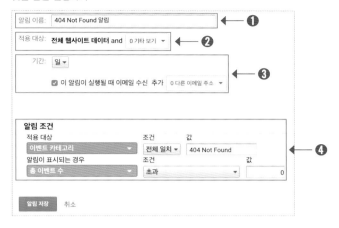

맞춤 알림 설정하기

[알림 이름]❶은 임의의 맞춤 알림 이름을 입력합니다.

[적용 대상]❷은 맞춤 알림을 적용할 보기를 선택합니다. 일반적으로 주로 사용하는 보기를 선택합니다.

[기간]❸을 '일'로 설정하면 재고 없음을 검지한 다음 날에 알림 메일이 송출됩니다. 또한 송출 이메일 주소는 **[이 알림이 실행될 때 이메일 수신 추가]** 부분에 지정할 수 있습니다.

[알림 조건]❹을 '이벤트 카테고리, 전체 일치, {앞에서 만든 이벤트 카테고리 이름}', '총 이벤트 수, 초과, 0'으로 설정하면 '재고 없음'을 측정하는 이벤트가 1건이라도 발생하는 경우, 맞춤 알림을 송출합니다.

[알림 저장]을 클릭하면 맞춤 알림이 활성화되고, 재고 없음 이벤트인 '404 Not Found'가 측정된 다음 날, 다음과 같은 HTML 메시지가 송출됩니다.

'404 Not Found' 알림 메일

Google Analytics

Custom Alerts

Dear Google Analytics User,

The following Google Analytics custom alerts have triggered. To see more details or to
adjust your custom alert settings, please sign in to your Google Analytics account and
access custom alert settings in Admin.

Date	Property	View	Alert Title
May 9, 2020	UA-165932059-1	Default Google Ads Profile	404 Not Found 알림

Happy analyzing,

The Google Analytics Team

© 2020 Google LLC 1600 Amphitheatre Parkway, Mountain View, CA 94043

You received this email because you or the senders listed above requested custom alerts from Google Analytics. You can edit
your custom alert preferences for each view through the Custom Alerts tab in Admin.

18-4 / 자바스크립트 오류 검지하기

서버에서 발생하는 오류에 관한 내용은 로그 파일 등으로 검지할 수 있지만, 브라우저에서 발생하는 자바스크립트 오류에 관한 내용은 일반적으로 웹사이트 관리자가 검지할 수 없습니다.

단, 구글 태그 관리자 코드 스니펫이 설치된 웹 페이지에서는 구글 애널리틱스에서 자바스크립트 오류를 측정할 수 있습니다. 측정된 오류 정보에서 오류가 발생하는 페이지나 운영체제, 브라우저, 기기 정보 등을 파악할 수 있어 웹사이트 수정 시 도움이 됩니다.

자바스크립트 오류를 측정하기 위해서는 다음과 같은 작업이 필요합니다.

❶ 자바스크립트 오류를 검지하는 트리거 만들기

❷ 자바스크립트 오류를 측정하는 태그 만들기

각각 대응 방법을 설명합니다.

자바스크립트 오류를 검지하는 트리거 만들기

다음 그림과 같이 모든 페이지에서 자바스크립트 오류를 감지하는 트리거를 만듭니다.

오류를 검지하는 트리거

자바스크립트 오류를 검지하는 태그 작성하기

자바스크립트 오류를 검지하는 태그

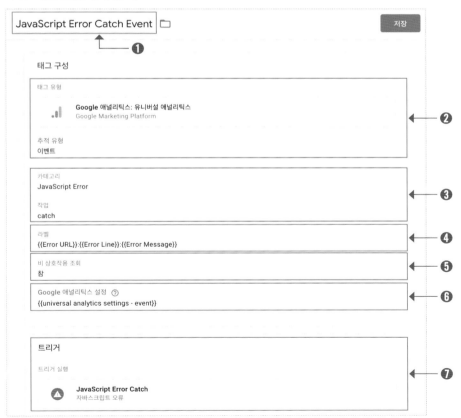

임의의 태그 이름을 입력합니다❶.

[태그 유형]❷은 '구글 애널리틱스: 유니버설 애널리틱스'를 선택하고, [추적 유형]은 '이벤트'를 선택합니다.

[카테고리]와 [작업]은 임의로 입력합니다❸.

[라벨]❹에는 앞에서 만든 내장 변수 'Error URL', 'Error Line', 'Error Message'를 활성화해서 입력합니다(각 변수를 연결하는 ':'은 선택 사항입니다).

'Error URL', 'ERROR Line', 'Error Message'는 각각 다음 값을 얻는 변수입니다.

- Error URL: 오류가 발생한 페이지의 URL

- Error Line: 코드 내 오류가 검출된 행 번호

- Error Message: 자바스크립트 오류 메시지

[비 상호작용 조회]❺는 '참'을 선택합니다.

[구글 애널리틱스 설정]❻에는 6장에서 만든 'universal analytics settings – event'를 지정합니다.

[트리거]❼에는 앞에서 만든 'JavaScript Error Catch'를 설정합니다.

브라우저에서 확인하기

태그를 만들었다면 미리보기 모드에서 자바스크립트 오류가 검지되는지 검증해 봅니다.

자바스크립트 오류가 발생하는 웹 페이지가 있다면 그 페이지에 접속해서 해당 오류가 측정되는지 확인합니다. 자바스크립트 오류가 발생하는 웹 페이지가 없는 경우에는 미리보기 모드를 활성화한 브라우저 내에서 임의로 자바스크립트 오류를 발생시켜 봅니다.

※ 여기에서는 구글 크롬을 활용한 검증 방법을 소개합니다.

먼저 웹 페이지 내 임의의 링크에서 마우스 오른쪽 버튼을 클릭해서 [검사]를 클릭합니다.

오류 검증 ❶

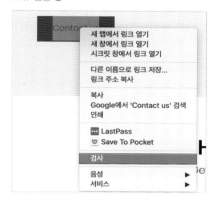

계속해서 〈a〉 태그에서 마우스 오른쪽 버튼을 클릭한 뒤 **[Edit as HTML]**을 클릭합니다.

오류 검증 ❷

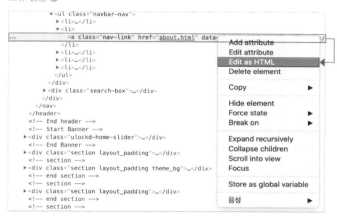

〈a〉 태그를 수정할 수 있으므로 다음 그림과 같이 'href' 값을 '#'로 변경한 뒤, 'onClick="errorCatch();"'를 추가합니다.

오류 검증 ❸

```
"navbar-wd" aria-expanded="false" aria-label="Toggle navigation">_</button>
  ▼<div class="collapse navbar-collapse justify-content-end" id="navbar-wd">
    ▼<ul class="navbar-nav">
      ▶<li>_</li>
      ▼<li>
          <a class="nav-link" href="#" data-ol-has-click-handler="" onclick="errorCatch();">Aboutus</a>
```

〈a〉 태그 수정 후에 해당 링크를 클릭하면 다음과 같은 오류가 개발자 도구의 [Console] 탭에 표시됩니다.

오류 검증 ❹

이후의 확인 순서는 다른 이벤트와 동일합니다. 설정에 문제가 없는 것을 확인했다면 '버전 게시 및 만들기'를 수행합니다.

측정이 시작되면 다음과 같이 '오류가 발생한 페이지의 URL', '코드 내에서 오류가 검출된 행 번호', '자바스크립트 오류 메시지'를 '행동→이벤트→인기 이벤트' 보고서에서 확인할 수 있습니다.

'행동→이벤트→인기 이벤트' 보고서

부록

Appendix1

사용자 권한 관리하기

1-1 / 사용자 관리 기본 사고 방식

이 책에서 설명한 것처럼 구글 마케팅 플랫폼에는 구글 계정을 사용해 접속합니다. 또한 여러 사용자가 구글 마케팅 플랫폼을 사용하고자 하는 경우에는 개인이 가진 구글 계정에 각 서비스에 대한 권한을 설정해줘야 합니다. 여기에서는 이들 서비스의 권한 설정 방법과 설정 시 주의할 점에 관해 설명합니다.

구글 마케팅 플랫폼에서의 사용자 권환 관리 포인트는 다음 3가지입니다.

≫ 누가 어떤 구글 계정을 사용하는지 알 수 있게 한다

구글 마케팅 플랫폼 사용자 관리 화면에는 '이름'(구글 계정의 프로필에서 설정된 경우만)과 '이메일 주소'만 표시됩니다.

따라서 회사, 대리점, 제작회사 등 소속이 다른 여러 사용자를 추가하면 과거에 추가한 'OOO@gmail.com'과 같은 사용자가 누구인지 알 수 없게 되고, 사용자 제어 자체를 할 수 없는 상태가 되기도 합니다.

이런 상황을 피하기 위해 가능하다면 구글 계정은 'OOO@wikibook.co.kr'과 같이 법인의 도메인으로 만드는 것이 좋습니다.

또한 관리해야 하는 사용자가 매우 많은 경우에는 사용자 관리 목록과 같은 것을 별도로 준비하는 것도 좋습니다.

≫ 불필요한 권한을 부여하지 않는다

관리자가 아닌 사용자에게는 각 사용자가 수행하는 작업 내용에 따라 필요한 최소한의 권한만 설정하는 것을 권장합니다. 부주의하게 '사용자 관리' 권한 혹은 '수정', '공개' 권한을 부여하면 다음과 같은 문제가 발생할 우려가 있습니다.

- 제삼자에게 권한이 부여됨
- 구글 애널리틱스나 구글 태그 관리자 설정이 잘못 수정되어 측정 내용에 영향을 미칠 수 있음
- 구글 태그 관리자나 구글 최적화 도구에 웹사이트 움직임에 영향을 주는 설정이 추가될 수 있음

>> '사용자 관리' 권한이 설정된 구글 계정을 여럿 준비해 둔다

퇴직이나 부서 이동에 따라 관리자가 사라지는 경우도 있을 것입니다. 그때 '사용자 관리' 권한이 설정된 구글 계정에 로그인할 수 있는 사용자가 사라져버려 계정 관리를 할 수 없는 경우가 발생하기도 합니다.

이런 상황을 피하기 위해 '사용자 관리' 권한이 있는 구글 계정을 반드시 여럿 준비해두는 것을 권장합니다.

1-2 / 구글 애널리틱스의 사용자 관리하기

▌구글 애널리틱스의 사용자 권한 체계

구글 애널리틱스의 사용자 관리는 [관리]→[사용자 관리]에서 수행합니다.

구글 애널리틱스에서는 다음 그림과 같이 '계정', '속성', '보기' 단위로 사용자 권한을 추가/삭제할 수 있습니다.

구글 애널리틱스의 사용자 관리

설정 가능한 권한은 다음과 같습니다.

사용자 관리에서 설정 가능한 권한

권한	설명
사용자 관리	사용자 추가 및 삭제, 권한 설정을 할 수 있는 권한입니다. '수정', '공유 설정', '표시 및 분석' 권한은 포함하지 않습니다.
수정	필터나 목표 추가/수정/삭제나 구글 광고(Google Ads) 연동 등 다양한 설정을 할 수 있는 권한입니다. '공유 설정', '표시 및 분석' 권한을 포함합니다. ※ 필터를 만들기 위해서는 계정 수정 권한이 필요합니다.

권한	설명
공유 설정	공유 자산(예: 관심 모델, 채널 그룹)을 공동 수정할 수 있는 권한입니다. '표시 및 분석' 권한을 포함합니다.
표시 및 분석	보고서 표시/조작 및 개인 자산(예: 맞춤 보고서, 맞춤 세그먼트)을 만들고 공유할 수 있는 권한입니다. 공유 자산 수정은 할 수 없습니다.

포인트는 다음 2가지 사항입니다.

- 부모 계층의 권한은 자녀 계층으로 상속됨

- 자녀 계층에서는 부모 계층보다 상위 권한을 설정할 수는 없으나, 부모 계층보다 하위 권한은 설정할 수 있음

어떤 사용자에게 '계정'의 '수정' 권한을 설정하면 그 사용자는 해당 계정 하위의 '속성'과 '보기'를 '수정'하는 권한도 갖게 됩니다.

또한 사용자에게 '계정'의 '공유설정' 권한을 설정하면 그 계정 하위의 '속성'이나 '보기'에 관한 '사용자 관리', '수정' 권한을 추가로 설정할 수 있게 됩니다.

한편, 특정한 '속성'이나 '보기'에 대해서만 그 권한을 '표시 및 분석'으로 제한할 수는 없습니다.

구글 애널리틱스의 사용자 관리하기

앞서 설명한 것처럼, 구글 애널리틱스 사용자는 **[관리]**→**[사용자 관리]**에서 관리할 수 있습니다.

'계정', '속성', '보기' 중 어떤 열의 '사용자 관리'를 클릭했는지에 따라 사용자 추가/권한 수정/권한 삭제에 관한 계층이 달라집니다.

예를 들어, 계정 열의 '사용자 관리'를 클릭하면 다음 그림과 같은 화면이 표시됩니다.

계정 열의 사용자 관리 화면

사용자를 추가하거나 권한을 수정하고자 하는 경우, 이 장의 앞 부분에서 설명한 것과 같이 필요 이상의 권한을 설정하지 않게 주의합니다.

›› 사용자 추가하기

사용자를 추가하는 경우에는 [+]버튼→[사용자 추가]를 클릭합니다.

사용자 추가하기

'사용자 추가'를 클릭하면 다음과 같은 '권한 추가' 화면이 표시됩니다. 추가할 사용자의 '이메일 주소'(구글 계정)를 입력하고❶ 필요한 권한을 선택한 뒤❷ [추가]를 클릭합니다.

추가할 사용자의 권한 설정하기

›› 사용자 권한 수정하기

기존 사용자 권한을 수정하는 경우에는 권한을 수정할 사용자의 행을 클릭합니다.

수정할 사용자 선택하기

	이름 ↑	이메일	권한 ⑦	
☐	🖼 김연수	yeonsoo.kim.wt@gmail.com	수정, 공동작업, 조회 및 분석, 사용자 관리	⋮
☐	👤 –	c	조회 및 분석	⋮

다음 그림과 같은 화면이 표시됩니다. 권한 추가/삭제 후 [**저장**]을 클릭합니다.

사용자 권한 지정하기

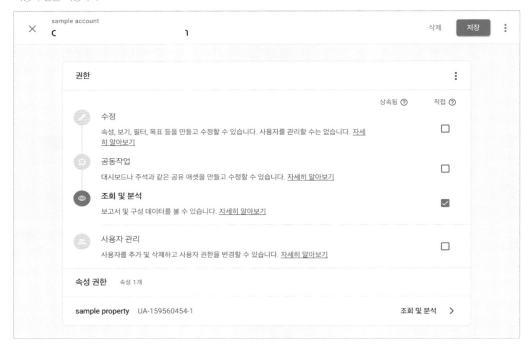

≫ **사용자 삭제하기**

사용자를 삭제하는 경우에는 다음 그림과 같이 삭제할 사용자 행의 [⋮]→[**액세스 권한 삭제**]를 클릭합니다.

사용자 삭제하기

다음과 같은 '액세스 권한 삭제' 화면이 표시됩니다. 내용을 확인한 후 **[삭제]**를 클릭합니다.

사용자 삭제 실행

1-3 / 구글 태그 관리자의 사용자 관리하기

구글 태그 관리자의 사용자 관리는 **[관리]→[사용자 관리]**에서 수행합니다. 구글 태그 관리자는 다음 그림과 같이 [계정], [컨테이너] 단위로 사용자 권한을 추가하고 사용자를 삭제할 수 있습니다.

구글 태그 관리자 사용자 관리

'계정', '컨테이너'별로 설정 가능한 권한은 다음과 같습니다.

계정에서 설정 가능한 권한

권한	설명
관리자	계정 설정 변경 및 사용자 관리를 수행할 수 있습니다.
사용자	계정 설정 및 사용자 관리 상태를 확인할 수 있습니다.

컨테이너에서 설정 가능한 권한

권한	설명
게시	컨테이너 버전과 작업 공간을 자유롭게 생성/수정/게시할 수 있습니다.
승인	컨테이너 버전과 작업 공간을 자유롭게 생성/수정할 수는 있지만, 게시는 할 수 없습니다.
수정	작업 공간을 생성/수정할 수 있으나, 버전 만들기 및 게시는 할 수 없습니다.
읽기	컨테이너가 표시되며 설정된 탭/변수/트리거를 확인할 수 있으나, 수정은 할 수 없습니다.
액세스 권한 없음	컨테이너를 확인할 수 없습니다.

구글 태그 관리자의 사용자 관리하기

앞에서 설명한 것처럼, 구글 태그 관리자의 사용자는 [관리]→[사용자 관리]에서 관리할 수 있습니다.

계정 열의 '사용자 관리'를 클릭한 경우에는 계정 및 해당 계정에 포함된 컨테이너 모두를, 컨테이너 열의 '사용자 관리'를 클릭한 경우에는 해당 컨테이너에 대해 사용자 추가/권한 수정/삭제 등을 수행할 수 있습니다.

예를 들면, 계정 열의 '사용자 관리'를 클릭하면 다음과 같은 화면이 표시됩니다.

계정의 사용자 관리 화면

사용자를 추가하거나 권한을 수정하는 경우에는 이 절의 서두에서 설명한 바와 같이 필요 이상의 권한을 설정하지 않게 주의합니다.

›› 사용자 추가하기

사용자를 추가하는 경우에는 [+]버튼→[사용자 추가]를 클릭합니다.

새 사용자 추가하기

'사용자 추가'를 클릭하면 다음과 같은 '초대 보내기' 화면이 표시됩니다. 추가할 사용자의 '이메일 주소'(구글 계정)를 입력하고❶, 필요한 권한을 선택한 뒤❷ [초대]를 클릭합니다.

초대 보내기

'초대'를 클릭하면 추가한 사용자의 이메일 주소로 'notify-noreply@google.com'에서 'You've been invited to access a Google Tag Manager account'라는 제목의 초대 메일이 발송됩니다.

초대를 받은 사용자는 구글 태그 관리자에 로그인한 뒤, [**초대**]→[**수락**]을 클릭해 초대를 승인할 수 있습니다.

초대 승인하기

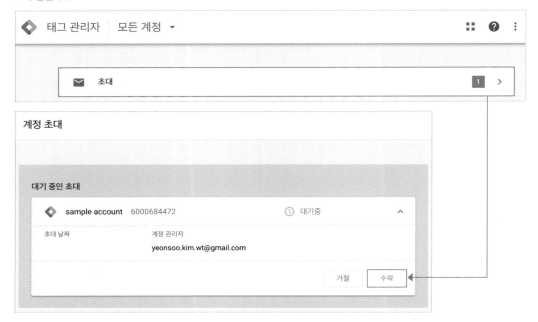

›› 사용자 권한 수정하기

기존 사용자의 권한을 수정하는 경우에는 권한을 수정할 사용자의 행을 클릭합니다.

수정할 사용자 선택하기

다음 그림과 같은 화면이 표시됩니다. 권한을 추가/삭제하고 [**저장**]을 클릭합니다.

사용자 권한 지정하기

>> 사용자 삭제하기

사용자를 삭제하는 경우에는 삭제할 사용자 행의 [:]→[액세스 권한 삭제]를 클릭합니다.

사용자 삭제하기

다음 그림과 같은 '액세스 권한 삭제' 화면이 표시됩니다. 확인 후 [삭제]를 클릭합니다.

1-4 / 구글 최적화 도구 사용자 관리하기

구글 최적화 도구 사용자 권한 체계

구글 최적화 도구 사용자 관리는 '계정', '컨테이너' 목록 화면에서 수행합니다.

다음 그림과 같은 목록 화면에서 '계정', '컨테이너' 단위로 사용자 권한을 추가/삭제할 수 있습니다.

계정 이름 오른쪽에 있는 **[사용자 관리] 아이콘❶**을 클릭한 경우에는 계정 및 해당 계정에 포함된 컨테이너 모두 컨테이너 이름 오른쪽에 있는 [⋮]→**[사용자 관리]❷**를 클릭한 경우에는 해당 컨테이너에 관해서만 사용자 추가/사용자 권한 수정/사용자 삭제를 할 수 있습니다.

사용자 추가/삭제하기

설정 가능한 권한은 '계정', '컨테이너' 각각에 대해 다음과 같습니다.

계정에 설정 가능한 권한

권한	설명
관리	사용자 관리 및 컨테이너를 생성/표시할 수 있습니다.
사용자	사용자 관리 상황을 확인할 수 있습니다.

컨테이너에 설정 가능한 권한

권한	설명
게시	컨테이너, 실험, 구글 애널리틱스 속성 연결 설정을 표시/수정/삭제할 수 있습니다. 또한 실험을 시작할 수 있습니다.
수정	컨테이너와 실험 설정을 수정할 수 있습니다. 그러나 실험 실행, 구글 애널리틱스 속성과의 연결 설정은 변경할 수 없습니다.
읽기	컨테이너나 실험이 표시되며 설정을 확인할 수 있습니다. 그러나 수정은 할 수 없습니다.
액세스 권한 없음	컨테이너를 확인할 수 없습니다.

구글 최적화 도구 사용자 관리하기

앞서 설명한 것처럼 구글 최적화 도구의 사용자는 '계정', '컨테이너' 목록에서 관리합니다.

예를 들면, 계정 이름 오른쪽에 있는 '사용자 관리' 아이콘을 클릭하면 다음 그림과 같은 화면이 표시됩니다.

사용자 관리 화면

사용자를 추가하고 권한을 수정하는 경우에는 이 장 서두에서 설명한 것처럼 필요 이상의 권한을 설정하지 않게 주의합니다.

>> 사용자 추가하기

사용자를 추가하는 경우에는 [+]버튼→[사용자 추가]를 클릭합니다.

새 사용자 추가하기

'사용자 추가'를 클릭하면 다음과 같은 '초대 보내기' 화면이 표시됩니다. 추가할 사용자의 '이메일 주소'(구글 계정)를 입력하고❶ 필요한 권한을 선택한 뒤❷, [초대]를 클릭합니다.

초대 보내기

'초대'를 클릭하면 추가한 사용자의 이메일 주소로 'optimize-noreply@google.com'에서 '구글 최적화 도구 계정에 액세스하도록 초대받았습니다.'라는 제목의 초대 메일이 발송됩니다.

초대를 받은 사용자는 구글 최적화 도구에 로그인한 뒤, [초대장 보기]→[동의]를 클릭해 초대를 승인할 수 있습니다.

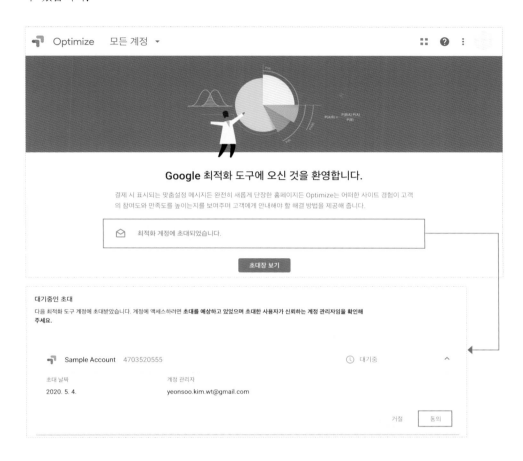

›› 사용자 권한 수정하기

기존 사용자의 권한을 수정하는 경우에는 권한을 수정할 사용자 행을 클릭합니다.

수정할 사용자 선택하기

	이름 ↑	이메일	역할 ⑦	사용자 상태 ⑦	
☐	👤 김연수	yeonsoo.kim.wt@gmail.com	관리자	⊘ 액세스 권한 있음	⋮
☐	👤 –		사용자	⊘ 액세스 권한 있음	⋮

다음 그림과 같은 화면이 표시됩니다. 권한을 추가/삭제하고 [**저장**]을 클릭합니다.

계정 권한 수정하기

›› 사용자 삭제하기

사용자를 삭제하는 경우에는, 삭제할 사용자 행의 [**:**]→[**액세스 권한 삭제**]를 클릭합니다.

사용자 삭제하기

'액세스 권한 삭제' 화면이 표시됩니다. 확인 후 [**삭제**]를 클릭합니다.

1-5 / 사용자 그룹 이용하기

구글 마케팅 플랫폼 사용자가 수 명~수십 명 정도인 경우에는 개별 사용자 단위로 권한을 추가하거나 삭제해도 큰 문제가 없을 것입니다. 하지만 사용자가 수백 명 단위가 되면 관리자 작업이 매우 복잡해질 가능성이 있습니다.

이런 경우, 사용자를 그룹화하는 기능인 '사용자 그룹'을 사용할 수 있습니다. 사용자 그룹을 사용하면, 예를 들어 'AAA@wikibook.co.kr'과 'BBB@wikibook.co.kr'을 '사용자 그룹: 영업부'에, 'CCC@wikibook.co.kr'과 'DDD@wikibook.co.kr'을 '사용자 그룹: 광고부'에 추가하고 사용자 그룹 단위로 권한을 관리할 수 있습니다.

단, 이 책의 집필 시점(2019년 8월)에서 사용자 그룹은 구글 애널리틱스, 구글 태그 관리자, 구글 최적화 도구에서만 사용할 수 있습니다. 또한, 설정 가능한 권한도 다음과 같이 제한됩니다.

사용자 그룹 설정 가능 권한

서비스	권한
구글 애널리틱스	모든 권한
구글 태그 관리자	계정의 '사용자' 권한 컨테이너의 '수정' 또는 '읽기' 권한
구글 최적화 도구	계정의 '사용자' 권한 컨테이너의 '읽기' 권한

구글 마케팅 플랫폼에서 '조직' 만들기

사용자 그룹을 사용하기 위해서는 먼저 구글 마케팅 플랫폼에서 '조직'을 만들고, 각 서비스와 연결해야 합니다.

※ 구글 애널리틱스 360 및 구글 최적화 도구 360을 이용하는 경우에는 두 서비스 중 하나의 계약 시점에 구글에서 조직을 만들어 줍니다.

구글 마케팅 플랫폼의 홈 화면(https://marketingplatform.google.com/home)에 접속해서 '플랫폼 도구' 아래 [**관리**]❶를 클릭합니다.

'관리' 화면에 표시되면 [**조직 만들기**]❷를 클릭합니다.

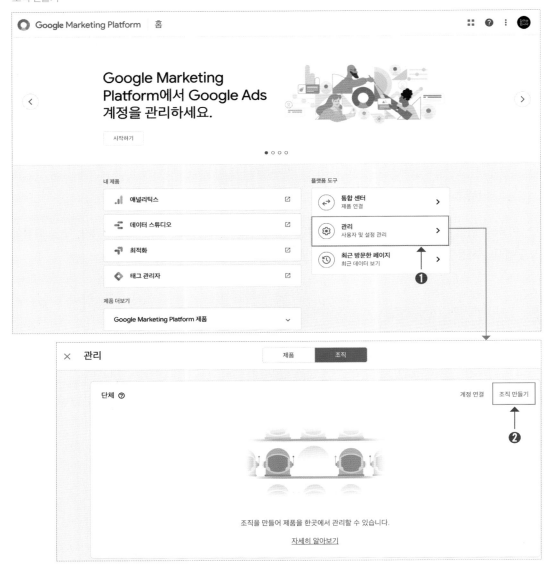

계속해서 다음 그림과 같은 화면이 표시됩니다. 임의의 '조직 이름'(일반적으로 '회사 이름')을 입력하고 ❶ '연결할 계정'을 선택한 뒤❷, **[만들기]**를 클릭합니다.

조직 만들기

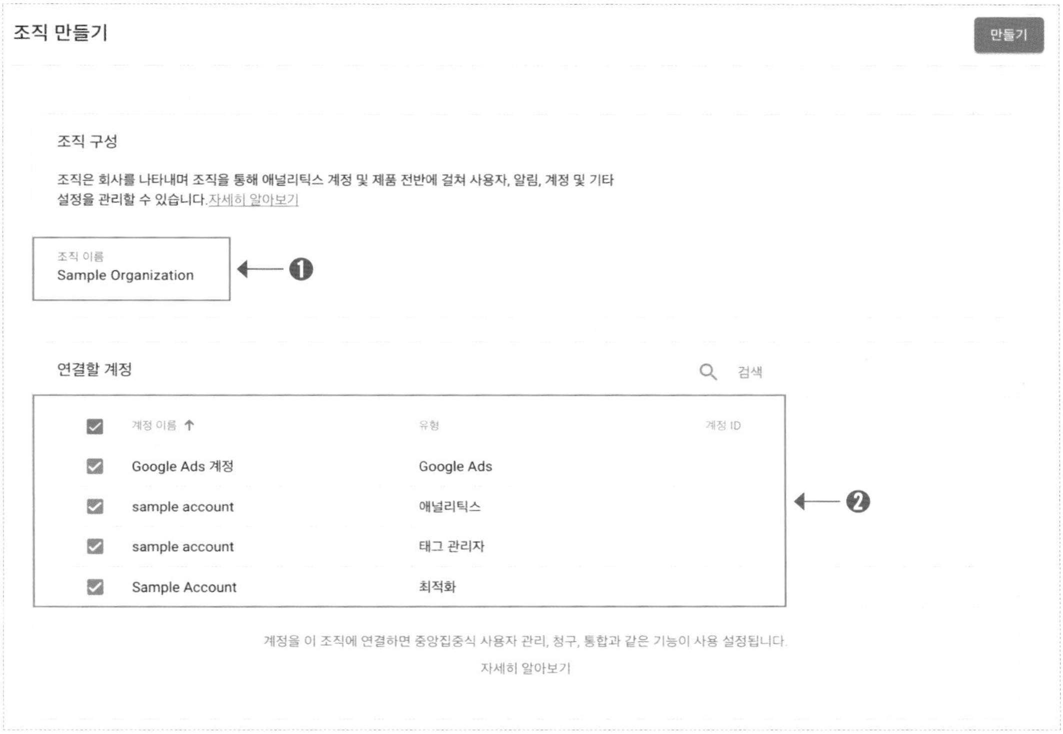

이렇게 해서 조직 만들기를 마무리했습니다.

※ 조직을 만든 후 새로운 계정을 연결하는 방법에 관한 자세한 내용은 다음 페이지를 참조하십시오.

https://support.google.com/marketingplatform/answer/9014054

사용자 그룹 만들기

조직 만들기를 완료하면 다음 그림과 같은 화면으로 돌아옵니다. 만든 조직을 선택합니다.

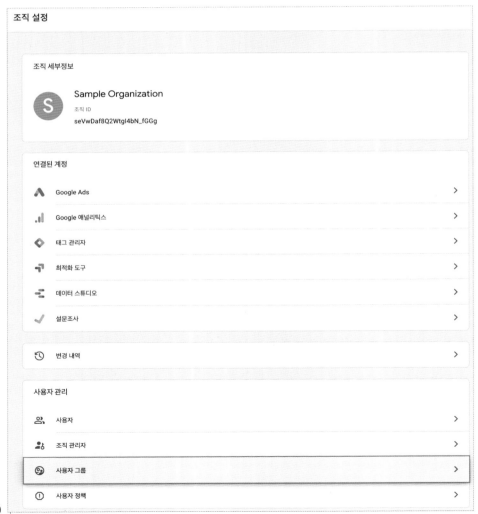

다음 그림과 같은 '조직 설정' 화면이 표시됩니다. **[사용자 그룹]**을 클릭하고 사용자 그룹을 만듭니다.

'조직 설정' 화면

조직 설정

조직 세부정보

Sample Organization
조직 ID
seVwDaf8Q2WtgI4bN_fGGg

연결된 계정

Google Ads　>

Google 애널리틱스　>

태그 관리자　>

최적화 도구　>

데이터 스튜디오　>

설문조사　>

변경 내역　>

사용자 관리

사용자　>

조직 관리자　>

사용자 그룹　>

사용자 정책　>

다음 그림과 같은 화면이 표시됩니다. [+] 버튼을 클릭합니다.

사용자 그룹 만들기

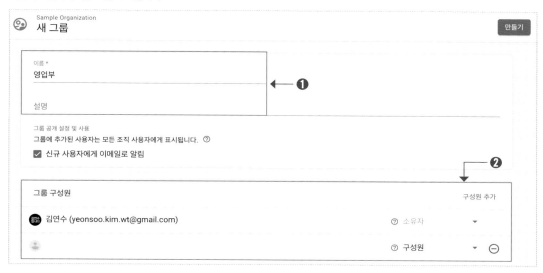

다음 그림과 같이 '새 그룹' 화면이 표시됩니다.

임의의 '이름'과 '설명'을 입력하고❶ [구성원 추가]에서 사용자를 추가한 뒤❷, [만들기]를 클릭합니다.

사용자 그룹에 추가할 사용자 지정하기

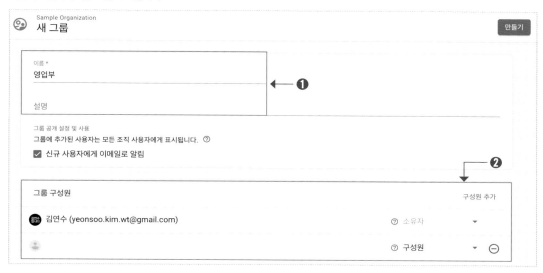

사용자 그룹을 만들면 다음 그림과 같은 화면이 표시됩니다.

사용자 그룹 만들기 완료

사용자 그룹에 권한 설정하기

사용자 그룹을 만들고 나면 앞에서 설명한 구글 애널리틱스, 구글 태그 관리자, 구글 최적화 도구의 사용자 관리 화면에서 사용자 그룹에 권한을 설정할 수 있습니다.

예를 들면, 구글 애널리틱스에서 사용자 그룹에 권한을 설정하는 경우에는 먼저 **[관리]→[사용자 관리]**에서 **[+] 버튼→[사용자 그룹 추가]**를 클릭한 뒤, 사용자 그룹을 추가합니다.

사용자 그룹 추가하기

'사용자 그룹 추가'를 클릭하면 다음 그림과 같은 '권한 추가' 화면이 표시됩니다. '그룹 추가'를 클릭하고 임의의 사용자 그룹을 추가합니다. 필요한 권한을 선택한 후 **[추가]**를 클릭하면 사용자 그룹 추가가 완료됩니다.

구글 태그 관리자와 구글 최적화 도구에 관해서는 따로 설명하지 않지만, 설정 방법은 단독으로 사용자를 추가하는 경우와 마찬가지입니다.

AMP 페이지 측정 수행하기

2-1 / AMP 페이지용 구글 태그 관리자 컨테이너 만들기

AMP(Accelerated Mobile Pages)란 모바일 기기에서 웹 페이지를 빠르게 표시하기 위한 방법입니다. 구글에서도 사용을 권장하고 있으며, 최근 급속하게 보급되고 있습니다. 여기에서는 이런 AMP 페이지를 측정하기 위한 준비에 관해 설명합니다.

4장에서 설명한 것처럼 AMP 페이지를 측정하고자 하는 경우에는 AMP 페이지용 구글 태그 관리자 컨테이너를 별도로 준비해야 합니다. 먼저 구글 태그 관리자의 계정/컨테이너 목록 화면에서 [:]→[컨테이너 만들기]를 클릭해 컨테이너를 만듭니다.

컨테이너 만들기

다음 그림과 같이 [컨테이너 이름]❶에 임의의 컨테이너 이름을 입력하고, [타겟 플랫폼]은 [AMP]❷를 선택한 뒤 [만들기]를 클릭합니다.

'AMP' 선택하기

'만들기'를 클릭하면 다음 그림과 같이 웹 페이지에 설치할 코드 스니펫이 표시됩니다. 우선 [확인]을 클릭해 다이얼로그를 닫습니다.

코드 스니펫 표시

웹용 컨테이너와 마찬가지로 버전 게시를 한 번도 수행하지 않은 상태로 위 그림의 코드 스니펫을 AMP 페이지에 설치하면 해당 페이지에서 404 에러가 발생합니다(p.108).

따라서 아무것도 설정하지 않은 상태라도 관계없으므로 다음 그림과 같이 한 차례 '버전 게시 및 만들기' 를 수행합니다.

버전 게시 및 만들기

2-2 / 구글 태그 관리자를 AMP 페이지에 설치하기

계속해서 구글 태그 관리자 코드 스니펫을 AMP 페이지에 설치합니다. 앞 절에서 잠깐 보여준 코드 스니펫이 표시된 다이얼로그는 작업 공간 오른쪽 위의 'GTM-XXXXXXX'를 클릭하면 다시 표시됩니다.

코드 스니펫 표시하기

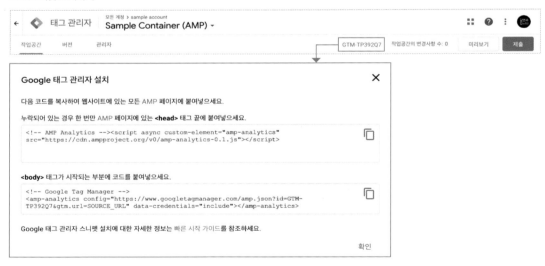

코드 스니펫이 표시됐다면 〈script〉 태그에 구성된 코드를 웹 페이지의 〈head〉 태그 내 가장 마지막에 설치합니다.

또한 〈amp_analytics〉 태그로 구성된 코드는 〈body〉 시작 태그 바로 뒤에 설치합니다.

2-3 / 페이지뷰 측정 설정 적용하기

▌변수 'tracking id' 만들기

AMP 페이지용 구글 태그 관리자 컨테이너에는 설정을 일괄 관리할 수 있는 '구글 애널리틱스 설정'이라는 사용자 정의 변수가 존재하지 않습니다.

다만, '상수'라는 사용자 정의 변수는 존재합니다. 따라서 다음과 같이 추적 ID'만으로도 변수를 만들어 일괄 관리할 수 있게 해두면 편리합니다.

추적 ID 관리 변수

tracking id 🗀	저장

변수 구성

변수 유형

⚙ 상수

값
UA-XXXXX-1

▌태그 'Universal Analytics Pageview' 만들기

변수 'tracking id'를 만들었다면 페이지뷰를 측정하기 위한 태그 'Universal Analytics Pageview'를 만듭니다.

'태그 유형'→'구글 애널리틱스: 유니버설 애널리틱스'를 선택하고, 다음과 같이 태그를 만듭니다.

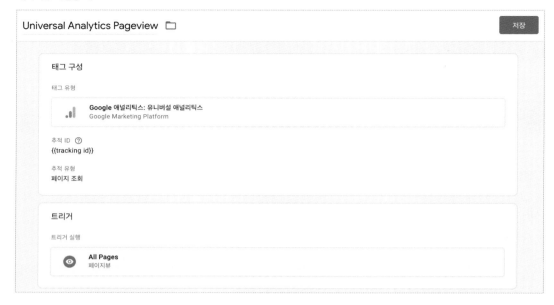

'Universal Analytics Pageview' 태그를 만들었다면 미리보기 모드에서 동작을 확인한 뒤 설정을 게시합니다.

또한 AMP 페이지용 구글 태그 관리자는 비AMP용 구글 태그 관리자와 비교해 '콘텐츠 그룹 설정 불가', '맞춤 HTML(JavaScript) 사용 불가'와 같은 다양한 차이점이 있습니다.

따라서 이 책에서 소개한 측정 설정 중 일부는 AMP 페이지에서 활용할 수 없는 경우도 있습니다.

2-4 / AMP 페이지와 비AMP 페이지 사이의 사용자 의도 식별하기

AMP 링커를 이용해 사용자 식별하기

AMP 페이지는 자사 도메인에서 송신하는 경우와 구글 AMP 캐시(cdn.ampproject.org)에서 송신하는 경우가 있습니다.

›› 자사 도메인에서 송신하는 경우

동일 도메인 하위의 AMP 페이지와 비AMP 페이지에서는 동일한 클라이언트 ID가 발행됩니다.

즉, 사용자 1명이 AMP 페이지에서 비AMP 페이지로 이동한 경우, 구글 애널리틱스는 각각의 데이터를 분리해서 분석하지 않고 한 사용자에 의한 행동으로 식별합니다.

›› 구글 AMP 캐시(cdn.ampproject.org)에서 송신하는 경우

구글 AMP 캐시(cdn.ampproject.org)에서 송신한 AMP 페이지와 자사 도메인의 비AMP 페이지에서는 각각 다른 클라이언트 ID가 발행됩니다.

즉, 기본적으로 양 페이지를 방문한 사용자가 동일 인물인 경우에는 구글 애널리틱스상에서 식별할 수 없습니다.

앞의 구글 AMP 캐시로부터 송신한 경우에서 데이터가 분석되는 현상을 방지하기 위해 AMP 링커라는 'amp-analytics' 기능이 제공됩니다.

AMP 링커를 사용하면 AMP 페이지로부터 비AMP 페이지로 이동하는 시점에 AMP 페이지 측에서 발행한 클라이언트 ID를 비AMP 페이지로 전달함으로써 비AMP 페이지 측에서도 동일한 클라이언트 ID가 측정되게 할 수 있습니다.

AMP 링커를 사용하지 않는 경우

단, 원래 비AMP 페이지 측에서 다른 클라이언트 ID가 측정되는 경우에는 다음 그림과 같이 AMP 페이지로부터 이동할 때 클라이언트 ID가 덮어 씌워집니다. 따라서 비AMP 페이지 측의 데이터가 AMP 페이지로부터 이동 전후로 분석됩니다. AMP 링커는 이러한 점을 고려해 설정 여부를 검토해야 합니다.

클라이언트 ID가 덮어 씌워짐

또한 이 기능을 사용하기 위해서는 다음 페이지의 정책 요구사항을 준수해야 하므로 다시 한 번 확인하십시오.

 https://support.google.com/analytics/answer/7486055

AMP 링커 설정하기

AMP 링커를 설정해 AMP 페이지와 비AMP 페이지 사이에서 사용자(세션)를 동일하게 식별하기 위해서는 다음 3가지 작업을 해야 합니다.

❶ AMP 페이지용 구글 태그 관리자에 '전환 링커' 태그 추가

❷ 비AMP 페이지용 구글 태그 관리자에 ''allowLinker': true' 설정 추가

❸ 추천 제외 목록에 'cdn.ampproject.org' 추가

각각의 순서에 관해 자세하게 살펴봅니다.

※ 구글 태그 관리자를 사용하지 않는 경우에 관한 자세한 내용은 다음 페이지를 참조하십시오.

 https://support.google.com/analytics/answer/7486764

≫ AMP 페이지용 구글 태그 관리자에 '전환 링커' 태그 추가하기

다음 그림과 같이 태그를 만듭니다.

'전환 링커' 태그

임의의 태그 이름을 입력합니다❶.

[태그 유형]❷은 '전환 링커'를 선택합니다.

[링커 옵션]❸에서 '도메인 간 연결 사용 설정'과 '구글 애널리틱스 클라이언트 ID에 연결을 사용 설정합니다.'에 체크합니다. AMP 페이지가 호스팅된 도메인과 비AMP 페이지 도메인이 다른 경우에는 양측 도메인을 '자동 링크 도메인'에 콤마(,)로 구분해서 입력합니다.

예) www.example.com, amp.example.com

[트리거]❹는 'All Pages'를 선택합니다.

≫ 비AMP 페이지용 구글 태그 관리자에 'allowLinker': true 설정 추가하기

만든 태그에 설정을 추가합니다.

비AMP 페이지에서 사용하는 구글 태그 관리자 컨테이너에 설정된 '구글 애널리틱스 설정' 변수의 [기타 설정]→[설정할 필드]에 '입력란 이름: allowLinker', '값: true'를 추가합니다.

필드 설정 추가하기

≫ 추천 제외 목록에 'cdn.ampproject.org' 추가하기

마지막으로 추천 제외 목록을 추가합니다. 구글 애널리틱스의 [관리]→[(속성) 추적 정보]→[추천 제외 목록]❶에서 [도메인]❷의 추천 제외 목록에 'cdn.ampproject.org'를 추가합니다.

추천 제외 목록 설정하기

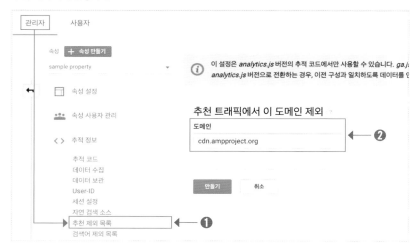

미리보기 모드에서 검증하기

설정을 완료했다면 구글 태그 관리자 미리보기 모드에서 검증을 수행합니다.

구글 크롬을 시크릿 모드에서 열고, AMP 페이지용과 비AMP 페이지용 구글 태그 관리자 컨테이너의 미리보기 모드를 활성화합니다. 다음으로 [:]→[도구 더보기]→[개발자 도구]에서 모바일 에뮬레이터를 활성화합니다.

모바일 에뮬레이터를 활성화한 뒤, 구글 검색을 통해 AMP 페이지에 접속합니다.

AMP 페이지에 접속한 뒤, [Network] 탭을 열고❶ 다음 그림과 같이 'collect'로 필터를 겁니다❷.

AMP 페이지에 필터 설정하기

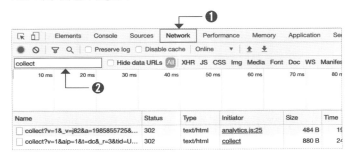

앞 그림의 'Name' 열에 구글 애널리틱스 네트워크 요청이 표시되면, 해당 네트워크 요청을 선택하고 'Headers' 탭의 'Query String Parameters' 중에서 'cid'라는 항목을 찾아봅니다.

네트워크 요청에서 'cid' 항목 확인하기

'cid' 값(amp-~)을 임시로 기록한 뒤, AMP 페이지 내 링크로부터 비AMP 페이지로 이동합니다. 이때 AMP 링커에 의해 이동 후 페이지 URL에 다음 그림과 같은 요청 매개변수 '_gl~'이 추가됩니다.

추가된 요청 매개변수

https://www.example.com?_gl=1*1nhm8f*_ga*YW1wLTRydU~

요청 매개변수 '_gl~'이 추가됨으로써 이동 후 페이지가 깨져 표시되거나 시스템 에러가 발생하지 않는지 반드시 확인합니다.

특별한 문제가 없다면, 앞서 설명한 순서로 'cid' 값을 표시해서 AMP 페이지와 비AMP 페이지 사이에 차이가 발생하지 않는 것을 확인합니다.

※ 두 페이지의 'cid' 값이 일치하지 않는 경우, 설정에 누락이 없는지 확인하십시오.

검증을 마쳤다면 구글 태그 관리자 컨테이너 '버전 게시 및 만들기'를 수행합니다.

구글 태그 관리자의 '태그', '변수', '트리거'

3-1 / 구글 태그 관리자의 '태그'

태그는 구글 태그 관리자에서 실행하는 HTML(JavaScript) 코드입니다. 태그를 만들 때는 미리 정의된 '태그 유형'을 선택합니다.

구글 태그 관리자의 태그 유형

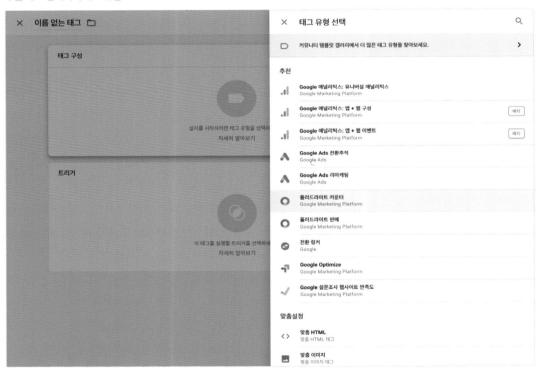

태그 유형에는 태그 설정을 쉽게 하기 위한 몇 가지 템플릿이 제공됩니다.

태그 템플릿

태그 구성

태그 유형

.ıl **Google** 애널리틱스: 유니버설 애널리틱스
Google Marketing Platform ✎

추적 유형

페이지뷰 ▾

Google 애널리틱스 설정 ⑦

설정 변수 선택... ▾

☐ 이 태그의 설정 재정의 사용 ⑦

❯ 고급 설정

구글 애널리틱스: 유니버설 애널리틱스 템플릿

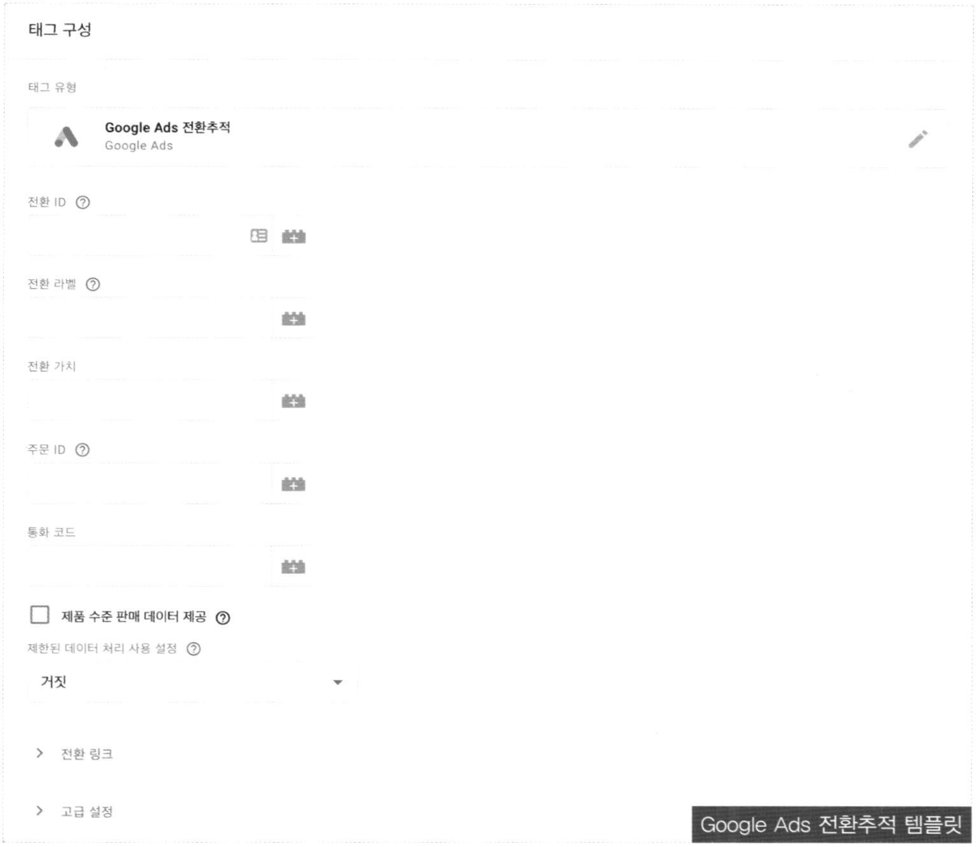

태그 구성

태그 유형

Ⓐ **Google Ads 전환추적**
Google Ads ✎

전환 ID ⑦

▭ ▦

전환 라벨 ⑦

▦

전환 가치

▦

주문 ID ⑦

▦

통화 코드

▦

☐ 제품 수준 판매 데이터 제공 ⑦

제한된 데이터 처리 사용 설정 ⑦

거짓 ▾

❯ 전환 링크

❯ 고급 설정

Google Ads 전환추적 템플릿

구글 태그 관리자는 구글에 제공하는 서비스 태그뿐만 아니라, 서드 파티 벤더가 제공하는 서비스 태그도 지원합니다.

지원 가능한 태그에 관한 자세한 내용은 다음 페이지를 참조하십시오.

 https://support.google.com/tagmanager/answer/6106924

또한 템플릿이 존재하지 않는 경우에도 태그 유형 '맞춤 HTML' 혹은 '맞춤 이미지'를 선택해 자유롭게 HTML 태그를 송신할 수 있습니다.

맞춤 HTML을 사용한 태그 예시(Facebook Pixel)

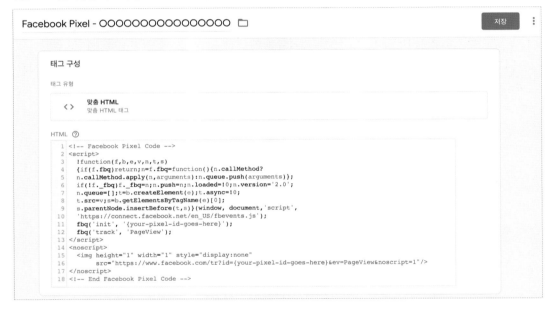

3-2 / 구글 태그 관리자의 '변수'

변수란 태그나 트리거에서 사용하는 값 혹은 문자열을 저장하는 영역입니다.

구글 태그 관리자에서 기본 제공하는 기본 제공 변수와 사용자가 임의로 만드는 사용자 정의 변수가 있습니다.

▌기본 제공 변수

주요한 '기본 제공 변수'는 다음과 같습니다.

주요한 기본 제공 변수

변수 이름	취득 내용(예시의 빨강색 문자열 부분)
Page Hostname	사용자가 접속한 웹 페이지의 URL 호스트 이름 예) https://www.example.com/aaa/bbb.html?ccc=ddd#eee
Page Path	사용자가 접속한 웹 페이지의 URL 경로 예) https://www.emxample.com/aaa/bbb.html?ccc=ddd#eee
Page URL	사용자가 접속한 웹 페이지의 URL 예) https://www.emxample.com/aaa/bbb.html?ccc=ddd#eee
Click Classes	사용자가 클릭한 요소의 클래스 속성 예) \<a id="link_id" class="link_class" href=https://www.example.com/aaa/bbb/ html?ccc=ddd#eee>Sample Link\</a>
Click ID	사용자가 클릭한 요소의 id 속성 예) \<a id="link_id" class="link_class" href=https://www.example.com/aaa/bbb/ html?ccc=ddd#eee>Sample Link\</a>
Click URL	사용자가 클릭한 요소의 링크 대상 URL 예) \<a id="link_id" class="link_class" href=https://www.example.com/aaa/bbb/ html?ccc=ddd#eee>Sample Link\</a>
Click Text	사용자가 클릭한 요소의 텍스트(문자열) 예) \<a id="link_id" class="link_class" href=https://www.example.com/aaa/bbb/ html?ccc=ddd#eee>Sample Link\</a>

그 외의 기본 제공 변수에 관한 자세한 내용은 다음 페이지를 참조하십시오.

https://support.google.com/tagmanager/answer/7182738

기본 제공 변수는 표준 환경에서는 일부만 활성화돼 있으므로 필요한 경우 다음 그림의 **[설정]**에서 각각 활성화합니다.

기본 제공 변수 활성화하기

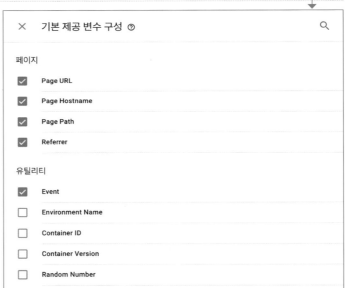

사용자 정의 변수

기본 제공되는 '변수 유형'을 선택해서 사용자 정의 변수를 만들 수 있습니다.

변수 유형

만들 수 있는 변수 유형은 다음과 같습니다.

만들 수 있는 변수 유형

	변수 유형	취득 가능한 값
탐색	HTTP 리퍼러	HTTP 리퍼러 값을 취득합니다.
	URL	사용자에게 표시되는 웹 페이지의 URL 정보를 취득합니다.
페이지 변수	당사 쿠키	이름이 일치하는 당사 쿠키의 첫 번째 값을 취득합니다.
	데이터 영역 변수	데이터 영역 변숫값을 취득합니다.
	맞춤 자바스크립트	제공된 자바스크립트 함수를 사용해 브라우저에서 값을 계산해 취득합니다.
	자바스크립트 변수	사용자가 지정한 자바스크립트 전역 변숫값을 취득합니다.
	정의되지 않은 값	'정의되지 않은(undefined)' 값을 취득합니다.
페이지 요소	요소 공개 상태	지정된 DOM 요소의 공개 상태 값을 취득합니다.
	자동 이벤트 변수	이벤트 발생 시 관련된 요소(링크 혹은 폼 등)에 관련된 정보 값을 취득합니다.
	DOM 요소	DOM 요소 텍스트 또는 지정된 DOM 요소 속성값을 취득합니다.

변수 유형		취득 가능한 값
유틸리티	맞춤 이벤트	웹사이트에서 다음 코드가 실행될 때 'eventNameXYZ'를 취득합니다. dataLayer.push({'event': 'eventNameXYZ'})
	상수	제공된 문자열 값을 취득합니다.
	임의의 숫자	값이 0~2147483647 범위에 있는 임의의 숫잣값을 취득합니다.
	정규식 표	룩업 테이블의 키를 정규표현식으로 정의합니다.
	참고표	임의의 키와 값을 조합해 정의합니다.
	환경 이름	컨테이너가 로드된 경로일 수 있는 환경 이름을 취득합니다(예: 'Live').
	구글 애널리틱스 설정	여러 구글 애널리틱스 태그에 사용할 구글 애널리틱스 설정을 구성합니다.
컨테이너	디버그 모드	디버그 모드에서 컨테이너를 조회할 경우 true 값으로 설정됩니다.
	컨테이너 버전 번호	컨테이너가 미리보기 모드일 경우, 이 변숫값이 컨테이너 미리보기의 버전 번호입니다. 그렇지 않을 경우, 이 변숫값은 컨테이너 라이브 버전 번호입니다.
	컨테이너 ID	컨테이너 공개 ID(예: GTM-XXXXXX)입니다.

주요한 변수 유형에 관해 설명합니다.

›› HTTP 리퍼러, URL

HTTP 리퍼러는 리퍼러(Referrer)라고 불리는 이동 전 웹 페이지의 URL 정보를 취득합니다. 한편 'URL'은 사용자에게 표시되는 웹 페이지의 URL 정보를 취득합니다.

이들 변수 유형에는 다음과 같은 '요소 유형'을 지정할 수 있습니다.

지정 가능한 요소 유형

요소 유형	취득하는 내용(예시의 빨강색 문자열)
전체 URL	전체 URL을 취득합니다. ※ 요청 매개변수(?~)는 포함하지만, 조각(#~)은 포함하지 않습니다. 예) https://www.example.com/aaa/bbb.html?ccc=ddd#eee
프로토콜	URL의 프로토콜(http, https 등)을 취득합니다. 예) https://www.example.com/aaa/bbb.html?ccc=ddd#eee
호스트 이름	URL의 호스트 이름을 취득합니다. 예) https://www.example.com/aaa/bbb.html?ccc=ddd#eee
포트	URL의 포트 번호를 취득합니다. 일반적으로 'http://~'인 경우에는 '80', 'https://~'인 경우에는 '443'입니다.

요소 유형	취득하는 내용(예시의 빨강색 문자열)
경로	URL의 경로를 취득합니다. 예) https://www.example.com/aaa/bbb.html?ccc=ddd#eee
검색어	URL의 파일 이름의 확장자를 취득합니다. ※ '변수 유형'이 'URL'인 경우에만 지정할 수 있습니다. 예) https://www.example.com/aaa/bbb.html?ccc=ddd#eee URL의 요청 매개변수(?~)를 취득합니다. 예) https://www.example.com/aaa/bbb.html?ccc=ddd#eee 요청 키를 지정한 경우, 지정한 요청 매개변수 값만 취득합니다. 예) 요청 키 'ccc'를 지정한 경우. https://www.example.com/aaa/bbb.html?ccc=ddd#eee
조각	URL의 조각(#~)을 취득합니다. 예) https://www.example.com/aaa/bbb.html?ccc=ddd#eee

>> 자바스크립트 변수

자바스크립트 변수는 웹 페이지 내 임의의 자바스크립트 변숫값을 취득합니다. 예를 들면, 웹 페이지 내에 다음과 같은 자바스크립트 변수가 출력된다고 가정해 봅니다.

웹 페이지 내 자바스크립트 변수

```
<script>
var sampleJSVariable = 'sampleJSValue';
</script>
```

이 경우, 구글 태그 관리자 컨테이너에 다음과 같은 변수를 만든 후 웹 페이지 내의 자바스크립트 변수 'sampleJSVariable'의 값을 얻을 수 있습니다.

자바스크립트 변수 'sampleJSVariable'의 값을 얻는 변수

>> 맞춤 자바스크립트

맞춤 자바스크립트는 임의의 자바스크립트 코드를 기술해서 임의의 값을 얻는 변수입니다. 자바스크립트 지식이 필요하지만, 맞춤 자바스크립트를 활용하면 기본 변수를 사용해서 얻을 수 없는 값을 얻을 수도 있습니다.

다음과 같은 형태로 사용할 수 있습니다.

- 사용자가 클릭한 링크 대상 URL 중 가장 마지막 디렉터리만 얻기
- 사용자 에이전트를 얻어서 iOS 사용 여부 확인하기

예를 들어, 후자의 경우 다음과 같이 변수를 만듭니다.

사용자 에이전트를 얻어 iOS 사용 여부를 확인하는 변수

맞춤 자바스크립트 내에서 구글 태그 관리자 변수를 사용하는 경우에는 변수 이름 앞뒤에 '{{' 및 '}}'를 입력합니다. 앞 그림에서 '{{user agent}}'는 사용자 에이전트를 얻기 위해 사용하며, 다음 변수로 정의돼 있습니다.

사용자 에이전트를 얻는 변수

≫ 데이터 영역 변수

데이터 영역 변수는 구글 태그 관리자에 데이터를 송신하기 위한 자바스크립트 변수입니다.

다음과 같이 'dataLayer.push({~});'라는 코드를 웹 페이지에 출력해서 '데이터 영역 변수' 안에 '변수 이름'과 '값'의 조합을 저장할 수 있습니다.

※ 이 예시에서는 변수 이름 'sampleVariable1'과 값 'sampleValue1'을 조합해 저장합니다. 'window.dataLayer = window.dataLayer || [];' 부분은 한 차례 출력한 후에는 필요하지 않지만, 반드시 'dataLayer.push({~});' 앞에 기술해야 합니다.

'변수 이름'과 '값'을 조합해 저장하기

```
<script>
window.dataLayer = window.dataLayer ¦¦ [];
dataLayer.push({'sampleVariable1': 'sampleValue1'});
</script>
```

또한 다음과 같이 기술하면 여러 '변수 이름'과 '값'을 조합해 동시에 저장할 수 있습니다.

여러 '변수 이름'과 '값'을 조합해 저장하기

```
<script>
window.dataLayer = window.dataLayer ¦¦ [];
dataLayer.push({
'sampleVariable1': 'sampleValue1',
'sampleVariable2': 'sampleValue2'

});
</script>
```

구글 태그 관리자에서 다음 그림과 같이 설정하면 '변수 이름'에 대응하는 '값'을 얻을 수 있습니다. 앞 코드 예에서는 이 변수에 'sampleValue1'을 설정했습니다.

'변수 이름'에 해당하는 '값' 얻기

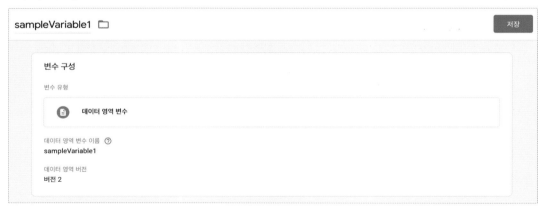

》》 참고표, 정규식 표

임의의 키와 값을 조합해 정의합니다.

예를 들어 'www.example.com'과 'test.example.com'에서 같은 구글 태그 관리자 컨테이너를 사용하는 한편, 각각 다른 구글 애널리틱스 속성으로 측정하는 경우 다음과 같은 변수를 만들어 웹사이트 도메인(변수 'Page Hostname'에서 얻음)을 기반으로 추적 ID를 전환할 수 있습니다.

도메인 기반으로 추적 ID를 전환하는 변수

참고표의 '입력 변수'에 지정한 변숫값이 '입력' 열에 입력한 값 중 하나와 일치하는 경우, 그에 해당하는 '출력' 열의 값을 출력합니다. 어떠한 입력과도 일치하지 않는 경우에는 '기본값'에 설정한 값을 출력하며, 기본값을 설정하지 않은 경우 '정의되지 않는 값(undefined)'을 출력합니다.

'정규식 표'도 기본적으로는 참고표와 동일하지만, '입력' 열을 정규표현식으로 정의할 수 있습니다.

※ 정규표현식에 관한 자세한 내용은 '칼럼: 정규표현식에 관해'를 참고하십시오(p.85).

예를 들면 테스트 사이트가 'test1.example.com', 'text2.example.com', 'test3.example.com'과 같이 다수 존재하는 경우에는 다음 그림과 같은 변수를 설정해 대응 가능합니다.

도메인 기반으로 추적 ID를 전환하는 변수(정규표현식 사용)

3-3 / 구글 태그 관리자의 '트리거'

트리거란 태그를 실행할 조건(타이밍)을 정의한 것입니다.

구글 태그 관리자에서는 기본적으로 'All Pages'라는 트리거를 제공합니다. 태그의 트리거에 'All Pages'를 지정하면 구글 태그 관리자 코드 스니펫이 설치된 웹 페이지를 읽기 시작하는 타이밍에 태그가 실행됩니다.

또한 '트리거 유형'을 선택해 임의의 트리거를 만들 수도 있습니다.

트리거 유형

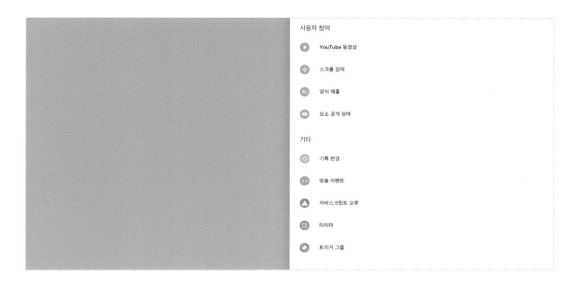

주요한 트리거 유형에 관해 설명합니다.

▌페이지뷰

페이지뷰와 관련된 트리거는 다음과 같이 3가지 종류입니다.

페이지뷰 트리거

실행되는 시점은 '❶, ❷, ❸' 순으로 빠릅니다.

단, 트리거가 '❶페이지뷰'인 경우 웹 페이지 내 구글 태그 관리자 코드 스니펫보다 아래쪽에 기술된 요소 (데이터 영역 변수, DOM 요소, 자바스크립트 변수 등)는 얻을 수 없습니다.

예를 들면 다음 그림의 코드에서 데이터 영역 변수 'sampleVariable1'에 저장된 값 'sampleValue1'은 얻을 수 있지만, 변수 'sampleVariable2'는 코드 스니펫(파랑색 사각형 부분)보다 아래에 기술돼 있기 때문에 값 'sampleValue2'는 얻을 수 없습니다.

코드 스니펫 위치로 얻을 수 있는 값이 달라짐

```
<html>
<head>
<title>~~~~~~~~~~~</title>

<script>
window.dataLayer = window.dataLayer || [];
dataLayer.push({'sampleVariable1': 'sampleValue1'})
</script>

  <!-- Google Tag Manager -->
  <script>(function(w,d,s,l,i){w[l]=w[l]||[];w[l].push({'gtm.start':
  new Date().getTime(),event:'gtm.js'});var f=d.getElementsByTagName(s)[0],
  j=d.createElement(s),dl=l!='dataLayer'?'&l='+l:'';j.async=true;j.src=
  'https://www.googletagmanager.com/gtm.js?id='+i+dl;f.parentNode.insertBefore(j,f);
  })(window,document,'script','dataLayer','GTM-AAAAAAA');</script>
  <!-- End Google Tag Manager -->

<script>
window.dataLayer = window.dataLayer || [];
dataLayer.push({'sampleVariable2': 'sampleValue2'})
</script>

~~~~~~~~~~~
</head>
```

이런 경우에는 '❷DOM 사용 가능' 또는 '❸창 로드'를 사용합니다.

또한 페이지뷰 관련 트리거를 발생시키는 웹 페이지를 제한하고 싶은 경우에는 다음 그림과 같이 '이 트리거는 다음에서 실행됩니다.'에 조건을 입력합니다.

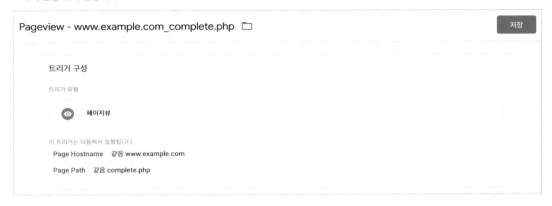

클릭

클릭과 관련된 트리거는 다음과 같이 2가지 종류입니다.

클릭 트리거

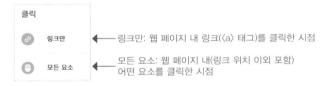

← 링크만: 웹 페이지 내 링크(〈a〉 태그)를 클릭한 시점

← 모든 요소: 웹 페이지 내(링크 위치 이외 포함) 어떤 요소를 클릭한 시점

클릭과 관련된 트리거가 동작하는 조건을 제한하고 싶은 경우에는 페이지뷰 트리거와 동일하게 '이 트리거 발생 위치'에 조건을 입력합니다.

맞춤 이벤트

맞춤 이벤트는 임의의 시점에 태그를 발생시키고자 하는 경우에 사용합니다. 자세한 내용은 6장 '웹 페이지에서 데이터 영역 변수에 저장된 이벤트 측정하기'에서 설명했습니다(p.162).

맞춤 이벤트

구글 태그 관리자에서는 이외에도 다양한 트리거 유형을 사용할 수 있습니다. 자세한 내용은 다음 페이지를 참조하십시오.

 https://support.google.com/tagmanager/topic/7679384

범용 사이트 태그(gtag.js)를 사용해 측정하기

4-1 / 페이지뷰 측정하기

범용 사이트 태그(gtags.js)는 2017년에 등장한 최신 추적 코드입니다. 범용 사이트 태그 이전에는 'analytics.js'라는 추적 코드를 사용했습니다.

여전히 'analytics.js'를 사용해 측정을 수행하는 웹사이트가 많지만, 구글 애널리틱스의 **[관리]→[(속성) 추적 정보]→[추적 ID]❶**에서 발행하는 추적 코드는**❷** 다음 그림과 같이 범용 사이트 태그입니다.

발행 가능한 추적 코드

앞 그림의 추적 코드를 웹 페이지에 설치하면 페이지뷰 측정이 시작됩니다.

기본적으로 범용 사이트 태그가 아닌 구글 태그 관리자를 사용하는 것을 권장하지만, 어떤 이유로 구글 태그 관리자를 사용할 수 없는 경우를 대비해 이 장에서는 범용 사이트 사용 방법을 소개합니다.

가상 페이지뷰에 대한 측정 설정 추가하기

5장에서 설명한 것처럼, 가상 페이지뷰란 '가공의 웹사이트 페이지뷰'를 의미합니다.

범용 사이트 태그에 가상 페이지뷰 측정 설정을 추가하고자 하는 경우에는 다음과 같이 'config' 행 내에 '{'page_path': 'OOO'}'라는 코드를 추가합니다.

※ 'OOO' 부분은 측정기준 '페이지'에서 측정하고자 하는 URL 경로를 입력합니다.

가상 페이지뷰 측정 설정

```
<!-- Global site tag (gtag.js) - Google Analytics -->
<script async src="https://www.googletagmanager.com/gtag/js?id=UA- XXXXX-1"></script>
<script>
  window.dataLayer = window.dataLayer || [];
  function gtag(){dataLayer.push(arguments);}
  gtag('js', new Date());

  gtag('config', 'UA-XXXXX-1', {
    'page_path': '○○○'
  });
</script>
```

교차 도메인 추적 설정 추가하기

5장에서 설명한 것처럼, 교차 도메인 추적 설정을 수행하면 사용자가 서브 도메인을 제외한 도메인이 다른 웹 페이지에 이동한 경우에도 사용자 및 세션 정보를 지속하게 할 수 있습니다.

범용 사이트 태그로 교차 도메인 추적 설정을 수행하고 싶은 경우에는 이동 전/후 양측의 웹 페이지에 코드를 추가해야 합니다.

예를 들어, 'https://example-1.com'과 'https://example-2.com' 사이에 교차 도메인 추적을 활성화하고 싶은 경우에는 다음과 같이 대응합니다.

›› https://example-1.com

다음과 같이 'config' 행 안에 '{'linker': {'domains': ['example-2.com']}}'이라는 코드를 추가합니다.

```
<!-- Global site tag (gtag.js) - Google Analytics -->
<script async src="https://www.googletagmanager.com/gtag/js?id=UA- XXXXX-1"></script>
<script>
  window.dataLayer = window.dataLayer || [];
  function gtag(){dataLayer.push(arguments);}
  gtag('js', new Date());

  gtag('config', 'UA-XXXXX-1', {
    'linker': {
      'domains': ['example-2.com']
    }
  });
</script>
```

또한, 'exmaple3.com', 'example-4.com'도 교차 도메인 추적 대상인 경우에는 'config' 행을 다음과 같이 변경합니다.

교차 도메인 추적 대상 추가하기

```
  ...

  gtag('config', 'UA-XXXXX-1', {
    'linker': {
        'domains': ['example-2.com', 'example-3.com', 'example-4.com']
    }
  });
  ...
```

›› https://example-2.com

다음과 같이 'config' 행 안에 '{'linker': {'domains': ['example-1.com']}}'이라는 코드를 추가합니다.

교차 도메인 추적 설정

```
<!-- Global site tag (gtag.js) - Google Analytics -->
<script async src="https://www.googletagmanager.com/gtag/js?id=UA- XXXXX-1"></script>
<script>
  window.dataLayer = window.dataLayer || [];
  function gtag(){dataLayer.push(arguments);}
```

```
    gtag('js', new Date());

    gtag('config', 'UA-XXXXX-1', {
      'linker': {
        'domains': ['example-1.com']
      }
    });
</script>
```

또한, 'https://exmaple-2.com'에서 'https://example-1.com'의 교차 도메인 추적이 불필요한 경우에는 'config' 행을 다음과 같이 변경합니다.

교차 도메인 추적 대상 줄이기

```
...

gtag('config', 'UA-XXXXX-1', {
  'linker': {
    'accept_incoming': true
  }
});
...
```

4-2 / 이벤트 측정하기

6장에서 설명한 것처럼 구글 애널리틱스에서는 웹사이트에서 발생하는 페이지뷰 이외의 사용자 조작을 측정하고 싶은 경우 이벤트 측정 설정을 수행합니다.

이벤트는 '카테고리', '액션', '라벨', '값', '비 상호작용' 속성을 가집니다.

범용 사이트 태그를 사용해 이벤트를 측정하고자 하는 경우에는 측정하고자 하는 사용자의 조작이 발생할 때 다음과 같은 코드를 실행합니다.

이벤트 측정

```
gtag('event', '이벤트 액션에서 측정할 값을 입력하십시오', {
  'event_category': '이벤트 카테고리에서 측정할 값을 입력하십시오',
```

```
    'event_label': '이벤트 라벨에서 측정할 값을 입력하십시오',
    'value': (이벤트)값으로 측정할 값을 입력하십시오
  });
```

또한, 비 상호작용 이벤트를 측정하고자 하는 경우에는 다음과 같이 'non_interaction': true라는 코드를 추가합니다.

비 상호작용 이벤트 측정

```
gtag('event', '이벤트 액션에서 측정할 값을 입력하십시오', {
    'event_category': '이벤트 카테고리에서 측정할 값을 입력하십시오',
    'event_label': '이벤트 라벨에서 측정할 값을 입력하십시오',
    'value': (이벤트)값으로 측정할 값을 입력하십시오,
    'non_interaction': true
  });
```

또한, 범용 사이트 태그에서는 '기본 구글 애널리틱스 이벤트'라는 이벤트 측정용 템플릿 코드를 제공합니다. 측정된 값이 만족스럽지 않다면 다음 페이지를 참조해서 템플릿 코드 사용을 고려해 보십시오.

https://developers.google.com/analytics/devguides/collection/gtagjs/events#default_google_analytics_events

4-3 / 맞춤 측정기준 측정하기

맞춤 측정기준은 구글 애널리틱스에서 기본으로 제공하지 않는 측정기준을 임의로 추가하는 기능입니다.

예를 들어, 범용 사이트 태그에서 'author'라는 맞춤 측정기준을 측정하고자 하는 경우에는 'config' 행에 다음과 같은 코드를 추가합니다.

맞춤 측정기준 측정

```
<!-- Global site tag (gtag.js) - Google Analytics -->
<script async src="https://www.googletagmanager.com/gtag/js?id=UA- XXXXX-1"></script>
<script>
  window.dataLayer = window.dataLayer || [];
```

```
  function gtag(){dataLayer.push(arguments);}
  gtag('js', new Date());

  gtag('config', 'UA-XXXXX-1', {
    'custom_map': {'dimension1': 'author'},
    'author': 'author1, author2, author3'
  });
</script>
```

앞의 예에서는 페이지뷰 시점에서 맞춤 측정기준이 측정되지만, 이벤트 시점에서 측정할 수도 있습니다.

이벤트 시점에서 측정하고자 하는 경우에는 위 코드를 다음과 같이 변경합니다.

이벤트 시점에서 맞춤 측정기준 측정❶

```
<!-- Global site tag (gtag.js) - Google Analytics -->
<script async src="https://www.googletagmanager.com/gtag/js?id=UA-XXXXX-1"></script>
<script>
  window.dataLayer = window.dataLayer || [];
  function gtag(){dataLayer.push(arguments);}
  gtag('js', new Date());

  gtag('config', 'UA-XXXXX-1', {
    'custom_map': {'dimension1': 'author'},
  });
</script>
```

이 코드를 로딩한 후에 다음과 같은 코드를 실행하면 이벤트 시점에서 맞춤 측정기준 'author'를 측정할 수 있습니다.

이벤트 시점에서 맞춤 측정기준 측정❷

```
gtag('event', '이벤트 액션에서 측정할 값을 입력하십시오', {
  'event_category': '이벤트 카테고리에서 측정할 값을 입력하십시오',
  'event_label': '이벤트 라벨에서 측정할 값을 입력하십시오',
  'value': (이벤트)값으로 측정할 값을 입력하십시오,
  'author': 'author1, author2, author3'
});
```

또한 페이지뷰나 이벤트에 관계없이 같은 웹 페이지 내에서 항상 동일한 맞춤 측정기준을 측정하고자 하는 경우에는 다음 그림과 같이 'set' 명령어를 이용합니다.

같은 웹 페이지 내에서 항상 동일한 맞춤 측정기준 측정하기

```
<!-- Global site tag (gtag.js) - Google Analytics -->
<script async src="https://www.googletagmanager.com/gtag/js?id=UA- XXXXX-1"></script>
<script>
  window.dataLayer = window.dataLayer || [];
  function gtag(){dataLayer.push(arguments);}
  gtag('js', new Date());

  gtag('set', 'UA-XXXXX-1', {
    'custom_map': {'dimension1': 'author'},
    'author': 'author1, author2, author3'
  });
  gtag('config', 'UA-XXXXX-1');
</script>
```

앞 코드에서는 'set' 명령어가 실행된 후, 항상 같은 맞춤 측정기준 'author'(author1, author2, author3)가 측정됩니다.

Appendix5

구글 애널리틱스와 구글 애드센스 연결하기

5-1 / 구글 애드센스란

구글 애드센스(Google AdSense)란 구글이 제공하는 웹사이트 운영자용 온라인 광고 송신 플랫폼입니다.

운영 중인 웹사이트에 구글 애드센스를 통해 광고를 게재함으로써 수익을 얻을 수 있으므로 특히 미디어 사이트를 운영하는 사용자에게는 매우 중요한 서비스입니다.

구글 애드센스

다음 페이지에서 구글 애드센스에 게재 가능한 '텍스트 광고', '디스플레이 광고', '링크 광고', '동영상 광고', '모바일 광고' 샘플 등을 확인할 수 있습니다.

 https://support.google.com/adsense/answer/185665

5-2 / 구글 애널리틱스와 구글 애드센스 연결하기

구글 애드센스 계정은 'https://www.google.co.kr/adsense/start/'에서 만들 수 있습니다.

구글 애드센스 이용 시작하기

계정 생성 및 초기 설정은 다음 페이지를 참조해 진행하십시오.

 https://support.google.com/adsense/answer/10162

구글 애드센스 초기 설정을 완료했다면 구글 애널리틱스와 연결해 봅니다. 구글 애널리틱스와 구글 애드센스를 연결하면 구글 애널리틱스에서도 구글 애드센스의 데이터를 확인할 수 있습니다.

구글 애널리틱스와 구글 애드센스를 연결하기 위해서는 사용 중인 구글 계정이 구글 애널리틱스의 속성 수정 권한과 구글 애드센스 계정의 관리자 권한을 가지고 있어야 합니다. 먼저 각 권한을 가지고 있는지 확인한 후, 권한을 가지고 있지 않은 경우에는 해당 권한을 모두 가진 사용자에게 연결을 의뢰합니다.

구글 애드센스는 구글 애널리틱스의 **[관리]→[(속성) 애드센스 연결]❶**에서 연결할 수 있습니다.

'애드센스 연결'을 클릭하면 사용 중인 구글 계정이 권한을 가진 구글 애드센스 계정이 표시됩니다. **[콘텐츠용 애드센스]**를 선택한 후❷, **[계속]**을 클릭합니다.

구글 애널리틱스와 구글 애드센스 연결하기

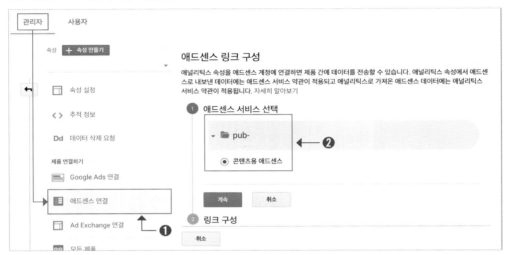

'계속'을 클릭하면 '애드센스 연결 설정' 화면이 표시됩니다. 연결 대상 보기를 선택한 후❶, **[링크 사용]❷**를 클릭합니다.

연결 활성화하기

이것으로 구글 애널리틱스와 구글 애드센스의 연결을 완료했습니다.

구글 애드센스 데이터는 '행동→게시자' 하위 보고서에서 확인할 수 있습니다.

※ 데이터 반영까지 24시간 정도 소요될 수 있습니다.

'행동→게시자→개요' 보고서

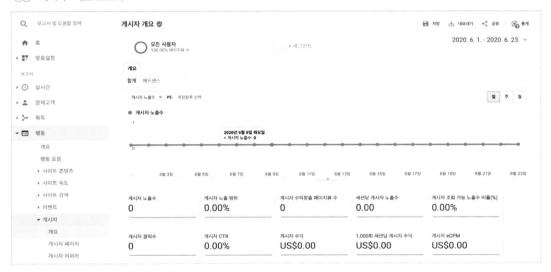

도움말

6-1 / 구글 마케팅 플랫폼 도움말 모음

구글 마케팅 플랫폼 도움말 페이지는 다음 URL을 통해 접속할 수 있습니다.

 https://support.google.com/marketingplatform

구글 마케팅 플랫폼 도움말 페이지

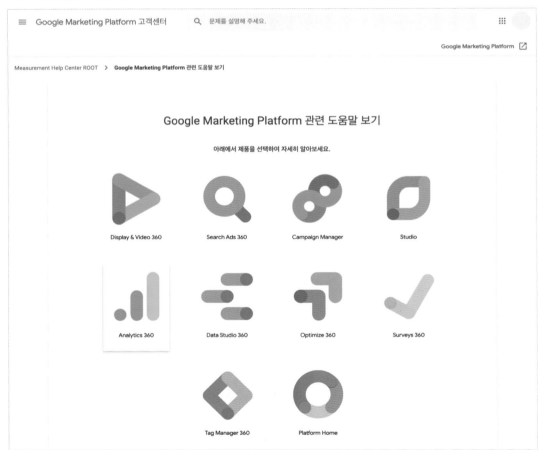

앞 그림의 서비스를 선택하면 각 서비스의 도움말 페이지로 이동할 수 있습니다.

이들 서비스에 관해서는 서적 또는 인터넷상에도 다양한 정보가 나와 있지만, 상황에 따라 정보가 오래 됐거나 사양이 변경된 경우가 있습니다. 구글에서 공식으로 운영하는 도움말 페이지에는 최신 정보가 망라돼 있으므로 문제가 발생하는 경우에는 이곳을 확인하는 것이 좋습니다.

6-2 / 개발자를 위한 웹사이트 모음

구글에서는 구글 애널리틱스, 구글 태그 관리자, 구글 데이터 스튜디오, 구글 최적화 도구와 관련된 개발 자 사이트를 제공합니다.

각 서비스의 개발자 대상 웹사이트

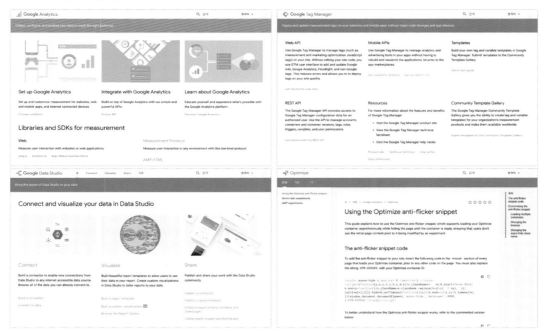

각 서비스의 개발자 대상 웹사이트

서비스	URL	확인 가능한 정보 예
구글 애널리틱스	https://developers.google.com/analytics	■ 'analytics.js' 및 'gtag.js' 상세 사양 ■ 구글 애널리틱스 보고서 만들기 및 설정에 사용하는 API ■ 추적용 라이브러리 및 SDK ■ 데모 도구 및 고급 구현 방법
구글 태그 관리자	https://developers.google.com/tag-manager	■ 동적 데이터 수집을 통한 이벤트 측정 방법 ■ 여러 도메인에 구글 태그 관리자를 구현하는 방법 ■ 구글 태그 관리자 이용 시 도움이 되는 보안 관련 기능 ■ 확장 전자상거래 구현 방법
구글 데이터 스튜디오	https://developers.google.com/datastudio	■ 커뮤니티 커넥터 구현 방법 ■ 풍부한 시각화 보고서 템플릿 만들기 및 이용 방법
구글 최적화 도구	https://developers.google.com/optimize	■ 깜빡임 방지 스니펫 사용 방법 ■ 서버 사이트 실험 실행 방법 ■ AMP 페이지 대상 실험 실행 방법

6-3 / 구글 애널리틱스 공식 커뮤니티

구글 애널리틱스 공식 커뮤니티(https://support.google.com/analytics/community)는 구글 애널리틱스 도움말 페이지 안에 개설되어 있는 공식 커뮤니티입니다.

구글 애널리틱스에 관한 주제가 모여 있으며, 커뮤니티 참가자는 자유롭게 질문 및 대답을 할 수 있습니다. 다른 참가자들이 과거에 했던 질문과 대답을 확인할 수 있기 때문에 질문을 하기 전에 비슷한 질문을 발견한다면 순식간에 문제를 해결할 수도 있습니다.

※ 이 책의 번역 시점(2020년 5월)을 기준으로 한글화는 지원하지 않습니다.

구글 애널리틱스 공식 커뮤니티

https://support.google.com/analytics/community

또한 이 책에서 다루는 '구글 태그 관리자', '구글 최적화 도구', '구글 데이터 스튜디오' 역시 각각 커뮤니티를 제공하고 있습니다.

https://support.google.com/tagmanager/community

https://support.google.com/optimize/community

https://support.google.com/datastudio/community

6-4 / 구글 애널리틱스 아카데미

구글은 구글 애널리틱스 아카데미(https://analytics.google.com/analytics/academy/)를 통해 '구글 애널리틱스', '구글 태그 관리자', '구글 데이터 스튜디오(영문)' 관련 학습 콘텐츠를 제공합니다.

'학습용 유튜브 동영상'과 '학습 이해도 테스트'를 통해 각 서비스에 관한 이해도를 높일 수 있으므로 이 책과 함께 이용해 보기 바랍니다.

구글 애널리틱스 아카데미

 https://analytics.google.com/analytics/academy/

6-5 / 구글 애널리틱스 공식 블로그

구글 애널리틱스 공식 블로그(https://analytics.googleblog.com/)에서는 구글 마케팅 플랫폼과 관련된 서비스 업데이트 정보나 활용 사례를 소개합니다.

수시로 내용이 변경되므로 정기적으로 확인해 보십시오.

구글 애널리틱스 공식 블로그(영문)

 https://analytics.googleblog.com/

구글 애널리틱스 &
구글 태그 관리자 설정 체크 리스트

구글 애널리틱스 구글 태그 관리자	확인 사항
구글 애널리틱스	'계정/속성/보기' 구성
구글 애널리틱스	'구글 애널리틱스 이용 정책' 준수
구글 애널리틱스	'사용자 데이터 및 이벤트 데이터 유지' 설정
구글 애널리틱스	'미정형 데이터 유지용 보기' 만들기
구글 애널리틱스	'보기'의 '필터' 설정
구글 애널리틱스	'기본 페이지' 설정
구글 애널리틱스	'제외할 URL 요청 매개변수' 설정
구글 애널리틱스	'봇 필터링' 설정
구글 애널리틱스	'사이트 내 검색 설정' 설정
구글 태그 관리자	'구글 태그 관리자 코드 스니펫' 삽입 위치

내용	참조 페이지
'계정/속성/보기' 구성이 적절한가	1장: 구글 애널리틱스와 구글 마케팅 플랫폼 **1-8 구글 애널리틱스 계정 구성 → p.23**
'구글 애널리틱스 이용 정책'을 준수했는가 ※ '광고 기능'이나 'USER-ID 기능'을 사용하는 경우, 그에 관련된 이용 정책도 준수해야 함 ※ 자사 사이트의 개인 정보 정책에 추가가 필요한 내용은 없는지 주의	2장: 구글 애널리틱스 시작하기 **2-1 구글 애널리틱스 시작하기 → p.30** 9장: 사용자를 더 잘 이해하기 위한 준비 **9-2 광고 기능 이용하기 → p.221** **9-3 구글 신호 데이터 활성화하기 → p.226** **9-4 User ID 측정하기 → p.235**
[관리]→[(속성) 추적정보]→[데이터 보존] 설정에 문제는 없는가 ※ 무료 버전의 기본 설정은 '사용자 데이터 및 이벤트 데이터 보존: 26 개월'임	2장: 구글 애널리틱스 시작하기 **2-1 구글 애널리틱스 시작하기 → p.30**
각 속성에 필터 설정 등을 수행하지 않은 '미정형 데이터 유지용 보기'를 만들었는가	2장: 구글 애널리틱스 시작하기 **2-2 가공된 데이터를 확인할 보기 추가하기 → p.36**

각 보기에 필요에 따라 다음 필터를 설정했는가
   ■ 집계 범위를 특정 도메인이나 디렉터리로 제한하는 필터
   ■ 관계자에 의한 접근을 제외하는 필터
   ■ 요청 URI에 호스트 이름을 추가하는 필터
	2장: 구글 애널리틱스 시작하기
	2-3 용도에 맞게 필터 추가하기 → p.44

'미정형 데이터 유지용 보기' 이외의 보기에서 [관리]→[(보기) 보기 설 정]→[기본 페이지]를 적절하게 설정했는가	2장: 구글 애널리틱스 시작하기 **2-2 가공된 데이터를 확인할 보기 추가하기 → p.36**
'미정형 데이터 유지용 보기' 이외의 보기에서 [관리]→[(보기) 보기 설 정]→[제외할 URL 요청 매개변수]를 적절하게 설정했는가	2장: 구글 애널리틱스 시작하기 **2-2 가공된 데이터를 확인할 보기 추가하기 → p.36**
[관리]→[(보기) 보기 설정]→[봇 필터링]을 활성화했는가	2장: 구글 애널리틱스 시작하기 **2-2 가공된 데이터를 확인할 보기 추가하기 → p.36**
웹사이트에 사이트 내 검색 기능이 있는 경우, [관리]→[(보기) 보기 설 정]→[사이트 내 검색 설정]을 적절하게 설정했는가	2장: 구글 애널리틱스 시작하기 **2-2 가공된 데이터를 확인할 보기 추가하기 → p.36**
구글 태그 관리자 코드 스니펫을 올바른 위치에 설치했는가	4장: 구글 태그 관리자 시작하기 **4-6 구글 태그 관리자를 웹사이트에 도입하기 → p.109**

구글 애널리틱스 구글 태그 관리자	확인 사항
구글 태그 관리자	'구글 애널리틱스 설정' 도입
구글 애널리틱스 구글 태그 관리자	'교차 도메인 추적' 설정
구글 애널리틱스 구글 태그 관리자	'여러 계정' 배제
구글 태그 관리자	'이벤트 측정용 태그' 설정값 확인
구글 애널리틱스	'목표' 설정
구글 애널리틱스 구글 태그 관리자	'확장된 전자상거래 추적' 실시
구글 애널리틱스	'광고 기능'(구글 신호) 활성화
구글 애널리틱스 구글 태그 관리자	'User-ID 기능' 활성화
구글 애널리틱스	'맞춤 측정기준(측정항목)'의 '범위' 검토
구글 애널리틱스	'데이터 가져오기' 활용

내용	참조 페이지
각 '구글 애널리틱스: 유니버설 애널리틱스' 태그 설정(추적 ID, 쿠키 도메인, 맞춤 측정기준, 콘텐츠 그룹 등)을 공통화하기 위해 '구글 애널리틱스 설정' 변수를 사용했는가	5장: 페이지뷰 측정 설정하기 5-1 페이지뷰 측정 설정 추가하기 → p.114 6장: 이벤트 측정 설정하기 6-2 이벤트 측정 설정 추가하기 → p.146
속성 1개에 여러 도메인을 측정하는 경우, 필요에 따라 '교차 도메인 추적'을 설정했는가	5장: 페이지뷰 측정 설정하기 5-3 교차 도메인 추적 설정 추가하기 → p.130
한 페이지에서 여러 페이지뷰가 동일 속성으로 전송되지 않는가 ※ '이탈률'이 극단적으로 낮은 페이지는 중복 카운트가 발생할 가능성이 있음	칼럼: 구글 크롬 확장 기능 이용하기 태그 어시스턴트 이용하기 → p.136
'이벤트 측정용 태그'의 '카테고리/액션/라벨/값/비 상호작용'을 적절하게 설정했는가 ※ 특히 '비 상호작용' 설정은 직귀율이나 체류 시간 계산에 영향을 주므로 주의해야 함	6장: 이벤트 측정 설정하기 → p.144
각 보기의 [관리]→[(보기) 목표]를 다음 포인트를 고려해 적절하게 설정했는가 ▪ KGI/KPI에 맞는 '목표'가 설정되었는가 ▪ 설정 항목에 오류는 없는가	7장: 목표 설정하기 → p.172
EC사이트에 구글 애널리틱스를 도입하는 경우, '향상된 전자상거래 추적'을 구현했는가	8장: 향상된 전자상거래를 활용해 EC사이트 상세 분석하기 → p.190
[관리]→[(속성) 추적 정보]→[데이터 수집] 및 [관리]→[(속성) 속성 설정]→[인구통계 보고서와 관심 카테고리 보고서 활성화] 설정 또는 구글 신호를 활성화했는가	9장: 사용자를 더 잘 이해하기 위한 준비 9-2 광고 기능 이용하기 → p.221 9-3 구글 신호 데이터 활성화하기 → p.224
사용자를 동일하게 식별 가능한 ID를 발행할 수 있는 웹사이트(로그인 기능이 있는 사이트)에 구글 애널리틱스를 도입하는 경우, 'User-ID 기능'을 활성화했는가	9장: 사용자를 더 잘 이해하기 위한 준비 9-4 User-ID 측정하기 → p.235
'맞춤 측정기준'과 '맞춤 측정항목'의 '범위(스코프)'를 적절하게 설정했는가	1장: 구글 애널리틱스와 구글 마케팅 플랫폼 1-6 데이터 범위 → p.16
구글 애널리틱스에 입력함으로써 유효하게 활용할 수 있는 데이터가 있는가 특히 'User-ID 기능'을 사용하는 경우나 '향상된 전자상거래 추적'을 구현하는 경우 검토할 것	8장: 향상된 전자상거래를 사용해 EC사이트 데이터 상세 분석하기 8-7 향상된 전자상거래 추적 구현 시 주의 사항과 대응책 → p.205 9장: 사용자를 더 잘 이해하기 위한 준비 9-5 User ID를 기반으로 인구통계 정보 가져오기 → p.238

구글 애널리틱스 구글 태그 관리자	확인 사항
구글 애널리틱스	'추천 제외 목록' 검토
구글 애널리틱스	'서비스 간 연결 설정' 확인
구글 애널리틱스	'캠페인 매개변수(utm_~)' 정리
구글 애널리틱스 구글 태그 관리자	'콘텐츠 그룹' 활용

내용	참조 페이지
자사 사이트 내에 외부 사이트에 한 번 이동했다가 돌아오는 경로가 존재하는 경우, 외부 사이트의 도메인을 추천 제외 목록에 설정했는가	10장: 사용자 유입 소스 정보를 올바르게 파악하기 위한 준비 → p.248
다음 서비스를 이용하는 경우, 구글 애널리틱스와 연결했는가 ▪ 구글 광고 ▪ 구글 애드센스 ▪ 애드 익스체인지 ▪ 서치 콘솔 ▪ (360 한정) 디스플레이 & 비디오 360 ▪ (360 한정) 캠페인 관리자 ▪ (360 한정) 검색광고 360 ▪ (360 한정) 구글 광고 관리자	10장: 사용자 유입 소스 정보를 올바르게 파악하기 위한 준비 → p.248 14장: 구글 광고를 활용해 구글 애널리틱스 데이터를 광고 송출에 활용하기 14-2 구글 애널리틱스와 구글 광고 연결하기 → p.388 Appendix5: 구글 애널리틱스와 구글 애드센스 연결하기 5-2 구글 애널리틱스와 구글 애드센스 연결하기 → p.551
'캠페인 매개변수(utm_~)'을 적절히 설정했는가 특히, 메일 잡지 송신이나 QR 코드 발생을 수행하는 경우 주의가 필요함. 또한 캠페인 매개변수의 설정 내용이 '기본 채널 정의'에 맞는지 확인할 것	10장: 사용자 유입 소스 정보를 올바르게 파악하기 위한 준비 → p.248
[관리]―[(보기) 콘텐츠 그룹] 활용에 관해 검토했는가	15장: CASE STUDY ❶ 전환 개선하기 15-2 마이크로 전환 포인트 정리하기 → p.414 칼럼: 콘텐츠 그룹을 이용해 풍선형 차트 그리기 → p.437